SAINT PONS

DE CIMIEZ

SA VIE, SON MARTYRE, SON CULTE

IMPRIMATUR.

Montepessulano, die 4ª mensis januarii 1889.

CANONGE, Vic. Gen.

L'ABBÉ J.-G.-P. MAUREL

SAINT PONS

DE CIMIEZ, MARTYR

PATRON DES PAROISSES

DE SAINT-PONS DE THOMIÈRES

ET DE SAINT-PONS DE MAUCHIENS

au diocèse de Montpellier (Hérault)

AVEC UNE COURTE NOTICE HISTORIQUE SUR CES DEUX LOCALITÉS

MONTPELLIER

IMPRIMERIE LOUIS GROLLIER PÈRE, BOULEVARD DU PEYROU

1889

Le fonds de ce travail est emprunté aux Bollandistes, qui ont donné la vie de Saint Pons sous la date du 14 mai. La fête de cet illustre martyr est célébrée dans le diocèse de Montpellier trois jours auparavant, le 11 du même mois, date à laquelle il était autrefois honoré dans celui de Saint-Pons de Thomières, et qui est, encore aujourd'hui en d'autres lieux, consacrée à sa mémoire.

On verra, soit dans le Prologue, soit dans les extraits que je donnerai de son Office tel qu'on le récitait dans la cathédrale et dans l'ancien diocèse de Saint-Pons de Thomières, soit dans divers autres renseignements que j'aurai soin de mettre sous les yeux du lecteur, qu'il a été longtemps considéré et honoré comme évêque de Cimiez et de Nice. Aujourd'hui il n'est plus inscrit qu'avec la qualification de martyr dans le *Propre des Offices et des Messes du diocèse de Montpellier*, dans lequel se trouve englobé celui de Saint-Pons, depuis le Concordat de 1801.

D'où cela vient-il ? Non certes de ce que la Cour de Rome, en révisant en 1855 le projet du nouveau recueil des Offices particuliers à notre diocèse et des Messes correspondantes, ait jugé définitivement la question et trouvé des preuves établissant d'une manière

péremptoire qu'il ne fut pas évêque, mais sans doute
de ce que les preuves qui lui furent soumises pour
démontrer cet épiscopat ne lui parurent pas suffisamment concluantes ; il pourrait même se faire qu'on se
soit alors dispensé de faire accompagner les proposi-
tions diocésaines sur ce point de preuves à l'appui, et
qu'on ait jugé cette question en dernier ressort à
Montpellier, sans appeler sur elle l'attention de la
Sacrée Congrégation des Rites. Les rédacteurs de ce
Propre diocésain, destiné à harmoniser la liturgie de
l'Église de Montpellier avec celle de l'Église de Rome,
ont aujourd'hui et depuis longues années disparu de
ce monde et, leurs travaux n'ayant pas laissé de traces, il est bien difficile, pour ne pas dire impossible,
de savoir ce qu'ils firent à ce sujet.

Cette question n'a du reste qu'une importance secondaire, et le point essentiel est que le martyr de
Cimiez ait toujours été honoré comme saint et que
son culte ait été explicitement, ou au moins implicitement autorisé ; mais la décision romaine, qui est pu-
rement négative, ne peut pas avoir, ou du moins ne
paraît pas avoir eu pour effet de trancher cette difficulté et d'imposer silence sur ce point. Si donc, sans
aller jusqu'à entreprendre de démontrer que Saint
Pons a été évêque de Cimiez, tâche qui est au dessus
de mes forces et de mes moyens, les documents qui

pourraient aider à élucider ce point d'histoire n'étant pas à ma portée, je me borne à faire remarquer qu'il n'est ni défendu, ni imprudent de se ranger du nombre de ceux qui ont soutenu l'affirmative et d'adopter leur opinion, je ne crois pas avoir à craindre d'être taxé de témérité.

Je ne me propose pas de traduire littéralement et servilement le texte latin des *Acta Sanctorum* (1), ce serait habituellement difficile, quelquefois impossible. Je les suivrai du mieux que je pourrai, tout en me permettant, à l'occasion, de couper leur récit en y ajoutant les développements historiques, les explications et les réflexions qui me paraîtront de nature à rendre plus aisée l'intelligence du texte.

J'ai entrepris ce travail pour accéder aux invitations et aux encouragements de l'amitié ; puisse-t-il, après avoir occupé et charmé mes loisirs, intéresser les pieux fidèles de notre diocèse et particulièrement ceux des deux paroisses dont Saint Pons est le protecteur spécial.

Le travail des Bollandistes se compose :

1° D'un Prologue, dont ils sont les auteurs, et que je donnerai tout d'abord dans les conditions que je viens d'indiquer ;

(1) Bollandistes. Mai, T. ii.

2° De la vie ou plutôt des actes du martyre de Saint Pons, recueillis par un de ses amis d'enfance qui en fut le témoin oculaire et auriculaire ;

3° Des annotations dues à la plume de ces savants compilateurs.

Je ne suivrai pas leur méthode d'une manière absolue et exclusive ; il m'a paru préférable de fondre ces annotations dans le texte, toutes les fois que cette fusion ne m'a pas semblé de nature à nuire à la clarté du récit et à la marche de la narration.

Il est bien entendu que, si je suis quelquefois amené à formuler des opinions personnelles, je m'efforcerai de le faire avec tout le respect et toute la soumission qui est due à notre sainte mère l'Eglise Catholique, Apostolique, Romaine, et que je n'ai ni ne veux avoir l'intention de prévenir ses jugements, moins encore de les critiquer et de les contredire ou implicitement ou explicitement.

J.-G.-P. M.

SAINT PONS

DE CIMIEZ

SA VIE, SON MARTYRE, SON CULTE

PROLOGUE

—

SOMMAIRE. — Cimiez, théâtre du martyre de Saint Pons.
— Ville ravagée par les Lombards. — Initiée à la foi par
Saint Nazaire, — ensuite par Saint Pons. — Unie plus
tard à Nice. — Actes du martyre de Saint Pons écrits par
son ami Valère, — d'après les manuscrits des greffiers
impériaux. — Quelques-uns l'ont dit évêque. — Son culte
le 14 et le 11 mai. — Son Office. — Sa fête célébrée au
Vᵉ siècle. — Concours de pèlerins qui avaient recours à
sa protection. — Culte de ses reliques. — Monastère de
Saint-Pons fondé près de Nice par Charlemagne. — Reliques de Saint Pons.— Sa tête à Marseille. — Monastère de
Saint-Pons à Thomières, en France, — élevé à la dignité
d'évêché. — Reliques de Saint Pons à Thomières.

« Rome fut le berceau de Saint Pons, le lieu de sa
naissance, sa patrie, le principal théâtre de sa vie;
Cimiez celui de son martyre, Thomières celui de sa
glorification et de son culte. Je ne veux pas dire par

là qu'il n'a pas été honoré ailleurs, mais seulement que les plus insignes de ses reliques y furent très solennellement transférées au X° siècle et y devinrent l'objet de la vénération la plus pieuse, la plus fervente et la plus populaire.

» Il ne s'éloigna de la ville éternelle que par ordre du pape Saint Fabien, qui voulut le soustraire à une violente persécution et utiliser ailleurs son zèle et son dévouement, et il se rendit à Cimiez, où il devait recueillir, vers l'an 257 de notre ère, la palme d'un glorieux martyre, sous le règne des empereurs Valérien et Gallien.

» Ce fut surtout au V° siècle que sa mémoire acquit une grande célébrité. Valérien était alors évêque de Cimiez; il loua ses combats dans plusieurs homélies. Elles se trouvent parmi les vingt que le P. Sirmond a éditées de lui en 1612. »

Le respect qui est dû à la vérité m'oblige à interrompre ici pour un moment la traduction du Prologue des Bollandistes pour faire remarquer au lecteur que ces homélies de l'évêque Valérien ont paru à Ferdinand Hughell, l'auteur de l'*Italia Sacra*, ouvrage qui est le pendant de notre *Gallia Christiana*, se rapporter plutôt à Saint Bassus qui, selon lui, fut le prédécesseur immédiat de Saint Pons sur le siège épiscopal de Cimiez et de Nice; mais je dois aussi ajouter que les rédacteurs du *Propre des Offices et des Messes de l'ancienne cathédrale et de l'ancien diocèse de Saint-Pons de Thomières* ont suivi les Bollandistes en insérant de longs extraits de ces homélies dans les offices de la fête principale de notre Saint au 11 mai, de son octave, et dans celui de la translation de ses reliques et de leur arrivée à Thomières au 15 juin. Il existe des exemplaires de ce *Propre* dans les diverses bibliothèques publiques de la ville de Montpellier, et j'aurai à lui faire quelques emprunts. Il en est de même dans le nouveau *Propre* du diocèse de Nice (1).

Voici en quels termes le P. Sirmond décrit la ville de Cimiez :

« CEMELIUM était la ville principale du pays des *Védantiens*, dans la province romaine des Alpes-Maritimes, en-deçà de celle des Hautes-Alpes, à six milles au-delà du Var, suivant un ancien *Itinéraire*, mais en réalité à neuf milles ; on en voit les ruines à une petite distance de Nice, sur une élévation qui porte encore son nom. Pline et Ptolémée placent *Cemelium* en Italie ; l'ancien *Itinéraire*, que je viens de citer, l'attribue à la Gaule, aujourd'hui la France, parce qu'il donne à cette nation les Hautes-Alpes pour limite, et en vérité il est hors de conteste, ainsi qu'en fait foi une *ancienne Notice sur les villes de France*, que *Cemelium* lui a appartenu ; cette ville occupe dans cette *Notice* le sixième rang parmi celles qui dépendaient de la métropole d'Embrun.

» Pline et l'ancienne *Notice* ont appelé cette ville CÉMÉLÉON ; elle a aussi porté celui de *Cimèle* (cité des Céméliens ou Ciméliens), CÉNÉMÉLÉE et CÉNÉMÉLÉON ; c'est ce dernier nom que lui donne Joffroy (2), abbé

---

(1) *Testis est Valerianus, Cemelensis episcopus, in tribus homiliis quas ad populum in die festo sancti Pontii circa me͞dium quinti sæculi habuisse fertur.* (II NOCT., L. VI.).

(2) L'un des plus illustres abbés de ce monastère. On a de lui un livre latin intitulé *Nicæna Civitas*, qu'il compléta par

commandataire du monastère' de Saint-Pons, dans le voisinage de Nice, en son livre intitulé : *La ville de Nice* (*Civitas Nicæna*), dans lequel il a donné la suite des évêques de ces deux villes et celle des abbés du monastère de Saint-Pons qui est dans leur voisinage. Ferraris, dans son *Lexique*, dit qu'on l'appelait de son temps CIMIEZ. » C'est ce dernier nom que j'adopterai et dont je me servirai dorénavant[avec son orthographe.

A ce que je viens d'emprunter au P. Sirmond, il ne sera peut-être pas hors de propos d'ajouter ce que dit Ferdinand Hughell au IVe volume de *l'Italia Sacra*, au chapitre où il traite des évêques de Nice (1).

« On dit que *Nice* fut fondée par les Massiliens à peu de distance de *Cimiez*, très ancienne ville prétoriale, qui fut avec le temps abandonnée par ses habitants, soit parce qu'elle avait été saccagée et détruite par les Lombards, soit parce qu'elle était trop éloignée de la mer. La population en descendit pour se fixer à Nice, ville bâtie sur les bords de la Méditerranée, dans un site parfaitement abrité et très agréable ; 'ces deux villes finirent à la longue par n'en faire plus qu'une, malgré leur distance. Le siège épiscopal dut en consé-quence être tranféré à Nice et uni à celui de cette ville vers le milieu du Ve siècle, sous le pontificat du pape Saint Léon Ier, qui occupa le siége apostolique de 440

un autre plus étendu en Italien : *Storia delle Alpi-Marittime*, réédité en six volumes à Turin, sous Charles-Albert. Il fut un grand érudit. Une des rues de la ville de Nice porte son nom GIOFFREDO.

(1) Cet ouvrage se trouve à Montpellier, aux bibliothèques de l'Ecole de Médecine et du Grand-Séminaire.

à 461. Le lecteur ne devra donc pas être surpris de
trouver ici sur Nice des détails qui peuvent se rapporter à Cimiez et réciproquement. Le nom de *Cimiez*
n'a du reste survécu que parce qu'il est lié au vocable
de sa principale église *Notre-Dame de Cimiez*, et c'est à
peine si l'on peut distinguer aujourd'hui, au milieu de
ses ruines, quelques vestiges de ses plus remarquables
monuments, à l'exception pourtant d'un immense amphithéâtre et d'un très ancien acqueduc. »

Je copie, ici, les renseignements donnés par le *Gui_
de-Joanne* (ITALIE-NORD) sur *Nice* et sur *Cimiez*. Ils dé-
montreront que Ferd. Hughell n'a pas été d'une exactitude rigoureuse en laissant supposer que Cimiez était
comme un faubourg de Nice ; la vérité est que ces
deux localités sont distantes de plusieurs kilomètres.

« NICE, dont le nom signifie *Victoire* ($N\iota\kappa\eta$), fut
fondée par les Phocéens. Les Romains en firent un
arsenal maritime, qui fut transporté à Fréjus sous
l'empereur Auguste. Le port de Nice était en très
mauvais état, ils établirent le siège de la province à
Cemenelium (Cimiez), hameau à 4 kilomètres N.-O. de
Nice. Après la destruction de *Cemenelium* par les
Lombards, en 537, Nice commença à se repeupler.
Elle suivit les fortunes diverses de la Provence. En
1388, elle passa à Amédée VII, duc de Savoie ; en
1543, elle fut assiégée du côté de la terre par les Français et du côté de la mer par les Turcs et Barberousse ;
en 1690, elle fut reprise par Catinat ; en 1706, par
Berwick qui démolit le château ; en 1793, Nice fut
réunie à la France et devint le chef-lieu du département des Alpes-Maritimes jusqu'en 1814, où elle fut

restituée aux États-Sardes. Par suite de l'annexion à
la France, votée par le parlement italien en 1860, elle
est redevenue le chef-lieu du département des Alpes-
Maritimes.

. . . .

» Nice est située dans une contrée fertile et protégée
au Nord par les derniers versants des Alpes, qui s'élèvent comme les gradins d'un gigantesque amphithéâtre. Au Levant se trouve le pont, séparé de la ville par
une éminence de 90 mètres, où l'on voit les restes d'un
vieux château qui défia d'Enghien et Barberousse. On
distingue la ville vieille de la nouvelle ; celle-ci est
tirée au cordeau, bien bâtie et s'étend le long de la
mer. On a construit sur les toits aplatis des maisons
qui longent le Cours et vont jusqu'aux *Ponchettes* une
large terrasse d'où, par un temps clair, on découvre
les montagnes de la Corse. Le faubourg de la *Croix de
Marbre* s'étend à un quart de lieue du pont qui le
sépare de la ville. On nomme ce quartier à la mode la
Nice Anglaise. Parallèlement au faubourg s'étend, le
long de la grève, une belle promenade appelée la *Promenade des Anglais*, parce qu'elle fut faite par la colonie
anglaise en 1822. Cette promenade, une des plus belles
qui existent au bord de la mer, a été embellie et pro-
longée depuis la réunion de Nice à la France. Elle est
plantée d'iléas, de lauriers-roses, de saphnies, etc.
Après avoir passé devant le nouveau *Jardin public* sur
la rive droite du torrent et une ligne de magnifiques
hôtels, on entre en ville en traversant un beau pont de
pierre jeté sur le *Paillon* (*Paglione* en italien, *Pollio* en
latin), torrent ne présentant en été qu'un lit de gravier
à sec, mais ayant des crues instantanées et terribles.
On achevait de construire en janvier 1884 un autre

pont près de l'embouchure. Le port construit, il y a un siècle, peut recevoir en tout temps les navires de 250 à 300 tonneaux. A l'entrée est la statue de Charles-Félix. Il n'y a aucun monument d'art à indiquer. Citons seulement les édifices publics — l'église de Sainte-Réparate — le palais du Gouverneur — le théâtre — la bibliothèque publique (collection géologique de fossiles de la province : collection des Céphalopodes de la Méditerranée). La langue dominante est le français; le peuple parle le *Nizard*, dialecte de l'ancien provençal.............................

....

» ENVIRONS A VISITER. — CIMIÈS (*Cemelenium*) à trois quarts de lieue au Nord. — Emplacement d'une ville antique, aujourd'hui couverte de cultures ; jolie promenade, une heure à pied par le vieux chemin et une heure en voiture par la route de Saint-Barthélemi. On y voit la *Tina de la fada* (cuve de la fée), ancien amphithéâtre, le vallon et la grotte de Saint-André, jolie promenade, deux heures à pied, une heure en voiture. — Ascension du *Mont-Chauve (Monte-Calvo)* 860 mètres, du sommet duquel on jouit d'un vaste panorama. Il faut trois heures pour s'y rendre par le chemin de *Saint-Barthélemi*. — SAINT-PONS — jolie promenade, une heure à pied. Monastère fondé en 775 par Syagrius, et où Charlemagne résida. »

Je reprends ici le récit des Bollandistes :

« Une ancienne légende, parfaitement accréditée à Nice, et qui du reste n'a rien que de très croyable et de très respectable, dit que, lorsqu'au premier siècle de l'ère chrétienne, Saint Nazaire, envoyé par Saint Pierre, arriva à Nice pour y prêcher la foi, une grande dame de cette ville alla le trouver, plaça entre ses mains son jeune enfant atteint de tremblement et lui dit en même temps : « Cet enfant, ô Nazaire, vous suivra partout où vous irez jusqu'au jour où il se présentera avec vous devant le trône de Dieu », et qu'elle se retira aussitôt en lui laissant son jeune fils qui, sous le nom de Celse, devint le compagnon de Saint Nazaire et son coadjuteur dans la prédication de l'Évangile ; et les habitants de Nice, comme ceux de Cimiez, auxquels ils ont succédé, l'ont toujours honoré et considéré comme leur concitoyen.

» Le christianisme, prêché à Cimiez et à Nice par Saint Nazaire, y fit de si grands et rapides progrès que, déjà vers l'an 230, peut-être même avant, la ville de Nice possédait un évêque, Saint Bassus, et que vers le même temps, ou du moins quelques années après, Cimiez avait le sien en la personne de Saint Pons, à qui il avait été donné de convertir et de baptiser l'empereur Marc-Jules Philippe et son fils de même nom, qu'il avait associé à l'empire. »

Je me réserve de traiter en son lieu la question de savoir si Saint Pons a été revêtu du caractère épiscopal ; mais je ne puis pas ne pas faire remarquer ici qu'en admettant qu'il en a été ainsi, il y aurait lieu de penser que Nice et Cimiez possédaient alors le même évêque, qui résidait peut-être tantôt dans l'une, tantôt dans l'autre de ces deux villes, et qu'en réalité Saint Pons fut envoyé de Rome par le pape Saint Fabien pour succéder à Saint Bassus, mort victime de la persécution, et pour ne pas laisser ces deux villes sans évêque. J'aurai à revenir sur ce point.

« Amans, évêque de Nice, fut un des prélats envoyés

en 381 au concile d'Aquilée, Valérien, évêque de Cimiez, souscrivit en 439 à celui de Reggio. Ce fut vers cette époque que les deux sièges furent réunis, et Magnus, évêque de Cimiez et de Nice, souscrivit en cette double qualité au concile d'Orléans en 568 ; ce qui semblerait confirmer ce que je viens de dire. Il ne serait même pas impossible que les deux titres de Nice et de Cimiez aient jamais été distincts, et qu'ils aient été indifféremment pris par les titulaires, jusqu'au temps où, le séjour de Cimiez étant devenu impossible par suite des invasions des barbares, les évêques de Cimiez se fixèrent définitivement à Nice. »

Tout ce qui précède est tiré en substance du livre d'Hughell que j'ai déjà cité. Saint Nazaire et Saint Celse sont universellement honorés le 28 juillet, Saint Bassus le 5 décembre, et Saint Pons le 11 et le 14 mai, tous comme martyrs. Le culte de Saint Nazaire est très ancien et très répandu dans la contrée. Deux paroisses dans le diocèse de Montpellier portent son nom, d'autres le vénèrent comme leur patron, la cathédrale de l'ancien diocèse de Béziers et l'ancienne cathédrale du diocèse de Carcassonne lui furent dédiées.

« Les actes de la vie et principalement du martyre de Saint Pons furent écrits par un de ses amis, qui avait été nourri et élevé avec lui, qui fut le compagnon de ses études, le témoin oculaire et auriculaire de ses combats, qui y prit lui-même une part personnelle, veilla à la sépulture de sa dépouille mortelle et se procura, à prix d'argent, les notes rédigées par les greffiers, les notaires si l'on veut, attachés aux proconsuls qui procédèrent à ses interrogatoires, prononcèrent l'arrêt de sa condamnation et présidèrent à son exécution. Il s'appelait Valère, c'est lui qui nous l'a appris, et son récit, autant du moins qu'en ont jugé les Bollandistes, a dû être corrigé et amplifié dans la suite. Néanmoins l'exactitude avec laquelle il y est parlé des souverains pontifes et des empereurs romains de cette époque, ainsi que la fidélité des dates les ont engagés à les considérer comme sincères « alors même, disent-ils, qu'on y trouve en certains endroits une exagération par trop sensible, comme, par exemple, quand il parle de la destruction de tous les temples payens à Rome et des idoles qu'ils abritaient, de la conversion de *tout* le peuple romain sous les deux empereurs Philippe, de l'incendie de l'amphithéâtre de Cimiez, etc., etc.... »

Les Bollandistes ont donné ces actes d'après le manuscrit de Claude Dupuy, celui de Saint-Maximin de Trèves et un troisième qui leur avait été prêté et dont ils n'indiquent pas la source. Voici du reste ce qu'ils disent à ce sujet :

« Etienne Baluze, dans ses notes sur ces mêmes *Actes de Saint Pons*, au deuxième volume de ses *Mélanges* (MISCELLANEA), où il les a édités d'après les deux manuscrits de la bibliothèqne de Colbert, dit que le manuscrit de Dupuy se trouvait de son temps à la bibliothèque royale, et il s'étonne de ce que Saumaise, qui s'en est servi dans son *Trebellius Pollio*, l'attribue à un nommé Eutrope dont il n'y est nullement question. »

« Quant à nous, ajoutent-ils, n'ayant eu que trop tard à notre disposition ces *Mélanges*, nous ne pourrons y puiser que quelques notes, nous ferons de même pour le livre sur la ville de Nice que son auteur, Pierre

Joffroi, nous a communiqué, ce dont nous nous sommes avisés trop tard. Cet auteur a eu à sa disposition les Actes très anciens qui font partie des manuscrits de l'abbaye de Saint-Pons à Lantusse ; ils lui avaient été communiqués par le R. P. Martel, abbé de ce monastère, et il s'en est servi lui-même pour écrire dans un style plus élégant et plus rajeuni une nouvelle vie de ce saint Martyr. »

Ces mêmes Actes se trouvaient dans la bibliothèque de la reine de Suède. Les Bollandistes nous apprennent qu'ils les possédaient, eux aussi, dans leurs recueils, mais sans Prologue et tels qu'ils étaient dans le monastère de Saint-Pons à *Adenate*. Ils ajoutent qu'ils en avaient fait l'analyse sur un manuscrit de la Chartreuse d'Utrecht et sur un recueil imprimé à Cologne en 1483 et deux ans après à Louvain.

« On lit dans Mambrice la partie de ces *Actes* qui commence à la persécution de Valérien et de Gallien. Laurent Surius les a publiés, mais en abrégé et avec des variantes. On les trouve dans le *Speculum Historiale* de Vincent. Ferraris a aussi publié une analyse de ces mêmes *Actes* ; il en existe un autre *Abrégé* au quatrième livre du *Catalogue* de Pierre *de Natalibus*, mais il contient des fautes, d'après les Bollandistes, qui en énumèrent quelques-unes. Ces derniers néanmoins paraissent un peu trop affirmatifs quand ils signalent comme une erreur la qualification d'évêque donnée à Saint Pons par cet auteur.

Ce n'est pas ici le lieu d'insister sur ce point, dont la discussion trouvera plus convenablement sa place ailleurs. Je retiens seulement que les Bollandistes attribuent à d'autres auteurs respectables la même prétendue erreur, et je me réserve de les appeler en témoignage quand le moment opportun sera venu. Je reprends ici le Prologue des *Acta Sanctorum* au 14 mai.

« Il y avait autrefois dans la Province ecclésiastique de Narbonne une ville épiscopale du nom de Saint-Pons. C'est de là que le culte de son Patron se répandit dans les diocèses de Béziers et d'Agde, qui en étaient voisins, et ensuite dans plusieurs autres diocèses. » J'aurai à parler de cette ville, à laquelle je réserve une courte notice historique à la fin de ce livre. Je crois devoir dire en passant, sauf à y revenir plus bas, qu'à Agde, comme aujourd'hui à Montpellier, Saint Pons ne fut honoré que comme martyr, tandis qu'à Saint-Pons de Thomières on lui décerna la double qualification de Martyr-Pontife, et de plus qu'on célébrait tous les ans le 15 juin, dans le diocèse de Saint-Pons de Thomières, la fête de la *Translation des reliques de Saint Pons, martyr et évêque de Cimiez.*

« Le Père Sirmond », ce sont encore les Bollandistes qui parlent, « affirme dans la *Préface au lecteur*, qu'il a placée en tête des homélies de Saint Valérien, évêque de Cimiez, que c'est de Saint Pons que voulait parler, sans le nommer, le saint prélat, et il fait remarquer que les détails de son martyre rapportés dans l'une des trois homélies qu'il lui a consacrées, la XVe, sont tellement précis, qu'il est impossible de s'y méprendre. Il y est dit que tous les ans on célébrait à Cimiez le souvenir de ses vertus, et que de toute part on se rendait à cette fête pour l'implorer par les larmes et la prière, qu'il faut imiter la foi du martyr et les exemples des vertus qu'il pratiqua. » J'ai déjà fait remarquer qu'Hughell a pensé que ces homélies se rapportent à Saint Bassus, prédécesseur, selon lui, de Saint Pons sur le siège de Cimiez et de Nice, et de fait les éloges contenus dans ces homélies peuvent aussi viser l'un et l'autre de ces deux Saints, ainsi qu'on pourra s'en convaincre par les extraits suivants :

On lit dans la XVIᵉ : « Nous avons devant nous celui qui nous encourage chaque jour par ses exemples salutaires et son affection paternelle. Vous ne devez pas ignorer les devoirs qui vous sont spécialement imposés par la vue de cette multitude d'étrangers qui accourent pour solliciter avec ferveur et piété sa puissante protection. Nous voyons fréquemment des malheureux, possédés du démon impur et tourmentés par lui, déclarer publiquement que l'Esprit infernal est l'auteur et l'inspirateur de tous leurs crimes. »

Nous extrayons de la XVIIᵉ le passage qui suit :

« Le nom de chrétien impose à ceux qui se glorifient de le porter l'obligation de vivre de vertus. Qui sont parmi nous ceux qui n'ont pas vu de leurs propres yeux, entendu de leurs propres oreilles raconter des faits qui rappellent la foi et la piété de notre martyr ? Et de quel martyr ? Certainement de celui qui a combattu ici le *premier* (1) avec un courage si éclatant et nous a montré ce que nous avons à faire pour mériter de posséder un jour le royaume du ciel, qui nous enseigne tous les jours la règle de notre conduite et les mérites que nous pouvons acquérir en marchant sur ses traces. Il faut donc que nous attirions sur nous la bienveillance de notre saint protecteur par une vénération

______

(1) Le *premier* semblait indiquer Saint Bassus, si tant est qu'il ait été martyrisé à Cimiez et non à Nice.

persévérante, afin qu'il intercède particulièrement pour nous auprès de Dieu et qu'il lui recommande nos misères.

» Considérez quels honneurs mérite de notre part celui qui a versé son sang dans la ville que nous habitons. Dieu a été assez bon pour nous ménager cette protection que tant d'autres ont acquise par leur confiance, et nous n'avons pas à chercher au loin les exemples que nous devons suivre. Nous avons sous les yeux le maître de la patience, la perspective de la récompense, le modèle des vertus. Exerçons donc nos âmes à la souffrance en souvenir de cette solennité qui se renouvelle pour nous tous les ans, suivons les exemples de celui dont nous honorons les mérites.

» Voyez les riches ornements qui décorent sa poitrine. Vous l'avez revêtue de soie par respect pour l'ouvrage de Dieu ; vous avez répandu avec amour l'or sur sa tête, et vous savez combien sont glorieuses les cicatrices de ses blessures, quelles récompenses lui ont valu ses larmes, quelle énergie il a déployée en face de ses bourreaux, quelle joie il a dû recevoir après une telle victoire remportée par tant de supplices. »

Ainsi et avec encore plus d'abondance et d'éloquence parlait vers l'an 440 Valérien, évêque de Cimiez, de Saint Pons, martyr, aux concitoyens de ce grand serviteur de Dieu, et si tant est que Saint Pons fût en effet l'objet de ce panégyrique : ce qui, je l'ai déjà fait remarquer, n'est pas absolument hors de conteste.

« Dans le courant du IXe siècle, un monastère fut fondé à proximité de Nice et de Cimiez en l'honneur de Saint Pons. Cette fondation est attribuée à Charlemagne, qui se proposa par là de rétablir la mémoire de la ville autrefois célèbre de Cimiez, détruite par les Lombards et les Saxons, et de donner un nouveau lustre au culte de Saint Pons, culte qui avait été de tout temps en grand honneur dans cette contrée, à cause de ses reliques qui y étaient conservées et honorées, et des miracles qui y étaient opérés par son intercession.

» Cet illustre empereur plaça, dit-on, à la tête de cette maison son neveu Syagrius, fils de son frère Carloman. P. Joffroi nous apprend que Syagrius devint ensuite évêque de Nice, qu'il mourut en odeur de sainteté et qu'il fut honoré comme saint le 23 mai ; » néanmoins son nom n'est pas inscrit au Martyrologe Romain. Il ajoute, dans ses annotations sur la vie de Saint Pons, qu'au milieu de l'église de ce monastère on voyait un tombeau en forme de crypte qui renfermait les précieux restes de ce saint martyr, ainsi que ceux des Saints Syagrius et Antelme. Ce dernier, selon lui, aurait été un abbé de Lérins, devenu évêque de Cimiez et honoré comme saint le 18 mai. Son nom ne se trouve pas non plus dans le Martyrologe Romain.

» Quant au tombeau lui-même, Joffroi dit qu'il était en marbre et qu'il portait l'inscription suivante :

DOMINO. KAROLO. REGE. FRANCORVM. ET
LONGOBARDORVM. PATRICIVS. ROMANORVM.
IMPERAT... ADVOCATVS. EP... IS... INSTAVRAV...

» Le reste de l'inscription n'a pu être exactement relevé. Faut-il lire : *Domino Carolo rege Francorum et Longobardorum, patricius Romanorum, imperatoris jussu advocatus, epigramma istud instauravit?* ou bien

Domino Carolo Rege Francorum et Longobardorum, patricius Romanorum, imperatoris advocatus, epigramma istud instauravit? Je laisse à de plus habiles le soin de le décider (1).

» Joffroi dit encore qu'on possède au monastère de Saint-Pons tout son office, et il en donne des extraits. Bouche, dans son *Histoire de Provence,* assure qu'on y conservait ses reliques ; il ajoute néanmoins que les reliques de Saint Pons, honorées à Collobrière et à Figuière, y opèrent de grands miracles et rendent la santé aux malades qui vont se prosterner dans l'intérieur de ce tombeau.

» Joffroi dit de plus que la tête de Saint Pons fut portée aux rives de Collobrière en Provence, et qu'elle passa de là, dans la suite, au monastère de Saint-Victor à Marseille; ce qui rend les Bollandistes rêveurs et incrédules, attendu, disent-ils, que Collobrière, se trouvant au milieu des terres aux confins de la Provence et du Dauphiné, ne peut avoir de rives, et que dès lors il faudrait autre chose qu'une simple affirmation. »

Me sera-t-il permis de remarquer ici que cette criti-

(1) Un fragment de cette inscription, qui est du viiie siècle, est encore conservé au monastère de Saint-Pons, qui fut complétement restauré et refait vers l'an 1733 ; il fut occupé par les Bénédictins jusqu'en 1793. Quarante-trois ans plus tard, en 1835, l'évêque GALVANO y appela du Piémont les Oblats de la Vierge MARIE, qui y habitent encore. Le tombeau de Saint Pons disparut lors de cette reconstruction. La plupart de ces détails sont dus à l'obligeance du R. P. Lombardi, Oblat de Marie, Ministre de la Maison de Saint-Pons.

que paraît exagérée et que le mot *rives*, sous la plume
de Joffroi, a pu être pris au figuré et signifier seulement *région, voisinage, alentour,* ou quelque chose
d'équivalent? D'ailleurs Collobrière peut très bien
être à proximité d'un cours d'eau, il serait même surprenant qu'il n'en fût pas ainsi, et cela suffirait pour
justifier cette expression.

» Joffroi ajoute enfin que la tête de Saint Pons fut,
suivant une tradition locale, jetée, par ordre des proconsuls qui décrétèrent son supplice final, du haut du
rocher où il consomma son glorieux martyre, dans le
Paillon dont les eaux baignent le pied, et qu'elle arriva
à la mer et par la mer miraculeusement entre deux
flambeaux allumés à Marseille, et qu'elle y fut longtemps publiquement offerte à la vénération des fidèles. Mais tout cela, dit-il, manque de preuves.

» Baronius dit, dans ses notes sur le 14 mai, que
Saint Pons est principalement honoré à Nice, où se
trouve son corps vénérable, et Ferraris rapporte la
même chose dans son *Catalogue des Saints d'Italie.*

» Les notes des Chartreux de Bruxelles portent, sous
la date du 13 mai : *à Aquaviva en Italie,* Saint Pons,
martyr.

» De tout cela, disent les Bollandistes, il résulterait
qu'on ne sait pas au juste où se trouvent les vraies
reliques de notre Saint Pons, et qu'il faut laisser aux
habitants d'Aquaviva sur le Vulturne, en Italie, dans
le royaume de Naples, le soin de justifier leurs pré-
tentions à cet égard. »

L'explication la plus naturelle et la plus plausible
consisterait à dire, ce me semble, ou qu'à Aquaviva
on a les reliques d'un autre Saint, même d'un autre

martyr du nom de Pons, ou qu'on a dû faire diverses distributions des reliques de Saint Pons de Cimiez, ce qui n'a rien d'extraordinaire et se fait tous les jours, et que les auteurs qui ont parlé des lieux où se trouvent les diverses parcelles du corps de Saint Pons, ont écrit de loin et qu'ils n'ont pas exactement connu les localités dont ils ont parlé, ou ont été incomplétement renseignés.

On me permettra de faire remarquer ici et en passant, sous la réserve d'y revenir plus bas, que l'Évêché de Nice est en possession, et depuis longues années, de distribuer des reliques de Saint Pons. On en a accordé une à l'Église aujourd'hui paroissiale de Saint Pons de Thomières, au mois de septembre 1886, avec lettres authentiques datées de 1868, dans lesquelles Saint Pons est dit *Episcopus et Martyr*.

« Hughell, traitant des évêques de Nice dans l'*Italia Sacra*, prétend qu'avec le temps les reliques du Bienheureux Pons, martyr, furent transportées de l'abbaye primitive de Saint-Pons, située entre Nice et Cimiez, dans la Gaule Narbonnaise, au monastère de Thomières construit au X° siècle entre Pézenas et Carcassonne par Raymond-Pons, comte de Toulouse. Guillaume Catel rapporte, dans son *Histoire des comtes de Toulouse*, les actes de la fondation de cette abbaye, qui consistent en deux diplômes que ce prince signa en sa faveur au temps même où il fonda cette maison, et un troisième, du roi de France Louis-d'Outre-Mer, pour confirmer cette fondation. Ces Chartes se trouvent également soit dans l'*Histoire générale de Languedoc*, soit dans la *Gallia Christiana*, toutes les trois font mention du saint martyr, mais ne parlent pas de ses reli-

ques. » — On trouvera à ce sujet des explications
dans la Notice historique sur la ville de Saint-Pons de
Thomières, à la fin du volume.

• « Papirius Masson pense que le mot « Thomières »
vient des blocs (en grec Θωμος) qu'on extrayait du
flanc des montagnes voisines, où il y en avait des gise-
ments considérables, qui ne sont pas encore épuisés
de nos jours.

» Saussaie, parlant de Saint Pons, dit que ses dé-
pouilles furent d'abord ensevelies au lieu même où il
fut martyrisé et placées sous un monceau de pierres,
pour les soustraire à toute tentative de profanation,
par les fidèles chrétiens qui y établirent des signes, afin
d'assurer leur identité. Enfin, d'après lui, la paix ayant
été rendue à l'Église, ces reliques auraient été transportées avec grand respect et déposées avec décence
à Thomières, au monastère que Raymond-Pons, comte
de Toulouse, rempli de dévotion pour ce grand athlète
de Jésus-Christ, y avait fait construire. Là, dit-il,
la protection de ce Bienheureux se manifesta par de
si éclatants miracles que les environs du monastère
ne tardèrent pas à se peupler, ce qui porta le pape
Jean XXII à ériger, le 18 février 1318, l'église abbatiale
en cathédrale et à donner le vocable de Saint-Pons
pour titre à ce nouvel évêché en mémoire d'un si illustre martyr, et c'est depuis lors surtout que cette ville
et son église, où repose le corps du Bienheureux qui
la protège par la puissance et le crédit que lui ont
acquis au ciel les mérites de sa vie mortelle et de sa
glorieuse mort, se glorifie d'un si grand honneur. »

« Tel est le sens des paroles de Saulsaie. On voit
bien que son langage manque de clarté, de précision

et d'exactitude. Il semble, en effet, dire que Dieu ne donna la paix à son église qu'au X⁰ siècle. Il aurait été plus exact s'il avait dit : longtemps après que Dieu eut rendu la paix à son église.

» Les Pères de Sainte-Marthe, en traitant des évêques de Saint-Pons de Thomières dans la *Gallia Christiana*, disent, d'après les manuscrits de la *Chronique de Sens*, qu'on rapporte que le corps de Saint Pons repose au monastère de Thomières. Guillaume Catel, dans son livre déjà cité, parle de l'évêché de Thomières sans faire mention des reliques de Saint Pons. »

En présence de cette diversité d'opinions et d'indications, les Bollandistes déclarent qu'ils laissent cette controverse aux habitants de Cimiez et de Thomières, et ils se contentent de penser que sans doute une partie de ces reliques fut obtenue de Nice pour l'abbaye de Thomières et transportée à ce monastère.

J'ajoute en terminant, et j'espère démontrer en temps et lieu que c'est là la vérité, et que la plupart des auteurs qui viennent d'être mentionnés paraissent ne pas avoir eu connaissance des chartes de 936 et 937, ou que tout au moins ils ne les ont pas lues et étudiées avec assez de soin (1).

Ce n'est pas ici le lieu d'insister sur cette question pas plus que sur celle de l'épiscopat de Saint Pons. Elles reviendront sous ma plume en temps opportun, et je me hâte de les quitter momentanément pour passer sans retard à l'histoire de la vie, du martyre et du culte de Saint Pons.

(1) Ces chartes se trouvent à leur date dans L'HISTOIRE DE LANGUEDOC, aux *Preuves;* dans la GALLIA CHRISTIANA, aux *Instrumenta* et ailleurs.

SAINT PONS

DE CIMIEZ

SA VIE ET SON MARTYRE

D'APRÈS LA RELATION DE VALÈRE

Son ami et son compagnon d'enfance et d'études

CHAPITRE PREMIER

FAMILLE DE SAINT PONS. — SON ORIGINE. — SA CONVERSION ET CELLE DE SON PÈRE

SOMMAIRE. — Parents de Saint Pons. — Effroi de sa mère causé par un oracle païen. — Elle veut détruire son fils avant sa naissance et en est empêchée par son mari. — Pons instruit des lettres et des sciences profanes. — Il entend les chants des chrétiens. — Il est admis auprès du pape Saint Pontien — et instruit par lui. — Il reconnaît la fausseté du culte des idoles, — avoue qu'il est né de parents païens, — est admis au rang de cathécumène, — discute avec son père au sujet de la foi — et reçoit avec lui le baptême. — A la mort de son père, il devient membre du Sénat de Rome — et distribue ses biens aux pauvres chrétiens.

Le Sénat de Rome comptait dans ses rangs, au commencement du IIIe siècle de l'ère chrétienne, un

membre de race très illustre et d'origine grecque et
marine, ainsi que semble l'indiquer son nom patrony-
mique. Il s'appelait MARC PONS, et il était uni depuis
plus de vingt ans par les liens du mariage à une noble
patricienne qui portait le nom de JULIE. Ils étaient
païens l'un et l'autre, et la stérilité de leur union avait
été une tristesse profonde dans leur vie, car ils déses-
péraient d'avoir jamais une descendance, quand enfin
Julie annonça un jour qu'elle avait entrevu l'aurore
de la maternité.

Dès ce moment la joie fit place à la tristesse au foyer
domestique et, pressée par le sentiment de la reconnaissance, Julie invita son époux à l'accompagner au
Grand-Temple de Jupiter pour y remercier les Dieux
et y faire offrir un sacrifice. En arrivant dans l'enceinte
sacrée, ils trouvèrent à l'autel un prêtre dont la tête
était ornée d'une mitre à laquelle un long voile était
attaché. C'était le cinquième mois de la grossesse de
la noble dame. Elle s'était déjà demandé à elle-même,
comme autrefois les parents et les amis de Zacharie
et d'Elisabeth, au moment de la naissance de Jean-
Baptiste, le saint précurseur de N.-S.-J.-C. : Que
sera cet enfant que je porte dans mon sein? Quelle
destinée lui réservent les Dieux que j'adore? Ce jour-
là les oracles des fausses divinités se chargèrent de le
lui apprendre.

Le prêtre, en les voyant franchir le seuil du temple,
entra subitement en fureur, saisit sa mitre et son voile,
les déchira avec violence et, remplissant le sanctuaire
de ses cris, il fit entendre, sous l'influence du démon,
ces paroles prononcées par lui d'une voix lamentable :
L'enfant que cette femme porte dans son sein détruira

un jour ce temple jusqu'à ses fondements et renversera les Dieux qui y sont adorés ; et il renouvela plusieurs fois cette prédiction.

En entendant cet horoscope, Marc et Julie, terrifiés, sentirent leur sang se glacer dans leurs veines, et ils se hâtèrent de rentrer dans leur palais. Là, Julie, s'armant d'une pierre, se frappa le sein en disant, dans l'excès de son fanatisme et de son désespoir : Il vaudrait mille fois mieux que je n'eusse jamais conçu l'enfant auquel je dois donner bientôt le jour, s'il est destiné à renverser le Grand-Temple et à détruire le culte de ses divinités, et il serait à souhaiter que je meure avec lui.

L'enfant vint néanmoins au monde sain et beau, ne paraissant pas, au jour de sa naissance, se ressentir des brutalités auxquelles il avait été soumis. Il y eut de grandes réjouissances dans la famille, car on y espérait déjouer la prédiction en évitant de jamais le conduire aux temples des idoles. Dieu le permit ainsi parce qu'il avait sur cette âme prédestinée des vues pleines de miséricorde. On lui donna le seul nom de sa famille : Pons (1), qui n'était en réalité que le surnom du père.

(1) Voici ce qui est dit à ce sujet, dans le *Mystère de Saint Pons*, en langue provençale, publié dans la *Revue des Langues Romanes* (MONTPELLIER, 1887) :

MARCUS :   Après paraulos, mon arrest
            Es de nommar aquest infant.
            Per causo que vos amouet tant,
            Vostre voler ay attendu.
            Si ambe vos ay contendu
            Qual nom qui deou esser impausa,
            Si ay you em my prepausa

En quelle année naquit cet élu du Seigneur? Quoique les *Actes* de sa vie et de son martyre ne le disent pas formellement, il n'est pas impossible de le déterminer et avec assez de précision.

On verra dans le cours de ce récit qu'il avait près de vingt ans à l'avènement du pape Saint Fabien, en 236 ; il dut donc naître vers 216 ou 217 et, comme le sénateur Marc Pons, son père, et Julie, sa mère, étaient alors dans la vingt-troisième année de leur alliance, il s'en suit qu'ils l'avaient contractée en l'année 193 ; et, pour ne pas avoir à revenir sur une question de chiffres et de dates, j'ajouterai ici, en anticipant sur les événements, que Pons avait de 16 à 18 ans quand il eut le bonheur d'embrasser la foi chrétienne, de 19 à 20 quand il eut la consolation de convertir son père, 35 ou 36 à l'époque de la mort et du martyre du pape Saint Fabien, et environ 42 ans quand il fut martyrisé lui-même, en l'année 258. Ces détails ne seront pas

> Que nom prengo de mon linaige
> Poncz nos nomen, a breau lengaige.
> Et nomma Poncz el saré ;
> De vertus el nos passaré,
> Et faré à tos dos honnor.
>
> Julia : A vos syo donc l'honnor ;
> Puisque vos play, ey sin la syo,
> Poncz auré nom. Cossint que syo,
> Jamais nom me faré plaser.
>
> Marcus : Prené plaser ou desplaser,
> Poncz mon infant si auré nom
> Et nom prendré de mon surnom,
> Sans y butar degun obstacle...
>
> (Page 348. Vers 792-811).

sans utilité, ils donneront une idée de ce que devait être Pons aux diverses phases de son existence.

Cependant la pensée de toutes les précautions auxquelles on avait résolu de recourir pour éloigner l'enfant des temples des faux Dieux ne suffisait pas pour rassurer sa mère. Elle n'avait qu'une préoccupation, qu'une pensée : faire disparaître son fils ; le fanatisme avait éteint en son cœur les sentiments de la maternité; mère dénaturée, il n'était pas de moyens criminels qu'elle n'imaginât et ne mît en jeu pour donner la mort au fruit de ses entrailles.

« Je vous en conjure, chère Julie, lui disait quelquefois son époux plus raisonnable qu'elle, cessez de nourrir dans votre esprit de si criminels projets ; ne nous rendons pas coupables d'un forfait si abominable, n'en souillons pas nos mains ; laissons à Jupiter le soin de terrasser lui-même son ennemi ; il est assez puissant pour cela. » Sous l'influence des paroles du père, l'exaltation de la mère cédait, mais les deux époux veillaient avec un soin continuel et extrême à ce que l'enfant ne fût pas instruit sur le culte de la divinité et ne fût jamais conduit aux temples païens ; et c'est ainsi que Pons fut préservé, par les soins et l'amour de son père, d'une mort prématurée.

Le temps marchait et l'enfant grandissait, les premières lueurs de la raison commençaient à se développer en son âme; il fallut songer à lui donner des maîtres afin qu'il pût acquérir une instruction proportionnée au rang qu'il était destiné à occuper dans le monde romain. On lui choisit pour précepteurs des docteurs très savants, qui lui enseignèrent les diverses doctrines de tous les philosophes connus, les belles-lettres et les sciences, et l'enfant était à la fois si heureusement doué, si appliqué et si studieux qu'il apprenait avec une facilité merveilleuse tout ce que renfermaient les ouvrages que de vastes bibliothèques, nous dit son ami Valère, auraient à peine suffi à contenir, et il retenait aisément tout cela dans sa mémoire.

Or, un jour qu'il se rendait de grand matin chez l'un de ses maîtres, dont l'histoire ne nous a pas conservé le nom et qui habitait hors des murs de la ville de Rome, il passa avec son condisciple, le jeune Valère, celui-là même qui devait nous transmettre tout ce que nous savons de sa vie et de son martyre, il passa, dis-je, devant une maison où les chrétiens étaient réunis et terminaient le chant de l'office de la nuit sous la présidence de l'évêque de Rome, le pape Saint Pontien. Ceci se passait donc entre les années 231 et 235, dates extrêmes du règne de ce pontife, sans qu'il soit possible de préciser davantage.

Avant d'aller plus loin et de raconter les détails de la conversion de nos deux jeunes adolescents, une courte explication trouve ici sa place.

Il ne faut pas perdre de vue que Pons était né et avait grandi en pleine persécution du christianisme, sous l'empire de véritables monstres couronnés; et que, si de temps en temps, par intervalles plus ou moins prolongés, les chrétiens étaient épargnés ou simplement tolérés, les édits sanglants n'en subsistaient pas moins; c'étaient, comme on dirait de nos jours, des lois existantes dont on ne pressait pas l'exécution, et l'exercice du culte chrétien devait toujours par prudence avoir lieu en secret, ordinairement dans les catacombes, toujours au moins en dehors des villes, même dans les moments les moins violents, et à des heures qui ne pussent donner occasion de faire suivre les disciples de J.-C., de les épier, nous dirions aujourd'hui filer, espionner.

Ces monstres s'appelaient Septime-Sévère, Caracalla, Macrin, Héliogabale.

La V° persécution générale avait commencé vers la fin du II° siècle et, au plus tard, pendant les premières années du III°, Septime-Sévère ayant régné de 193 à 211. Saint Pons était né vers 218, et Alexandre-Sévère, qui mit fin à cette persécution, ne revêtit la pourpre impériale qu'en 222, après la mort de l'infâme Héliogabale.

Mais Pons était trop jeune alors pour avoir à redouter cette persécution, et il était sur le point d'atteindre sa majorité, en 235, quand commença la VI° persécution générale sous Maximin, après la mort d'Alexandre-Sévère. On voit, dès lors, qu'il n'y a rien d'extraordinaire à ce que de 231 à 235, c'est-à-dire pendant le pontificat du pape Saint Pontien et sous le règne relativement modéré d'Alexandre-Sévère, les chrétiens, pour se réunir et célébrer en commun les saints Mystères, n'allassent pas se cacher dans les profondeurs des catacombes et se contentassent de sortir de la ville et de tenir leurs pieuses assemblées à quelque distance de ses murs, afin de ne pas trop attirer sur eux l'attention des gouvernants qui, alors même qu'ils ne les traquaient pas ouvertement, n'en étaient pas moins leurs ennemis. Revenons à notre récit.

Les paroles que chantaient les pieux et fervents chrétiens, dont Pons et Valère entendirent les accents, étaient les suivantes du Pseaume 113, que nous chantons aujourd'hui aux Vêpres du dimanche, ou du Psaume 134, qui se chante aux Vêpres du jeudi :

« Les divinités des nations ne sont qu'or et argent; elles sont l'œuvre de la main des hommes ;

» Elles ont une bouche et ne parlent pas ; des yeux, et ne voient pas.

» Des oreilles, et n'entendent pas ; des narines, et ne sentent pas ;

» Des mains, et ne touchent pas; des pieds, et ne marchent pas; un gosier qui ne rend aucun son ;

» Que ceux qui les fabriquent leur deviennent semblables, ainsi que tous ceux qui mettent en elles leur confiance » (1).

Dieu avait permis que ces deux jeunes gens entendissent précisément ces paroles ; elles devaient déterminer leur conversion ; car on ne peut guère douter que Valère ne se soit converti en même temps que son ami, dont il ne se sépara jamais et près duquel nous le retrouverons au temps de son immolation, recueillant affectueusement sa dépouille, achetant les actes de son martyre et ne se retirant en pays lointain qu'après avoir rempli les derniers devoirs de l'amitié, en confiant à la terre la dépouille mortelle de Pons, consacrée par le glaive des bourreaux. Il ne nous a rien dit

(1) *Simulacra gentium argentum et aurum, opera manuum hominum. — Os habent et non loquentur, oculos habent et non videbunt. — Aures habent et non audient. — Nares habent et non odorabunt. — Manus habent et non palpabunt, pedes habent et non ambulabunt, non clamabunt in gutture suo. — Similes illis fiant qui faciunt ea, et omnes qui confidunt in eis.*

de lui-même, par un sentiment de louable modestie et parce qu'il se proposait seulement de nous édifier en nous racontant ce qu'il savait de la vie et du sacrifice l'athlète de J.-C., sans s'occuper et nous entretenir de de sa propre personne. Imitons-le et suivons avec lui Pons à qui appartient le rôle principal dans cette narration.

Pons fut, en effet, ému et par les paroles et par la mélodie qui frappaient ses oreilles. Il en ressentit une vive sensation, s'arrêta et poussa un profond soupir ; puis, réfléchissant sur ce qu'il venait d'entendre, cherchant à en pénétrer la signification et intérieurement touché par la grâce de l'Esprit de Dieu, il s'écria :

« O Dieu, vous dont ces hommes chantent les louanges, accordez-moi la grâce de vous connaître. »

Et résolûment il avança et se mit à frapper vivement à la porte.

A ce bruit, l'un des membres de l'Assemblée, celui qui était chargé des fonctions de portier (*ostiarius*), regarda de l'étage supérieur où se trouvaient réunis ses frères, et fit connaître au pontife ce qui se passait au dehors. « Ce sont, lui dit-il, deux jeunes adolescents qui demandent à entrer. » — « Ouvrez-leur, répondit Saint Pontien, sous l'influence d'une inspiration divine, laissez venir ces enfants, le royaume du ciel leur appartient ; c'est le Maître qui l'a dit. »

Et le jeune Pons, avec son ami Valère, renonçant pour ce jour-là à aller chez leur maître, furent introduits dans l'assemblée des chrétiens. Ils y montèrent, entrèrent dans le lieu de la réunion et, voyant qu'on y était occupé à la célébration de mystères religieux auxquels ils ne comprirent rien, ils se tinrent à l'écart avec respect jusqu'au moment où la cérémonie fut terminée, pour ne pas la troubler.

Alors seulement le jeune étudiant avança jusqu'au lieu où siégeait le Pontife et, après s'être prosterné à ses pieds et les avoir baisés, il lui dit :

« — Très-Saint-Père (1), je vous en supplie, expliquez-moi l'hymne qu'on chantait tout à l'heure : « Notre Dieu est au ciel, les divinités des nations sont muettes, aveugles et sourdes ; elles ne voient pas, ne touchent pas, n'entendent pas, ne marchent pas » ; et, ce qui m'intéresse surtout au plus haut degré, j'ai entendu chanter : « Que tous ceux qui mettent en elles leur confiance leur deviennent semblables. »

Saint Pontien lui répondit :

« — Je crois, ô mon fils, que Dieu a éclairé les yeux de votre noble cœur, afin que vous cherchiez à le connaître. Vous désirez des explications, je vais essayer de vous satisfaire. Dites-moi, est-ce que vous ne comprenez pas que toutes les statues faites d'or, d'argent ou d'autres métaux ont été extraites du sein de la terre ? Qui pourrait mettre en doute que celles qui sont en pierre, par exemple, aient été taillées dans des rochers, placées sur des chars, traînées par des bœufs ou par d'autres bêtes de somme et placées enfin au Forum ?

» Tout cela peut-il être des Dieux ? Tout cela est

(1) Cette qualification n'a rien qui doive étonner sur les lèvres du jeune Pons. Certainement le spectacle auquel il assistait avec son condisciple était nouveau pour lui, mais il avait pu voir la vénération avec laquelle le Pontife était traité par l'assistance et entendre la qualification de *Très-Saint-Père*.

sorti du sein de la terre et y retournera tôt ou tard.
Ce n'est pas en des Dieux de cette nature que nous
autres, chrétiens, nous mettons notre confiance ; le
Dieu que nous servons est au ciel ; ce n'est pas avec
les yeux de notre corps que nous pouvons le voir,
mais avec ceux de notre âme. Quelle confiance, en
effet, pouvons-nous avoir en ces Dieux que nous
voyons et que la main des hommes a façonnés ? »

Ces enseignements pénétrèrent profondément dans
le cœur du jeune homme qui, reprenant la parole,
s'exprima de la sorte :

« — Mon Seigneur et mon Père, qui peut, en effet,
ignorer et ne pas convenir que tout cela est sans âme,
sans vie et sans mouvement ? car des Dieux de cette
espèce on en rencontre dans tous les bourgs, à tous
les carrefours, sur toutes les places publiques, sans
parler de tous ceux que nous pouvons voir au Forum,
dans les temples, au Capitole, et en si grand nombre
qu'il est presque impossible de les compter, et toutes
ces statues ont des formes et des expressions diverses
selon le génie, l'inspiration, l'habileté des artistes qui
les ont sculptées. Qui ne voit qu'elles sont posées et
fixées sur leurs socles au moyen du fer et du plomb,
afin qu'elles puissent résister à la violence du vent et
aux entreprises des voleurs ? car nous savons bien
qu'elles ont été quelquefois renversées, volées, détrui-
tes, dévalisées par les malfaiteurs ; comment donc
pourraient-elles nous préserver du mal, puisqu'elles
ne peuvent s'en garantir elles-mêmes et qu'elles ont
besoin d'être gardées ou solidement fixées pour ne
pas être pillées par les hommes mauvais ? »

On ne saurait disconvenir, j'aime à le penser, que la

réplique ne fût à la hauteur de la réponse du pontifé
et qu'un raisonnement si juste ne fût étonnant, sorti
de la bouche d'un jeune homme, presque un enfant.
Telle fut l'impression de Saint Pontien ; il en fut dans
l'admiration et, le prenant par la main, il l'invita à
s'asseoir à ses côtés ; mais Pons, n'osant accepter
cette marque de bienveillance, essaya de s'excuser en
lui disant :

« — Si nous n'osons pas nous asseoir devant de vains
discoureurs qui ne nous enseignent que des sciences
sans utilité et le plus souvent mensongères, comment
pourrais-je être assez hardi pour prendre place à
côté d'un homme qui m'a montré si clairement le
chemin de la vérité au lieu de celui de l'erreur, la lumière au lieu des ténèbres ? »

Le pape Pontien reprit :

« — Jésus-Christ, notre docteur et notre véritable
maître, nous a donné un enseignement qui nous conduit à ne faire qu'un avec lui et les uns avec les
autres ; qu'il vous accorde, ô mon fils, ce qu'il désire
de vous. »

Il lui dit encore :

« — Mon fils, avez-vous votre père et votre mère ? »

« — Vénérable vieillard, reprit l'enfant, voilà bientôt
deux ans que ma mère a quitté cette vie; mon père me
reste, il est déjà avancé en âge, et je suis, moi, son fils
unique, sa seule consolation, sa dernière et suprême
espérance. »

« — Est-il chrétien ou païen ? »

Pons répondit que son père était très enraciné dans
le culte des faux Dieux, qu'il l'était même au delà de
tout ce qu'on pouvait imaginer et qu'il ne connaissait
personne plus attaché que lui au culte des idoles.

Le pontife lui dit alors : « Dieu, qui vous a ouvert les yeux du cœur sans autre secours que le sien, est assez puissant pour se servir de vous afin d'apprendre le chemin de la vie immortelle à celui auquel vous devez d'être arrivé à cette vie mortelle et de porter ainsi remède à l'aveuglement de votre père. Quant à vous, mon fils, ayez confiance en moi, croyez en Jésus-Christ et disposez-vous à recevoir le baptême de la régénération, qui vous fera échapper aux ardeurs du feu éternel. »

Cet entretien se prolongea encore et le saint vieillard continua à catéchiser Pons et Valère, puis il les congédia, non sans les engager à revenir auprès de lui.

Ils se retirèrent, nous dit Valère, semblables à des agneaux rassasiés et pleins d'une vive allégresse, heureux et contents parce qu'ils comprenaient qu'ils avaient trouvé le salut de leurs âmes. Ils revinrent souvent auprès de l'homme de Dieu, pour mieux apprendre de sa bouche la science du salut, et tous les deux s'appliquèrent à l'envi, depuis ce moment, à observer les préceptes divins à mesure qu'ils leur étaient enseignés, et ils le firent avec tant de zèle qu'on pouvait justement dire d'eux ces paroles de Saint Paul : « La grâce a surabondé là où avait abondé l'iniquité » (1).

Et quand arrivait le moment de se retirer, les deux amis s'inclinaient profondément devant le pontife, saluaient respectueusement la sainte assemblée et

____

(1) *Ubi abundavit delictum superabundavit gratia.* (ROM. v, 20.)

rentraient dans leur famille, et, lorsque le sénateur Marc demandait à son fils si ses maîtres lui avaient enseigné quelque chose de nouveau, d'intéressant et d'utile, il lui répondait : « Depuis que j'étudie, mes maîtres ne m'ont rien appris de plus excellent que ce qu'ils m'ont enseigné aujourd'hui. » Le vieux patricien se réjouissait en pensant que son fils voulait lui parler de ce que lui enseignaient les philosophes et les rhéteurs qu'il lui avait donnés pour maîtres.

Valère ne nous dit pas à quelle époque ils reçurent tous les deux le Baptême, ni même s'il le reçut lui-même avec son bien-aimé compagnon ; mais on ne saurait raisonnablement penser qu'il se soit séparé de lui en cette circonstance, lui qui ne quitta jamais son cher condisciple jusqu'à l'heure de sa mort ; s'il n'en a rien dit, il ne faut évidemment attribuer son silence qu'au sentiment de modestie qui le porta toujours à s'effacer pour ne nous parler que de son excellent ami.

Il n'y a pas lieu de croire que leur baptême fut différé. L'action de Dieu sur les jeunes néophytes était trop visible pour le pape Saint Pontien, ils avaient montré trop d'ingénuité, d'empressement, d'intelligence, de docilité, de bonne volonté à recevoir l'instruction chrétienne et à la mettre en pratique ; la persécution était toujours trop imminente pour qu'il fût prudent de les soumettre à l'épreuve d'une trop longue attente, et avec le Baptême ils durent recevoir de ses mains le sacrement de la Confirmation, qu'on ne séparait alors presque jamais du Baptême à cause du besoin qu'avaient les nouveaux convertis de l'assistance d'en Haut pour triompher plus aisément des dangers auxquels ils étaient exposés, des combats qu'ils devaient avoir à soutenir.

Ici une réflexion se présente à moi, et je me reprocherais de ne pas la communiquer à mes lecteurs.

Les paroles de Saint Pontien ordonnant au portier d'introduire Pons et Valère, et son étonnement en entendant les réponses sensées et judicieuses du premier donnent à penser qu'ils n'étaient pas encore sortis de cette période de la vie humaine qui s'appelle l'enfance et qu'ils avaient alors tout au plus 14 ou 15 ans, qu'ils étaient plutôt des écoliers que des étudiants dans le sens que nous donnons aujourd'hui à ces deux mots. Si donc cette première rencontre eut lieu en 231, la première année du pontificat de Saint Pontien, Pons avait dû naître vers 217, ainsi que je l'ai déjà déduit d'autres considérations, et le mariage du sénateur Marc, son père, et de Julie, sa mère, devait avoir eu lieu un peu avant l'an 200 ; en supposant que le premier eût 22 ans au moment de son mariage, il serait né vers 175, aurait eu environ 42 ans lors de la naissance de son fils et 56 au moment de la conversion de celui-ci. Il pouvait ne s'être marié qu'à un âge plus avancé et être beaucoup plus âgé à l'heure où il était l'objet de la conversation qu'on vient de lire entre son fils et le pape Saint Pontien, Pons appelant son père un vieillard insinue par là même cette appréciation. Julie, son épouse, décédée deux ans auparavant, avait certainement plus de 50 ans au moment de sa mort.

Pons n'oubliait pas les paroles et les conseils du pontife ; il aimait assez son père, il était trop heureux d'être entré lui-même dans le chemin de la vérité pour ne pas désirer ardemment de lui faire partager son

bonheur ; les inspirations divines qui avaient déterminé sa conversion, la grâce du Baptême, de la Confirmation et de l'Eucharistie avaient contribué à favo-
riser et à développer en son âme le zèle pour le salut
des âmes, zèle qui devait avoir pour but préféré la personne vénérée et aimée de son père. Il cherchait donc
une occasion opportune pour l'amener à connaître
J.-C., à croire en lui et à le servir, comme il le connaissait lui-même, croyait en lui, l'aimait et le servait.
Il sera toujours vrai que le bien et le mal chercheront
comme nécessairement à s'étendre, à se répandre, à
faire autour d'eux des conquêtes. On pourra toujours
dire de l'un ce qu'on dit de l'autre : *Bonum est suî dif-
fusivum.* Pons était dans la voie du bien et animé de
cet esprit de prosélytisme qui est l'un des plus char-
mants et des plus beaux ornements du néophyte.

Un jour qu'il crut remarquer de bonnes dispositions
dans son père, il se hasarda, au courant de la conversation, à lui dire :

« — Mon Seigneur et mon père, j'entends dire de
tous côtés que nos Dieux, les Dieux que nous adorons,
sont sans puissance et ne possèdent en eux-mêmes
aucune majesté, que du reste nous pouvons nous en
assurer par notre expérience personnelle. Ils ont, en
effet, la forme de nos membres, mais ils sont complétement dépourvus de la faculté d'en faire le moindre
usage ; car quand quelqu'un en a le désir et les
moyens, il n'a qu'à s'adresser à un artiste et à lui faire
confectionner des Dieux plus ou moins précieux, suivant que la matière dont il peut disposer est l'or, l'argent, le bronze ou d'autres métaux, ou bien encore le
marbre, la pierre, l'argile. Dites-moi, je vous prie,

mon père, si vous avez jamais entendu dire ou constaté vous-même que les divinités que nous possédons dans notre maison ont, dans quelque circonstance, depuis qu'elles y sont, manifesté aucune puissance. »

« — Aucune », dit le père.

« — Pourquoi donc, ajouta le fils, les honorez-vous en leur offrant de l'encens ? »

Cette réponse, doublée d'une question embarrassante pour le sénateur Marc, qui était loin de s'y attendre, le mit en fureur.

« — C'est ainsi, dit-il à son fils, que tu oses insulter à nos Dieux !... » et, dans son exaspération subite et irréfléchie, il alla jusqu'à le menacer de le percer de son épée.

Il se calma néanmoins, car il aimait tendrement son enfant, et il essaya de raisonner avec lui.

« — Tu veux donc, ô mon fils, continua-t-il, que nous soyons les seuls au milieu de cette grande ville, sans Dieux et sans sacrifices ? »

« — Rassurez-vous, mon père, et remarquez que je ne vous ai rien dit de semblable. Nous ne serions pas seuls. Il y a dans Rome de nombreuses personnes qui ont renoncé au culte de nos divinités inertes et qui offrent au vrai Dieu le vrai sacrifice. »

« — Et où sont-elles ? comment les trouver ? »

« — Voulez-vous, mon père, me permettre de sortir quelques instants? Je vous amènerai un homme vénérable, qui vous expliquera ce que je viens de vous dire et avec plus de développements et de clarté que je n'ai pu le faire moi-même. »

« — Va, mon fils. »

Pons, rempli d'une grande joie, courut auprès de

son ami Valère : « Je suis, lui dit-il, on ne peut plus
heureux et je t'annonce avec un plaisir infini un grand
changement opéré par la main de Dieu » ; et il se mit
à lui raconter ce qui venait de lui arriver ; puis il alla
trouver le pape Saint Pontien qui, prenant toutes les
précautions suggérées par la prudence en ces temps
difficiles, le suivit auprès du sénateur son père et lui
exposa les principaux mystères de la foi chrétienne.

Cette conférence fut-elle la seule ou se renouvela-
t-elle ? Valère ne nous le dit pas; mais il est plus probable ou que le pontife revint souvent auprès du sénateur ou que le sénateur alla plusieurs fois trouver
le pontife. Toujours est-il que, touché par la grâce et
les enseignements de Saint Pontien, sensible aux sol-
licitations de son fils, Marc consentit sans grande
difficulté à embrasser la foi chrétienne et à briser ses
idoles, qu'il se disposa, lui et toute sa maison, à recevoir le Baptême et qu'ils le reçurent, en effet, bientôt
après.

Ceci donne à penser qu'en effet Saint Pontien alla
plusieurs fois chez le sénateur Marc, ou bien qu'il y
envoya ses prêtres pour le catéchiser, lui et tous ses
serviteurs, puisque tous voulurent abjurer le culte
des idoles et devenir chrétiens. Et comme il s'était
écoulé peu de temps entre la conversion miraculeuse
du fils et le baptême du père, il y a lieu de penser
que le fils, le père, toute la maison et l'ami Valère
furent baptisés le même jour, qui dut être une grande
fête dans la demeure sénatoriale. C'est du moins ce
que donne à penser le récit de Valère, sans pourtant le
dire formellement.

Le sénateur Marc dut mourir en 235, l'année même

du martyre de Saint Pontien; mais Valère ne le dit pas assez clairement pour qu'on puisse affirmer avec certitude qu'il précéda dans la mort celui qui l'avait initié à la vie chrétienne, et il a bien pu mourir sous le pontificat de Saint Fabien, ce qui concorderait mieux avec les calculs que j'ai déjà proposés.

Saint Pontien mourut le 20 Novembre 235, dans l'île de Sardaigne, où l'empereur Alexandre-Sévère l'avait fait transporter et assommer ensuite à coups de bâtons. C'est ce jour-là même qu'il est honoré comme martyr et que son nom est inscrit au Bréviaire et au Martyrologe Romains. Il eut pour compagnon de ses souffrances le prêtre Hippolyte qui avait été déporté avec lui (1). Quelques années après, Saint Fabien, qui avait succédé à Saint Anthère, successeur immédiat de Saint Pontien, fit transporter le corps de celui-ci à Rome et le fit déposer aux catacombes ou Cimetière de Calliste.

Saint Anthère n'occupa le Saint-Siège que deux mois et onze jours, il n'avait pas eu, dans un si court espace, le temps de le faire lui-même. Élu le 22 octobre 235, il mourut le 5 janvier suivant (2). Saint Fabien lui suc-

(1) *Tertio decimo Kalendas Decembris.*

Natalis sancti Pontiani, Papæ et Martyris, qui ab Alexandro Imperatore, cum Hippolyto, Presbytero, in Sardiniam deportatus, ibique fustibus mactatus, martyrium consummavit; corpus vero ejus a beato Fabiano, Papa, Romam delatum, atque in Cœmeterio Callisti sepultum est. (M. R. 19 nov.)

(2) *Tertio Nonas Januarii.*

Romæ, via Appia, Natalis sancti Antheri, Papæ, qui sub Julio Maximino passus est et in Cœmeterio Callisti sepultus. (M. R. 3 janv.)

(2) *Tertio decimo Kalendas Februarii.*

céda, après une vacance de onze mois et huit jours, et gouverna l'Église pendant un peu plus de treize ans, du 11 décembre 236 au 20 janvier 250. Le Martyrologe Romain ne dit pas à quel genre de supplices il succomba. Pierre de Natalibus, cité par les Bollandistes (1), dit qu'il eut la tête tranchée (2). La même chose se trouve dans le Martyrologe d'Allemagne et dans Maxime Cythérée. Il fut lui aussi déposé au Cimetière de Calliste, sur la voie Appienne. On construisit plus tard une Église en l'honneur de Saint Sébastien au dessus de ce cimetière.

Au moment où le sénateur Marc quittait la terre pour aller recevoir au ciel la couronne qu'il devait au zèle et à l'amour de son fils, celui-ci alla l'annoncer à l'homme de Dieu qui présidait alors aux destinées de l'Église. Fut-ce à Saint Pontien, à Saint Anthère ou à Saint Fabien ? je ne saurais le dire. Six mois après, comme Pons était arrivé à l'âge de la majorité et qu'il ne paraissait pas mettre de l'empressement à recueillir la succession de son père au sénat, on lui députa des soldats pour l'y conduire et l'investir des fonctions auxquelles sa naissance et la mort de son père lui donnaient droit et qu'elles lui imposaient le devoir de remplir.

Or tout cela n'arriva que par la permission de Dieu, qui avait ses desseins sur Pons et voulait se servir de lui pour amener le peuple Romain et ses princes à

Romæ Natalis sancti Fabiani, Papæ qui, tempore Decii, martyrium passus, in Cœmeterio Callisti sepultus est. (M. R. 20 Janv.)

(1) Janvier, T. II, p. 256, n° 30.

(2) Livre II, chap. 205.

embrasser le Christianisme. Dieu orna en effet l'âme de Saint Pons de tant et de si belles qualités que, soit à la cour impériale, soit au sénat, il fut estimé et aimé de tous.

Le pape Saint Fabien lui-même s'attacha à lui comme un père à son fils, et celui-ci, ayant fait de très grands progrès dans la vie chrétienne, voulut déposer toutes ses richesses aux pieds du vicaire de J.-C., qui les fit distribuer aux pauvres de Rome et de préférence aux pauvres chrétiens.

Le moment est venu de parler du zèle que Pons déploya pour la conversion des païens, et de la part que la Providence lui ménagea dans celle de l'empereur Marc-Jules Philippe et de son fils de même nom, de la lutte qu'il eut à subir contre le démon et ses suppôts couronnés, de la victoire qu'il remporta et de la palme du martyre qu'il eut le bonheur de conquérir.

CHAPITRE II

CONVERSION ET MASSACRE DES DEUX PHILIPPE,
EMPEREURS

—

SOMMAIRE.—Philippe et son fils invitent Pons à leurs sacrifices, à l'occasion du millenaire de la fondation de Rome.
— Pons leur représente la vanité des idoles et l'unité de
Dieu, dont le Verbe s'est incarné à cause des péchés
des hommes, — a accompli de nombreux miracles — et
est ressuscité. — Pons amène le pape Saint Fabien aux
deux empereurs convertis.— Il contribue à la destruction
des temples des idoles. — Massacre des deux empereurs.
— Martyre de Saint Fabien.

Si peu qu'on soit versé dans l'étude de l'histoire en
général et de l'histoire romaine en particulier, on
n'ignore pas que pendant une partie du IIIe siècle et du
suivant, l'empire romain tomba aux mains des légions
militaires; en sorte que, lorsqu'un empereur déplai-
sait aux soldats, il était lestement et impitoyablement
massacré et son concurrent, qui d'ordinaire avait inspiré cet assassinat, quand il ne l'avait pas accompli
lui-même, était aussitôt hissé sur le trône par les soldats auxquels il commandait et dont il avait eu l'habileté de se faire des partisans; mais il ne tardait pas
lui-même à disparaître, victime d'une nouvelle sédi-

tion de la même nature. C'était ainsi qu'avait disparu, en 244, celui qui s'appelait Gordien ; il avait été assassiné le 1er mars de cette année, dans sa litière, à Zaïd, au retour d'une expédition contre les Perses, dans laquelle se distingua le fils d'un chef de brigands nommé Marinus. Il s'appelait, lui, Marc-Jules Philippe, on le surnommait l'*Arabe* ou le *Trachonite*, du nom du pays de sa naissance ; il était originaire de la ville de Bosra, en Idumée, dans la Trachonide, et s'était élevé par ses talents naturels et sa bravoure aux premiers grades de l'armée. Après avoir fait massacrer Gordien, son bienfaiteur, et soulevé l'armée, il prit le titre d'empereur, fit la paix avec les Perses et revint à Rome, où il fut reçu en triomphateur. Là, il eut occasion de connaître Pons, devenu membre du sénat, il put l'apprécier et s'attacha à lui.

Philippe avait un fils auquel il avait donné ses noms et qu'il s'était hâté, malgré son jeune âge, d'associer à l'empire, précaution adroite et prudente à d'autres époques, mais vaine et illusoire en ces temps de révoltes militaires, où la souveraine autorité appartenait, comme un droit, au plus ambitieux, au plus osé, au plus entreprenant.

La troisième année de son élévation à l'empire, l'an 247, correspondant au millenaire de la fondation de Rome, devait être célébrée par les dixièmes fêtes séculaires. (La célébration des centenaires et des millenaires n'est pas, on le voit, une invention moderne.)

C'étaient d'abord des sacrifices aux Dieux protecteurs de la ville et de l'empire, puis des jeux populaires en l'honneur de Palès, la déesse protectrice des

bergers et des troupeaux. Ils tiraient d'elle leur nom
de *Palilia*. Les Palilies se célébraient le 21 avril.

« — Venez avec nous, avaient dit à Pons les deux
empereurs, allons ensemble nous rendre propices les
Dieux qui ont permis que nous vivions au temps où
la première ville de notre empire, celle qui lui a donné
son nom, arrive à la millième année de sa fondation. »

Or les sentiments chrétiens de Pons ne lui permet-
taient en aucune manière d'accepter une pareille invitation ; il dut la décliner d'abord sous divers prétextes.
Cependant les Césars insistant, Pons crut voir dans ces
invitations pressantes et réitérées une occasion ména-
gée par la Providence de professer sa foi et d'exercer
l'apostolat, et il se décida à leur répondre :

« — O très cléments Empereurs, puisque Dieu vous
a établis au-dessus des hommes, vos semblables,
pourquoi ne vous inclinez-vous pas devant lui en
reconnaissance du grand pouvoir et de l'honneur
dont il vous a revêtus? Pourquoi n'offrez-vous pas à
lui seul le sacrifice de vos louanges?»

« — Mais c'est bien là notre intention, lui répondit
Philippe le père ; c'est au grand Jupiter, le plus grand
de nos Dieux, que nous désirons offrir un sacrifice
de reconnaissance, comme vous venez de le dire, à
cause de la haute autorité qu'il nous a accordée. »

« — Ne vous faites pas illusion, reprit Pons, le sou-
rire sur les lèvres, il n'y a, ô puissant Empereur, au
ciel qu'un Dieu qui a tout créé par sa sagesse, son
Verbe, et qui soutient et dirige par son esprit, son
amour, tout ce qu'il a créé. »

Alors le jeune Philippe, se joignant à son père, dit

avec lui à Pons : « Nous ne comprenons pas le sens de vos paroles ; expliquez-vous, nous vous en prions. »

« — Est-ce que Jupiter a toujours existé ? répliqua Pons. »

« — Non sans doute, répondit le jeune empereur, car Saturne, son père, est plus ancien que lui et il a gouverné, dit-on, les peuples d'Italie avec une grande modération. »

« — Et lorsque Saturne régnait dans l'île de Crète, avant d'en être chassé par son fils Jupiter, est-ce que l'Italie n'était pas peuplée ? Est-ce qu'on ne l'y accueillit pas avec une parfaite hospitalité ? O pieux (1) Empereurs, ne vous laissez pas ainsi séduire par les vaines rêveries, les creuses imaginations de vos poëtes. Il n'y a et ne peut y avoir qu'un Dieu, père de tous les hommes, un Dieu qui soutient par sa puissance tout ce qui est sorti de ses mains. »

« — Mais s'il n'y a qu'un Dieu, reprit Philippe le père, pourquoi dites-vous qu'il a un fils qui est Dieu ? »

« — Il n'y a, en effet, qu'un Dieu, ainsi que je vous l'ai déjà dit ; c'est lui qui a fait le ciel et la terre, les mers et tout ce qui y est contenu ; qui enfin a créé l'homme immortel à son image et à sa ressemblance ; il a, de plus, soumis à la puissance de l'homme tout ce qui existe sur la terre et dans les eaux. Le Démon, chassé du ciel en punition de sa révolte, voyant l'homme dans une position si avantageuse et si honorable, fut

---

(1) Le mot *pieux* n'est pas, ici et plus bas, pris dans le sens de *dévôt*, il signifie bon, clément, miséricordieux. C'est dans ce sens que l'Église l'emploie en plusieurs endroits de sa liturgie : *Pie Jesu, Domine — O clemens, ô pia, ô dulcis Virgo Maria.*

jaloux de son bonheur et résolut de le perdre. Poussé par l'envie, il lui persuada de devenir ingrat et désobéissant envers celui qui l'avait comblé de tant et de si grands bienfaits. Il résulta de là que nous fûmes dépouillés de l'immortalité à laquelle nous avions été destinés à l'origine, et que la désobéissance de notre premier père attira une sentence de mort sur tous ses enfants sans exception, comme sur lui-même ; car le Démon ne s'est pas contenté de faire tomber l'homme dans le mal une fois, c'était trop peu à ses yeux, et il inventa le culte des idoles, que vous appelez des Dieux, afin de nous attirer à lui, de nous faire partager la malédiction qu'il avait appelée sur lui-même et sur les anges, compagnons de sa révolte, et de séparer ainsi le genre humain tout entier de son créateur.

» Mais le Seigneur, dans sa miséricorde, ne voulut pas que ceux qu'il avait créés à son image et à sa ressemblance périssent à tout jamais, et il daigna leur envoyer son Verbe, par lequel a été créé tout ce qui existe au ciel et sur la terre, et le Verbe divin, prenant une chair humaine et immaculée dans le sein de la plus pure des Vierges, se fit homme pour notre salut ; il descendit du ciel sur la terre, se revêtant des livrées de notre humanité, pour réformer l'homme et refouler à tout jamais dans l'enfer le Démon et ses suppôts (1).

(1) Le lecteur comprendra, sans doute, que les paroles de notre Saint ont un caractère oratoire et ne sont pas une thèse théologique ; qu'il ne faut, par suite, pas les prendre à la lettre. Le Fils de Dieu a fait plus que se revêtir des livrées de la nature humaine, il s'est uni à cette nature pour ne faire avec elle qu'une seule personne divine et humaine

» Il accomplit pendant sa vie mortelle des œuvres admirables, inconnues avant sa venue, rendant la vue aux aveugles de naissance, le mouvement aux paralytiques qui avaient depuis longtemps perdu l'usage de leurs membres, la santé et la beauté aux lépreux défigurés et fétides, hideux et dégoûtants, dont les chairs pourries tombaient en lambeaux ; ressuscitant les morts et, en particulier, son ami Lazare couché depuis quatre jours dans son tombeau, et cela en présence d'une multitude de témoins, accomplissant une foule d'autres œuvres merveilleuses et sans nombre. Que ne pouvait, en effet, celui qui a tout tiré du néant ?

» Une vie si admirable, si pleine de prodiges et de sainteté, ne pouvait que déplaire aux Juifs vicieux et incrédules, haineux et jaloux ; ils s'entendirent et complotèrent sa mort ; ils le livrèrent à Ponce-Pilate, président romain en Judée, et ils obtinrent de sa lâcheté, par leur insistance et les vociférations du peuple qu'ils avaient ameuté, que celui qui était venu pour les sauver et leur reconquérir le droit d'arriver à la vie éternelle, fût attaché à une croix. Dieu le ressuscita le troisième jour, et, avant de remonter au ciel, il en passa plusieurs encore parmi les hommes.

» Il détruisit ainsi la mort que le Démon nous avait inoculée, et nous donna la vie par sa résurection, en sorte que, comme en ressuscitant après sa mort, il ne

à la fois, Dieu parfait et homme parfait. Le Démon et ses suppôts n'ont pas été, en réalité, *refoulés à tout jamais en enfer ;* mais leur puissance a été considérablement affaiblie, diminuée.

doit plus mourir, ainsi nous, en ressuscitant **après** cette vie, qui est si peu de chose et si misérable, nous puissions vivre éternellement avec lui ; car en remontant au ciel il nous en a montré le chemin, en sorte que celui qui néglige de recourir aux moyens de salut qu'il a institués en notre faveur sera éternellement damné avec le Démon, et que celui qui croit en lui et vit conformément à sa foi règnera éternellement avec lui au ciel. »

On a déjà remarqué sans doute que le langage de Pons est ici plus explicite, plus étendu, et j'oserai dire plus savant que lorsqu'il entreprit de convertir son père. Il n'était alors que simple néophyte et hésitait à s'aventurer dans une exposition dogmatique dont il possédait à peine et depuis trop peu de temps les premiers éléments. Depuis lors il avait fait des progrès dans l'étude de sa religion, et j'aurai occasion de tirer de ce nouveau discours les conséquences auxquelles il semble se prêter, à savoir qu'il devait alors être entré dans la cléricature.

Cet exposé de la doctrine de l'Évangile et d'autres discours qu'il tint aux deux empereurs les impressionna profondément ; Dieu permit qu'ils y ajoutèrent foi et qu'ils prièrent Pons de leur développer plus amplement encore les mystères du salut, de leur dire ce qu'ils auraient à faire pour échapper au feu éternel de l'enfer et jouir sans fin de l'éternité bienheureuse avec les Saints au ciel.

A partir de ce moment et dans la suite, ils renoncèrent aux sacrifices des idoles et décrétèrent qu'on se contenterait de jeux et de spectacles pour célébrer le millenaire de la fondation de Rome.

Quelques réflexions sur les deux Philippe, empereurs romains, et leur christianisme doivent, ce me
semble, trouver ici leur place, et le lecteur, je l'espère,
me pardonnera la courte digression à laquelle je vais
me livrer, quand même elle lui paraîtrait avoir le
double inconvénient de m'entraîner à des redites et
de couper ma narration. Je ne citerai que peu de noms
propres ; ma pensée n'est pas de viser à l'érudition,
mais seulement de faire connaître le bienheureux
Pons de Cimiez.

Jules-Marc Philippe, je l'ai déjà dit, fut surnommé
l'*Arabe* et même l'*Arabe-Trachonite*, parce qu'il était né
à Bosra, dans la Trachonide, province d'Arabie au midi
de Damas. Son père, que les historiens disent s'être
appelé Marc-Jules Marin, était chef d'une association
de malfaiteurs, et cette origine n'avait certes rien d'illustre, d'honorable, de glorieux. Il avait réussi, par
son courage et son intelligence, à faire oublier la vilité
de sa naissance et il était rapidement monté au grade
de capitaine des gardes de l'empereur Gordien, surnommé *le Pieux*.

Était-il déjà chrétien lorsque, par des moyens qui
n'avaient sans contredit rien de louable, il réussit à
s'emparer du pouvoir souverain ? Quelques-uns l'ont
pensé, mais ils ne sont pas nombreux, et ce que je
viens de dire à l'occasion de ses relations avec Saint
Pons, suffirait pour démontrer le contraire ; mais il
n'était pas, comme la plupart de ses prédécesseurs et
de ses successeurs, l'ennemi-né du nom chrétien, et
cela est facile à comprendre : ceux-ci avaient sucé la
haine du christianisme et des chrétiens avec le lait
maternel ; on leur avait, pendant leur enfance, inspiré

l'horreur la plus vive pour la religion du Christ ; lui, au contraire, était né dans un pays où la foi n'était soumise à aucune persécution, où elle était même à peine connue, où du moins elle n'avait pas encore eu le temps de faire de nombreuses conquêtes. Il n'avait donc pas pour elle une antipathie native, une répulsion instinctive.

On pourrait, comme preuve de ce que je viens de dire, raconter la docilité avec laquelle il se soumit la veille de Pâques, on ne sait de quelle année, à Saint Babylas, évêque d'Antioche, qui, préludant à la fermeté de Saint Ambroise envers l'empereur Théodose-le-Grand, lui interdit l'entrée de son église à cause des crimes dont il s'était rendu coupable (1). On ne l'a d'ailleurs jamais accusé d'avoir persécuté les chrétiens, et il gouverna l'empire avec modération et moralité, réussissant à extirper de la ville de Rome, et d'ailleurs sans doute, des habitudes criminelles (dont l'exposé souillerait une plume honnête), fort communes jusqu'alors dans certaines parties de l'empire romain et notamment dans sa capitale, et que quelques-uns de ses prédécesseurs, entr'autres Alexandre-Sévère, avaient vainement entrepris de proscrire.

On a surtout formulé deux griefs contre la sincérité du christianisme de Marc-Jules Philippe. Le premier serait sa participation aux jeux séculaires célébrés à Rome à l'occasion du millenaire de la fondation de cette ville ; le second, les honneurs de l'apothéose qu'il aurait décernés au brigand qu'il avait eu pour père.

Quant au premier chef d'accusation, on vient de

____

(1) Eusèbe. *Hist. Eccl.* vi, 34.

voir que, sur les instances du sénateur Saint Pons, il renonça avec son jeune fils à offrir et à faire offrir en son nom, à cette occasion, des sacrifices à Jupiter, et ce n'est pas seulement Valère, l'ami de Saint Pons, qui nous l'apprend, Paul Orose dit qu'aucun historien n'a raconté qu'il soit monté en cette circonstance au Capitole pour y offrir des victimes (1). On ne dit pas non plus qu'il ait pris personnellement part aux *Palilies;* il dut se contenter de les autoriser, de les règlementer dans l'intérêt du bon ordre et de la tranquillité publique. Pouvait-il faire autrement en présence d'un peuple où les chrétiens n'étaient encore que l'exception, et les païens la grande majorité et presque l'universalité? Sous le règne de l'Évangile, les princes chrétiens ne sont-ils pas obligés de tolérer des désordres et des immoralités et de les réglementer ? Cessent-ils d'être chrétiens pour cela ? et ne leur doit-on pas, au contraire, de la reconnaissance pour le soin qu'ils prennent de parquer le vice et de sauvegarder la vertu des bons citoyens?

Quant au fait d'avoir divinisé son père, on ne dit pas non plus la part qu'il prit à cette impiété ; peut-être les habitants de Bosra et des environs avaient-ils pensé à cette apothéose par flatterie, en vue de plaire au fils et de se le rendre favorable en courtisant bassement la mémoire de son père. Cela démontre à quel point le paganisme avilissait les caractères, mais ne prouve rien contre Philippe.

On a, de plus, accusé Marc-Jules Philippe d'avoir

____

(1) HIST. VII, 20. «... *Nec ascensum (Philippi) in capitolium immolatasque ex more hostias nullus auctor ostendit.* »

emmené avec lui d'Orient à Rome, ou même simplement d'y avoir attiré le philosophe Plotin, dont les
doctrines ne concordaient pas entièrement avec les
enseignements du christianisme. A cette accusation
on peut répondre qu'il n'est pas prouvé que Philippe ait rien fait pour cela. Il avait pu connaître ce
philosophe pendant son séjour en Orient, mais rien
n'autorise à affirmer que ce soit lui qui l'ait engagé à
le suivre à Rome immédiatement ou à distance, pour
aller y propager ses erreurs. Il est possible qu'il y
soit venu de sa propre initiative, ou sur l'invitation
de personnages païens, séduits par la renommée de sa
science, ou qui l'avaient peut-être connu et vu de
près en Egypte, qui y avaient été peut-être aussi ses
disciples. Il faudrait quelque chose de plus précis que
cette coïncidence pour imputer à l'empereur Philippe l'arrivée du philosophe Plotin à Rome.

Je n'insiste pas plus longuement; tout ce que je
pourrais dire de plus m'éloignerait de Saint Pons, et
je ne puis pas oublier que c'est sa vie que je me suis
proposé d'écrire.

Il est pourtant une question qui ne manque pas d'intérêt et que je me reprocherais de passer sous silence.

Comment se fait-il que les deux empereurs se soient,
aussi facilement qu'il le paraît, rendus aux raison-
nements qui leur furent proposés par Saint Pons et
n'aient pas manifesté plus de répugnance à accepter
la foi en J.-C., alors que leurs prédécesseurs s'étaient
montrés et que leurs successeurs devaient encore,
pendant de longues années, se montrer réfractaires à
l'idée chrétienne.

A cela je pourrais, à part l'action de la grâce et de

l'Esprit de Dieu qui souffle où il veut èt avec la violence qu'il juge nécessaire, donner plusieurs raisons,
je me contenterai d'en esquisser quelques-unes.

D'abord Philippe n'était pas né à Rome et n'était
pas, je l'ai déjà dit, l'ennemi-né du christianisme. Il
était venu au monde dans l'Extrême-Orient, et là le
christianisme n'était pas systématiquement et violem-
ment battu en brèche, comme il l'était en Occident ;
Origène pouvait, à cette époque, y exposer ses doctrines publiquement et en toute liberté, y avoir des
disciples nombreux et y préluder à l'enseignement
chrétien qui y fut en honneur soit de son vivant, soit
après sa mort, dans les écoles néo-platoniciennes.
Philippe paraît avoir connu Origène et quelques-uns
de ses disciples, et comme il était intelligent, ainsi
que j'ai eu occasion de le faire remarquer, il n'est pas
étonnant qu'il n'y ait pas eu chez lui une opposition
instinctive et systématique à une doctrine, nouvelle
sans doute, mais qui ne heurtait pas de front les
croyances de son enfance, si tant est qu'il ait été, aux
premiers jours de sa vie, initié à quelques croyances
positives et religieuses.

Philippe n'était pas seulement intelligent, et sans
faire de lui un Louis de Gonzague, un Berchmans, un
Stanislas Kotska, on peut dire qu'il était moral, et la
preuve de sa moralité, on s'en souvient sans doute, se
trouve dans les mesures qu'il prit pour faire cesser
des monstruosités immorales, dans la persistance avec
laquelle il réussit à en assurer le succès. Que les empereurs romains qui régnèrent avant et après lui aient
combattu le christianisme, rien de plus naturel ; pour
eux c'était l'ennemi ; ses doctrines, sa morale allaient

directement contre les idées qui leur avaient été inculquées pendant leur enfance, leurs instincts vicieux, leur licence, leur libertinage, leurs débauches. Or, Philippe n'avait pas devers lui ce grief, il ne fut pas un prince débauché.

Enfin, mais sans qu'on puisse l'affirmer positivement, catégoriquement, on peut dire que l'épouse de Philippe était très probablement chrétienne. Elle s'appelait *Octacilia-Severina*, et, quand même cela ne soit dit clairement nulle part, on peut conclure de la suscription de certaines lettres de saint Jérôme, de saint Hippolyte et d'autres personnages chrétiens qu'elle les avait connus, qu'elle correspondait avec eux et qu'elle était secrètement chrétienne, et il est permis dès-lors de croire qu'elle avait quelque influence sur le cœur de son époux, que ses vertus ne le trouvaient pas insensible, circonstance qui, jointe à celles que j'ai déjà signalées, devait avoir pour conséquence de faciliter l'action de la doctrine évangélique sur l'âme de cet empereur ; en sorte que, lorsque Pons crut le moment propice de s'en ouvrir franchement avec lui et son fils, Dieu l'aidant et l'inspirant, il ne trouva pas chez eux cette résistance endurcie, cette opposition entêtée, invétérée qui aurait pu avoir pour lui et pour l'Eglise de J.-C. les conséquences les plus désastreuses.

Les sentiments chrétiens de la mère avaient eu sans doute quelque influence sur l'éducation du fils, à laquelle elle n'avait pas dû rester complétement étrangère, et d'ailleurs il n'avait pas été entretenu dans une voie de haine contre le nom chrétien par son père, dont on a pu déjà apprécier les idées et les tendances.

Pour peu qu'on veuille y réfléchir sans parti pris, il

ne semble pas difficile de voir dans cette double conversion la main de Dieu, l'action de la Providence,
préludant comme par des essais à la conversion de la
capitale du monde païen, conversion qui devait se
réaliser un siècle plus tard, sous Constantin-le-Grand.
Mais continuons ou plutôt reprenons notre récit.

Pons, heureux du succès qu'il venait d'obtenir,
s'empressa d'aller trouver le pape Saint Fabien et de
tout lui raconter, et le pontife ému, se prosternant
avec lui, la face contre terre, s'écria : « O Seigneur
Jésus, je rends grâce à votre nom de ce que vous avez
daigné vous servir de votre serviteur Pons pour ramener les maîtres du monde à la connaissance de votre
sainte loi. » Quelque jours après, il alla avec Pons
visiter les deux empereurs, leur exposa avec lui la
doctrine divine, et ils ne tardèrent pas à recevoir le
Baptême. Impossible de dire la joie que ressentirent
les chrétiens de Rome en apprenant cette heureuse
nouvelle.

Saint Jérôme dit formellement que Philippe fut le
premier empereur romain qui embrassa le christianisme (1). « Origène, dit-il, écrivit à Philippe, qui fut
le premier empereur chrétien de Rome, et à sa mère
des lettres qui existent encore aujourd'hui (2). » Je fais
remarquer que l'impératrice *Octacilia-Severina*, à la-

---

(1) *Qui primus de regibus romanis christianus fuit.* (S. Jérôme. *De vir. illustr.*, LIV. Edit. Fabric., p. 108).

(2) *Quantæ autem gloriæ fuerit hinc apparet...... Quod-
que ad Philippum, qui primus de regibus romanis christianus
fuit, et ad matrem ejus litteras fecit, quæ usque hodie extant.*
S. Jérôme. *De vir. illustr.*, LIV. p. 128).

quelle, d'après Saint Jérôme, Origène écrivit des lettres, était l'épouse de l'empereur Marc-Jules Philippe et la mère du jeune empereur Philippe, associé à l'empire par son père, ainsi qu'on l'a déjà vu ; d'où il suit que Saint Jérôme semble faire confusion entre le fils et le père en attribuant au premier la qualité de premier empereur chrétien de Rome.

Paul Orose, son contemporain, dit comme lui :

« Il fut le premier chrétien parmi tous les empereurs romains, et la troisième année de son règne arriva le millenaire de la fondation de Rome, et cette année, qui fut plus remarquable que toutes les précédentes, fut célébrée par des jeux magnifiques sous un empereur chrétien (1).

En ces jours-là, dit Valère, les empereurs donnèrent des ordres pour la destruction du Grand-Temple de Jupiter. Fabien et Pons présidèrent à cette exécution ; ils se saisirent des idoles qui y étaient renfermées et les brisèrent.

Ainsi s'accomplissait la prédiction qui avait failli coûter la vie à Saint Pons dès avant sa naissance. Malgré les précautions de ses parents et peut-être même à cause de ces précautions, Pons avait fini par obtenir l'édit de destruction de ce temple principal et des faux dieux qui y étaient adorés. Tant il est vrai que l'homme s'agite et Dieu le mène ; que, lorsque la

____

(1) *Hic primus imperatorum omnium christianus fuit, ac post tertium imperii ejus annum millesimus à conditione Romæ annus impletus est. Ita magnificis ludis augustissimus omnium præteritorum hic natalis annus à christiano imperatore celebratus est.* (Paul Orose, Hist. VII, 20).

Providence a des desseins, elle trouve toujours le moyen de les faire prévaloir ; qu'il n'y a ni sagesse, ni prudence contre la volonté du Seigneur. *Non est prudentia, non est consilium contra Dominum* (1). Ce sera toujours une grande gloire pour Saint Pons que d'avoir, par son zèle et ses discours, contribué à la conversion au christianisme des deux maîtres du monde romain de son temps, et le succès de son apostolat restera inscrit au livre qui conserve les principaux faits de la vie des Saints. On lira toujours au Martyrologe Romain, à la date du 14 mai, que ce fut par son industrie et sa prédication que les deux Césars Philippe se convertirent à la foi de J.-C. *Cujus prædicatione et industria..... duo Philippi Cæsares ad fidem Christi conversi sunt.*

Voilà ce que rapporte Valère. Baronius a pensé que son récit a été interpolé par quelque reviseur ou copiste ; car, d'après le texte de cette relation, ce ne serait pas seulement le Grand-Temple de Jupiter, mais tous les temples païens de Rome qui furent alors renversés, ce qui paraît peu croyable. La disparition subite et violente de tous ces sanctuaires aurait laissé des traces dans l'histoire de l'empire romain, elle aurait certainement déterminé une insurrection de la part des païens et de leurs prêtres, et les historiens en auraient parlé ; or, ils n'en ont fait mention nulle part.

Valère ajoute que tout le peuple romain s'empressa de se faire instruire de la connaissance de J.-C. et de recevoir le Baptême. Faut-il encore voir en ceci une pieuse exagération ? On le dirait, car nous n'avons

(1) Prov. xxi, 30.

jamais appris que la destruction complète du paganisme à Rome date du règne des deux Philippes. Certes il y a bien lieu de croire qn'une grande partie du peuple romain passa alors au christianisme. Les hommes sont ainsi faits, ils deviennent bons ou mauvais, chrétiens ou païens suivant que le sont ou le deviennent ceux qui les gouvernent ; cette réflexion est d'un poëte païen : *Regis ad exemplar totus componitur orbis* (Horace) ; elle est juste, c'est un fait d'expérience de tous les temps, de tous les siècles ; mais les persécutions violentes qui suivirent en 240, sous Dèce, et en 257, sous Valérien et Gallien, démontrent qu'il y avait encore beaucoup de païens dans la capitale de l'empire romain.

Quoi qu'il en soit, Valère, qui avait assisté à ce retour vers la foi chrétienne, nous dit encore que le nom du Seigneur était alors publiquement béni, et qu'à mesure qu'on renversait les temples, les églises surgissaient de terre comme par enchantement ; il aurait pu ajouter que plusieurs temples furent transformés en églises. Ce fut là un bienfait signalé que Dieu accorda à Pons, son fidèle serviteur, en sorte que celui qui était en situation d'arriver aux fonctions consulaires et de travailler à assurer les intérêts temporels et terrestres de ses concitoyens, devint, par la grâce de Dieu, leur consul, s'il est permis de s'exprimer de la sorte, dans l'ordre de leurs intérêts célestes et éternels, chargé de la mission bien plus sublime de les conduire à la lumière de la vérité.

Tout ceci dura quatre ans, tout le temps du règne de Marc-Jules Philippe et de son fils, de 245 à 249 ; ce fut en effet en cette dernière année qu'ils furent massa-

crés, sous les inspirations et les agissements de Dèce
qui leur succéda. Alors le Seigneur, voulant purifier
de plus en plus son Église, éprouver par le feu l'or
qu'elle contenait et détruire la paille (c'est ainsi que
s'exprime Valère), permit que les empereurs qui succédèrent aux Philippe, Dèce d'abord et après lui Gallus
et Volusien, et à leur suite Valérien et Gallien, rétablis-
sent le culte des idoles et persécutassent les chrétiens.
Ce fut là principalement le rôle de Dèce, le promoteur
de la VII° persécution générale, de Valérien et de
Gallien, les auteurs de la VIII°, qui, par de terribles
édits généraux, ordonnèrent de mettre à mort non-
seulement les chrétiens, mais encore tous ceux qui
leur offriraient refuge et tarderaient de les livrer aux
proconsuls.

CHAPITRE III

PERSÉCUTION. — MARTYRE. — SÉPULTURE

—

Sommaire. — Persécution de Dèce. — Persécution de Valérien et de Gallien. — Pons à Cimiez. — A-t-il été évêque de cette ville ? — Il est amené au tribunal du président Claude. — Mis en prison. — Il confesse sa foi. — Est attaché à un chevalet — qui se brise, — Exposé aux ours, — Placé sur un bûcher, — qui s'éteint. — Les Juifs demandent sa mort. — Il a la tête tranchée. — Peu après les tyrans périssent.

J'ai déjà dit, au chapître premier, que Saint Pons naquit en 216 ou 217, vers la fin de la Vme persécution générale, décrétée en 211 par l'Empereur Septime-Sévère ; il avait donc 20 ou 21 ans au moment de la VIme, qui eût pour auteur l'Empereur Maximin, en 236 ; il était arrivé à l'âge de 33 ans lorsque Dèce suscita la VIIme, en 249, et de 40 à 41 ans lors de la VIIIme, sous les Empereurs Valérien et Gallien, son fils.

Or, la persécution ne sévissait pas toujours et partout avec la même intensité ; il y avait des contrées où les chrétiens étaient moins inquiétés, des moments de crise aiguë au commencement, puis de calme relatif, suivis souvent d'une nouvelle recrudescence.

Que devint Pons entre 235 et 239, 239 et 249, 249 et 257 ? Les actes de sa vie ne nous le disent pas. Ils ne constituent pas, à la vérité, sa biographie complète et

ne relatent que les points culminants de son existence,
le but de Valère ayant été, non de nous raconter en
détail la vie de son ami, mais surtout de nous con-
server les actes de son martyre. Il n'est pourtant pas
impossible de se faire une idée, j'oserai dire presque
exacte, de sa vie pendant ces intervalles.

L'Église, au temps des persécutions ouvertes, re-
commandait à ses enfants la plus extrême prudence.
Elle les exhortait bien à se livrer aux œuvres de zèle,
à travailler à lui attirer des adeptes nouveaux, mais
non à répandre la doctrine évangélique sur les places
publiques. A quoi bon ? cette fureur de propagande ne
pouvait aboutir qu'à stimuler la fureur des tyrans ; le
moment n'était pas venu de faire prêcher sur les toits,
à la lumière du grand jour, ce que le divin Maître
avait enseigné à ses apôtres et à ses disciples en leur
parlant à l'oreille et dans les ténèbres, pour emprunter le langage même de N.-S. J.-C. dans l'Évangile (1).
Elle les engageait à fuir du milieu des villes (2), ou à
s'y tenir soigneusement cachés lorsqu'ils se verraient
le point de mire de la persécution.

Pons dut, pour la première fois, se conformer à ces
règles évangéliques et disciplinaires et se cacher dans
Rome même, non pas d'une manière absolue, son
absence aurait été trop remarquée soit au palais impé-
rial, soit au Sénat, mais simplement dissimuler, aux
yeux de ses collègues dans cette illustre assemblée et

(1) *Quod dico vobis in tenebris dicite in lumine, et quod in
aure auditis prædicate super tecta.* (MATTH., C. X, V. 27.)

(2) *Cum autem persequentur vos in civitate ista, fugite in
aliam (Ibid., v. 23.)*

du public, sa qualité de chrétien ; son effacement complet n'aurait pas manqué de donner lieu à des soup-
çons, et l'estime qu'il s'était acquise soit au Sénat, soit
à la Cour, pouvait le protéger autant que l'ignorance
où on y était de son christianisme, qu'il ne professait
pas ostensiblement ; et quand la persécution perdait
de son intensité, Pons, comme devaient le faire, quelques années après, le diacre Laurent, le soldat Sébastien et tant d'autres, visitait les chrétiens dans leurs
maisons ou dans les prisons, les consolait, les encou-
rageait, subvenait à leur détresse de ses ressources
personnelles, ou servait d'intermédiaire entre eux et
le pontife de Rome, quand il eut pris le parti de déposer
à ses pieds ses richesses.

Ce renoncement à sa fortune patrimoniale vient du
reste corroborer ce que j'ai dit, l'opinion que j'ai émise
sur l'âge de Saint Pons.

Ce ne fut ni sous Saint Pontien, ni sous Saint
Anthère que Pons arriva à l'âge de la majorité. Le
narrateur de son martyre le donne suffisamment à
penser en racontant comment il fut conduit au Sénat,
après avoir dit que Saint Pontien le traita toujours
affectueusement et que Saint Fabien l'aima comme s'il
eût été son propre fils. Or, Saint Fabien n'ayant été élu
pape qu'au mois de décembre de l'an 236, Saint Pons
ne fut majeur au plus tôt qu'en 237, ce qui concorde
avec l'année 216 que j'ai cru pouvoir assigner à sa
naissance ; cela ne veut pas dire que Marc-Jules, son
père, ne soit mort que cette année-là. La place qu'il
avait occupée au Sénat a pu rester quelque temps
vacante, en attendant la majorité de son fils. J'aurai
bientôt à interpréter et à rechercher les motifs de la

résistance qu'il semble avoir opposée à remplacer son
père. Mais auparavant je dois prier le lecteur de me
suivre dans une courte digression, qui trouve ici sa
place, sur le genre de vie qu'embrassa notre martyr.
Resta-t-il dans l'état laïque? entra-t-il dans le saint
état du mariage chrétien, ou bien dans l'état ecclésiastique? Est-il vrai qu'il était évêque de Cimiez et de Nice
qnand il termina sa vie par le martyre?

Plusieurs circonstances, sans le dire formellement,
donnent à penser que Saint Pons était entré dans les
rangs du clergé romain dès qu'il avait été en âge de le
faire.

I. Ce n'est pas se hasarder que de dire qu'il vécut
dans le célibat. La première preuve, je devrais dire
présomption, en faveur de cette assertion est le silence
de son ami Valère sur ce point. Qu'on remarque, en
effet, que l'auteur des *Actes* de son *Martyre*, qui a eu
soin de nous faire connaître les noms de son père et
de sa mère, ne parle jamais ni de son épouse, ni de
ses enfants.

II. Qu'on tienne compte aussi de cette circonstance
que, lorsqu'il entreprit la conversion de son père, il
ne lui fit qu'un court exposé du dogme chrétien,
s'excusa de ne pouvoir lui en dire davantage, lui
proposa d'aller prendre un homme plus instruit que
lui, et lui amena en effet le pape Saint Pontien, qui fit
pour le père ce qu'il avait déjà fait pour le fils, lui
exposa longuement la doctrine évangélique avant de
l'admettre au Baptême, à la Confirmation et à la
Communion eucharistique ; tandis que Pons, au jour
où il crut pouvoir, sans inconvénient et avec profit,
entreprendre la conversion des deux Césars de Rome,

exposa lui-même, et avec beaucoup de détail, la même doctrine, détermina leur assentiment et ne revint les visiter en compagnie du pape Saint Fabien que quelques jours après, et sans doute pour montrer à celui-ci que les nobles néophytes avaient déjà reçu une instruction suffisante et pouvaient être admis à la participation des mystères sacrés.

D'où vient cette différence et ne devine-t-on pas que dans l'intervalle, et cet intervalle était de plus de dix ans, le jeune adolescent de 15 ou 16 ans était devenu l'homme fait de 27 à 28 ans, qui avait dû recevoir, autour du pape, une instruction plus étendue afin de pouvoir être admis dans les rangs de la cléricature, être chargé du ministère des diacres et peut-être même élevé à la prêtrise ?

III. On attribue, nous le savons, au moins la conversion des deux empereurs romains au zèle de Saint Pons, il ne serait même pas impossible qu'il leur ait lui-même conféré le Baptême ; les Bollandistes nous l'ont dit dans le prologue; néanmoins, j'en conviens, cela n'est dit formellement nulle part ailleurs, mais on ne peut mettre en question sa présence à ce baptême. Il avait conduit Saint Fabien auprès des Césars, il ne pouvait faire moins que de l'assister dans cette fonction, mais pour cela il fallait qu'il fût ou prêtre ou au moins diacre. Dans ce temps-là les diacres étaient les ministres ordinaires des évêques, et les papes ne se faisaient pas assister dans leurs augustes fonctions par de simples fidèles.

IV. Qu'on se souvienne encore de l'abandon, du renoncement que fit Saint Pons au sujet de l'administration de sa fortune personnelle, qu'il s'empressa d'aller déposer aux pieds du pape Saint Fabien. Si Pons avait été marié alors, s'il avait eu de la famille, si même il se fût trouvé simplement en situation d'en avoir plus tard, la prudence la plus vulgaire lui aurait défendu de se montrer si détaché des biens de ce monde, et Saint Fabien aurait été certainement assez délicat pour ne pas les accepter, du moins en totalité, même en vue de les faire distribuer, ainsi qu'il le fit, aux pauvres chrétiens de la ville éternelle.

Mais il est facile de reconstituer cette scène de touchant renoncement. Saint Pons dut dire à Saint Fabien : « Je vais devenir votre serviteur, votre auxiliaire, votre coopérateur ; je veux être entièrement à vous et à vos ordres ; vous le savez, je n'ai plus ni mon père, ni ma mère, ni aucun autre lien qui m'attache à la terre ; je suis libre possesseur de la fortune qu'ils m'ont laissée ; si considérable qu'elle soit, à quoi me servirait-elle ? Précisément parce qu'elle est considérable, elle ne pourrait que me gêner, m'absorber, être, à cause de son administration, un embarras pour moi au milieu des travaux du ministère sacré que j'aurai à remplir dorénavant sous votre direction. Cela me prendrait, si non tout mon temps, du moins beaucoup trop de temps, et il est bien préférable que je me repose de ce soin sur votre sollicitude. L'Église, dont vous êtes le chef bien-aimé et vénéré, a des hommes chargés de gérer ses biens et de pourvoir à l'entretien de ses ministres, et aux ministres du Seigneur des aliments et des vêtements doivent suffire (1).

(1) *Habentes alimenta et quibus tegamur, his contenti simus.* (Actor. **XV, 5.**)

V. Une heureuse circonstance a fait arriver à ma connaissance, depuis peu de jours, une composition scénique en langue provençale, intitulée le *Mystère de Saint Pons*. C'est une composition en vers, fort longue (1), dans le genre des pièces théâtrales qui se jouaient au moyen-âge et auxquelles le peuple trouvait à la fois distraction, récréation et édification. Ce *Mystère*, inséré dans la *Revue des Langues Romanes*, qui se publie à Montpellier, et qui a été communiqué à cette publication par M. P. Guillaume, le savant archiviste du département des Basses-Alpes, est divisé en trois journées, on aurait mieux fait de dire trois époques, qui renferment toute la vie de Saint Pons et son martyre. Or, dans la première journée, consacrée à la naissance du Saint, à son enfance, à sa conversion et au baptême de son père, il est dit, après le baptême de Marc-Jules Pons : *Vadunt ad imperatores et hic Pontius induitur veste talari nigrâ*. Ce qui donne lieu de remarquer que, quel qu'ait été le costume des clercs au III° siècle, l'auteur de cette composition semble avoir voulu montrer que Pons appartenait alors à l'état ecclésiastique en l'affublant du vêtement que le clergé portait au temps où il écrivait. C'est un anachronisme peut-être, mais un anachronisme est un détail négligeable pour un compositeur de Mystères. On en trouve par milliers dans ces sortes de pièces ; celui-ci en fournit une preuve de plus, mais il n'en peut pas moins servir à constater qu'au temps où ce Mystère était représenté sur les théâtres populaires on croyait que Saint Pons était clerc.

(1) La première journée ne contient pas moins de 2555 vers et occupe 104 pages d'une impression très compacte.

VI. Il est une autre circonstance qu'on n'a pas peut-être assez remarquée et qui me paraît avoir son importance.

Pourquoi Pons a-t-il paru ne pas se soucier beaucoup de la succession de son ‌père au Sénat ? On lui envoya des soldats pour l'introduire dans cette auguste assemblée, non pour lui faire escorte d'honneur, ainsi qu'on pourrait le penser, mais, nous dit l'auteur des *Actes* de son martyre, pour l'obliger, malgré sa résistance, à y prendre le rang auquel sa naissance lui donnait droit. Ne serait-ce pas parce que Pons, ayant renoncé à la vie de ce siècle pour entrer dans la milice du Seigneur, ne pensa pas que la dignité de sénateur fût compatible avec les fonctions cléricales ou sacerdotales ? Il dut avoir des scrupules à ce sujet et ne céda sans doute qu'à regret et devant la force qui venait l'obliger à remplir les devoirs de sa charge nouvelle dans une assemblée qui n'était composée que de païens.

Jusqu'ici je ne me suis appuyé que sur des présomptions négatives, et mon but n'a été que de montrer qu'il n'est pas impossible et qu'il est même probable que Saint Pons, converti et arrivé à l'âge convenable, fut incorporé au clergé de Rome ; mais la question que j'ai entrepris d'élucider va plus loin. Saint Pons a-t-il été évêque de Cimiez ? Peut-être serai-je assez heureux pour étayer une réponse affirmative sur de nouvelles présomptions et ces présomptions seront-elles, cette fois, plus que des demi-preuves. Essayons.

I. Que dut-il se passer lorsque le pape Saint Fabien eut été informé de la mort très cruelle de Saint Bassus, évêque de Cimiez ? Ce pontife dut se préoccuper

de cette église et songer à lui donner un nouveau chef.
Il regarda autour de lui et ses yeux se portèrent sans
efforts sur Pons, son fidèle et dévoué serviteur, pour
lequel, nous le savons, il éprouvait la plus paternelle
et la plus tendre affection. C'était en 249 que Bassus
avait conquis la palme du martyre ; Pons, d'après nos
calculs, était alors âgé de 32 ans, c'était le moment de
l'énergie, de la force, et il fallait cela au successeur de
l'athlète de J.-C., à un moment où l'épiscopat était un
acheminement certain vers le martyre. D'ailleurs, Pons
était à la fois intelligent, son ami ne nous l'a pas
laissé ignorer, zélé, dévoué, et il avait toutes les qualités de l'apôtre ; mais son séjour à Rome était pour
lui plein de dangers, et Saint Fabien dut le lui faire
remarquer en lui communiquant sa pensée et ses in-
tentions.

« Mon fils, dut lui dire Saint Fabien, jusqu'à ce
moment vous avez travaillé à côté de moi, et je voudrais bien vous retenir encore, ne pas me séparer de
vous, ne pas me priver de votre coopération, de votre
dévouement, de votre affection; mais je ne puis laisser
en souffrance une église considérable, veuve de son
pasteur et exposée à de rudes combats. D'ailleurs,
votre situation ne sera pas changée en vous rendant
à Nice et à Cimiez; sur ce nouveau théâtre, vous cour-
rez les mêmes dangers auxquels vous êtes exposé dans
la ville de Rome. Je les partage avec vous et tant
d'autres, vous les partagez avec moi; mais moi je ne
puis déserter mon poste, ce serait une faiblesse, une
lâcheté, une apostasie, une honte. J'accomplirai mon
devoir jusqu'au bout, et Dieu ne m'abandonnera pas;
vous, au contraire, vous qui êtes jeune et vigoureux

vous pouvez être utile à l'Église en allant consoler les chrétiens qui ont perdu leur chef et leur père. Le moment est venu pour vous de voler de vos propres ailes ; allez à Nice, ô mon fils, allez à Cimiez ; mes bénédictions vous y accompagneront. Le travail ne vous manquera pas ; mais vous êtes jeune, vous avez du zèle, vous trouverez à l'exercer, et Dieu vous donnera le succès et la récompense.

» Aussi bien, mon fils, vous êtes ici plus exposé que moi. Ne voyez-vous pas l'animosité que vous ont personnellement vouée les prêtres des faux Dieux, à cause de la large part que vous avez prise au renversement de leurs idoles, à la destruction de leurs temples, à la ruine de leur crédit ? Ne craignez-vous pas les vengeances implacables auxquelles vous êtes ici plus exposé que personne ?

« Vous ne pouvez pourtant pas partir vers votre nouvelle résidence sans être muni des moyens d'accomplir la mission que j'ai résolu de vous confier. Inclinez-vous profondément, je vais vous imposer les mains, répandre sur votre tête le chrême qui consacre les pontifes ; vous baptiserez les néophytes, vous confirmerez les chrétiens, vous les nourrirez de la parole divine et du Verbe fait chair et Eucharistie, vous réconcilierez à Dieu les pécheurs, vous instituerez des prêtres, et cette église vers laquelle vous allez diriger vos pas pourra, grâce à vos soins, réparer ses pertes, se reconstituer et se perpétuer. »

Pourquoi d'ailleurs les souverains Pontifes auraient-ils député de simples laïques, même de simples prêtres prêcher l'Évangile dans des contrées qui n'avaient jamais été évangélisées ou qui avaient perdu leur chef, leur père, leur évèque? N'eùt-ce pas été envoyer à la vigne du Seigneur des ouvriers, sans doute pieux, zélés, intelligents, capables, mais auxquels on aurait eu soin de lier les pieds et les mains? Il fallait évidemment, dans des cas semblables, députer un prêtre complet, un évêque.

Les exemples ne manqueraient pas ici, et il serait facile de les multiplier pour démontrer que pareille imprudence ne fut jamais commise. Citons sur le nombre Saint Trophime d'Arles, Saint Paul de Narbonne et Saint Aphrodise de Béziers, Saint Saturnin de Toulouse, Saint Denis de Paris, et pourquoi n'ajouterais-je pas Saint Nazaire de Milan ? Sans doute, comme elle le fait en ce moment pour Saint Pons, l'Église ne le qualifie pas évêque et ne l'honore pas sous ce titre; mais, s'il n'est pas démontré d'une façon péremptoire qu'il fut honoré du caractère épiscopal, il n'est pas démontré non plus qu'il ne le fut pas, et de fait il était plus que laïque, puisqu'il baptisa Saint Celse, dont il a été déjà fait mention et qui fut le compagnon de ses travaux et de son martyre. Or, il n'a jamais été dans les coutumes de l'Église que, sauf le cas de nécessité pressante, l'administration du Sacrement de Baptême ait été confiée aux laïques.

On le voit sans doute, le cas est exactement le même pour Saint Nazaire que pour Saint Pons, d'où je crois pouvoir conclure que, si l'épiscopat de l'un et de l'autre n'est ni un article de foi, ni une vérité de certitude absolue, il est du moins infiniment probable qu'ils furent évêques, le premier de Milan, l'autre de Cimiez et de Nice.

II. Cette conclusion est corroborée du reste par les considérations qui vont suivre.

On lit dans l'*Histoire Générale de Languedoc* (1) :

« C'est sous l'empire de Philippe que nos plus habiles critiques (2) fixent l'époque, non pas de la prédication de la foi dans la Narbonnaise, où elle avait été déjà commencée auparavant et scellée même par l'effusion du sang de plusieurs martyrs, mais de la mission de Saint Paul et de Saint Saturnin, premiers évêques, l'un de Narbonne, l'autre de Toulouse, et de l'établissement des plus anciennes églises de cette province. Ils ne croient pas qu'on puisse faire remonter plus haut cette mission, ni produire des preuves bien certaines de la succession des évêques avant ce temps-là. C'est ce qui fait que, sans vouloir contredire absolument la tradition de quelques-unes de nos églises, qui prétendent que la succession de leurs évêques est bien plus ancienne, nous fixons à cette époque ce que nous savons de leur origine.

» Parmi les sept évêques qui, selon Saint Grégoire de Tours (3), portèrent la lumière de l'évangile dans les Gaules au IIIe siècle, il y en eut trois qui s'arrêtèrent dans la Gaule Narbonnaise et qui établirent leur siège dans trois villes de cette province, Saint Paul à Narbonne, Saint Trophime à Arles et Saint Saturnin à Toulouse. On croit (4) que ces hommes apostoliques reçurent leur mission à Rome du pape Saint Fabien ; ce qu'il y a de certain, c'est qu'ils

---

(1) T. I, p. 128 et s. — Je cite la première édition, in-fol. cinq volumes.

(2) Tillemont, sur Saint-Denis de Paris, T. IV, *Hist. Eccl.*

(3) *Hist.* G. L. I, ch. 28.

(4) Tillemont, *loc. cit.*

furent envoyés dans les Gaules avec plusieurs de leurs disciples, soit pour prêcher la foi à ceux qui ne l'avaient pas encore reçue, soit pour la confirmer et la soutenir dans ceux qui en avaient été déjà éclairés. »

J'arrête ici cette citation, dont la suite n'a pas trait à ma thèse, et je me contente de faire remarquer d'abord qu'il est anjourd'hui admis que la première prédication de la foi dans le midi de la France date des temps apostoliques pour plusieurs églises principales, et qu'à la suite des persécutions, la plupart des ouvriers ayant succombé sous le fer et le feu des persécuteurs, très peu parmi eux ayant fini par la mort naturelle, il y eut en effet une seconde prédication sous le pape Saint Fabien ; ce fut dans une circonstance de cette nature qu'il envoya Saint Pons à Cimiez, pour y continuer l'œuvre de Saint Bassus. Pourquoi ce saint pontife aurait-il moins fait pour l'église de Cimiez que pour celles de Narbonne, de Toulouse et d'Arles, pour Saint Pons que pour Saint Paul, Saint Saturnin et Saint Trophime ? envoyé des évêques aux trois premières églises et un simple laïque à la dernière ?

Je ne puis me faire illusion, mais il me semble que cet argument a sa valeur et n'est pas tout à fait à dédaigner, et il va servir de base au suivant.

III. Voici, en effet, une nouvelle raison, à laquelle tout ce qui précède me paraît donner une force nouvelle et qui corrobore, à mon humble avis, le faisceau de présomptions que je viens d'exposer. C'est la *Tradition* des deux églises de Nice et de Saint-Pons de Thomières.

Celle de Saint-Pons de Thomières remonte au moins à l'époque où Pierre-Jean-François de Percin de Montgaillard, qui en fut évêque de 1664 à 1713, fit composer et éditer en 1681 le *Propre des Offices et des Messes* de son diocèse, en se donnant le tort de modifier la liturgie romaine au point de la rendre méconnaissable, ce qui lui valut une condamnation de la part du pape Innocent XI. La fête principale de Saint Pons y est indiquée à la date du 11 mai, celle de la translation de ses reliques y est fixée au 15 juin, et, dans toutes les deux, Saint Pons est appelé *Martyr-Pontife*. Qu'on remarque bien qu'Innocent XI, en condamnant ce PROPRE, n'a pas visé cette qualification, mais bien la mutilation infligée à la liturgie romaine.

Je passe sous silence les autres liturgies qui furent alors introduites dans les divers diocèses (1) qui font partie, depuis 1802, du diocèse actuel de Montpellier. Ces diocèses n'avaient pas un intérêt direct à cette question, et leurs liturgies particulières purent être composées sous les influences, les inspirations, les insinuations, les menées Jansénistes de l'époque. Mais il n'en est pas moins vrai que la *tradition* à Saint-Pons de Thomières se corrobore de celle de l'Italie en général et de Nice en particulier. Ferdinand Hughell, en éditant en 1652 son *Italia Sacra*, constatait déjà alors la tradition de Nice, en attribuant à cette ville Saint Pons pour évêque et le faisant successeur immédiat de Saint Bassus.

Cette tradition a du reste ses organes. Tous les his-

(1) A Agde et à Lodève, pour préciser.

toriens qui se sont occupés de cette question en Provence se sont rangés, à de rares exceptions près, à l'opinion qui reconnaît Saint Pons comme évêque de Cimiez ou de Nice, ce qui est la même chose. En ce moment, l'érudit archiviste des Basses-Alpes, **M. P.** Guillaume, prépare un travail sur le *Mystère de Saint-Pons*, en forme de *Préface*, et je ne doute pas que cette question ne revienne sous sa plume. Il ne trouvera pas mauvais, j'en suis sûr, que je consigne ici les indications qu'il a bien voulu me donner avec une complaisance et un empressement pour lesquels je suis heureux de lui témoigner ici ma reconnaissance. Ce sont les noms des auteurs et des livres qui, à sa connaissance, ont abondé dans ce sens.

En première ligne il faut placer l'abbé Albert, **curé** de la Seyne, auteur de l'*Histoire du diocèse d'Embrun* (1); — Bouche, Histoire de Provence (2); — Henschenius, *Commentaria prævia* dans les *Acta Sanctorum* des Bollandistes (3); — Joffredus, *Nicæa civitas, Monumenta* (1658). Traduction française *Actes du martyre de Saint-Pons* (4); — Mombrice,|*Sanctuarium* (5); — Pagi, *Critice Annal. Baronii* (6); — Surius, *Vitæ Sanctorum* (1618); — Vie de Valère de Cimiez (7); — *La vie et les miracles du glorieux Saint Pons, évêque de*

(1) 1783 — Embrun, — T. I, p. 470-3.
(2) 1664, — T. I, p. 513-5.
(3) 1680, Mai. T. III, p. 272-4. cf. 3 § 679.
(4) Nyons, 1864, 16°.
(5) T. II. ccxi, col 1479.
(6) 1689, p. 246.
(7) T. V. p. 192-3,

Cimiez en Provence (1) ; — Vincent de Beauvais, *Speculum Historiale* (2) ; — L'abbé Ulysse Chevalier, *Répertoire des sources historiques du Moyen-Age*, qui donne les indications précédentes dans le 4e fascicule (3).

J'ignore, au moment où j'écris ces lignes, en quel sens a marché cette question dans le diocèse de Nice, mais ce dont je suis certain, c'est qu'elle n'avait pas encore varié en 1868, car j'ai sous les yeux des *Lettres authentiques* de Reliques de Saint Pons datées de Nice, le 11 septembre de cette année-là, et dans lesquelles il est appelé *Episcopus* et *Martyr*. Il y a 20 ans de cela. Il paraît que depuis lors un scrupule a surgi à l'évêché de cette ville ; car, en renouvelant ces lettres en 1887, on y a refusé d'employer la première de ces deux qualifications et on n'a voulu inscrire que la deuxième, en donnant pour raison de cette réserve qu'on était en instance pour obtenir de Rome l'autorisation d'appeler Saint Pons *Évêque* et *Martyr*. Il n'en est pas moins vrai qu'à ce même évêché, et jusqu'en 1868 au moins, cette qualification était employée sans difficulté, ce qui constituait une vraie tradition en sa faveur. Pour l'infirmer, il faudrait prouver qu'avant Joffroi, c'est-à-dire avant 1658, et avant F. Hughell, c'est-à-dire avant 1652, Saint Pons n'était honoré à Nice que comme

(1) Aix 1670, 12º.
(2) T. XII, p. 34-5 et 78-79.
(3) 1883. col. 1859.

De tout cela M. P. Guillaume conclut que ce n'est pas s'écarter de la vérité que d'admettre l'épiscopat de Saint Pons à Cimiez.

simple Martyr. On ne l'a pas encore fait, et il est fort douteux qu'on le fasse, qu'on puisse jamais le faire (1).

(1) J'ai sous les yeux une Note émanée de la plume d'un ecclésiastique qui occupe un rang assez distingué dans le diocèse et la ville de Nice. Il y est dit qu'on n'a jamais honoré à Nice Saint Pons comme évêque. Les Lettres d'authenticité des Reliques de Saint Pons dont j'ai déjà fait mention suffisent pour démontrer à cet honorable et cher confrère qu'il est sur ce point dans l'erreur et que jusqu'en 1868 au moins Saint Pons a été, à Nice, qualifié *Martyr-Pontife*. Dans cette Note, qui m'est parvenue par un intermédiaire à la fois bienveillant et laïque, il est dit qu'on a bien pu penser qu'il avait été évêque à cause de la Légende de son office où il est dit qu'il fut envoyé dans les Gaules pour y prêcher la foi, *prædicationis causa*, mais qu'à la rigueur on peut admettre que cette charge ait été confiée à un simple prêtre.

Je crois devoir faire remarquer ici :

1° Que ces mots *prædicationis causa* se trouvent dans tous les offices de Saint Pons que je connais, ce qui semble démontrer qu'ils ont tous une origine commune et est un argument de plus en faveur de la tradition ;

2° Que le ministère de la prédication ne fut dévolu aux simples prêtres dans les premiers siècles que par exception et très rarement, si rarement que les historiens ont eu l'attention de signaler les prêtres qui ont remplacé leurs évêques devenus trop âgés ou affligés d'un défaut de langue; qu'on lise les vies de Saint Augustin, de Saint Jean-Chrysostôme et même de Saint Vincent, diacre, qui prêchait peu d'années après la mort de Saint Pons, vers la fin du iiie siècle (1).

3° Que les fonctions ordinaires des prêtres consistaient

(1) Saint Augustin, simple prêtre, prêcha à Hippone à la place de l'évêque

Je résumerai ici ce que dit Ferd. Hughell de Saint Bassus et de Saint Pons dans l'*Italia Sacra* (T. IV, p. 1545 et s. Ch. *Episcopi Nicienses*).

L'évêque Bassus, selon lui, aurait subi un très cruel martyre vers l'an 250, après un épiscopat de 20 ans, et ce serait à lui qu'il faudrait appliquer les Homélies de l'un de ses successeurs, Saint Valérien, et non à son successeur immédiat Saint Pons.

Celui-ci, qu'Hughell n'éprouve aucune hésitation à classer parmi les évêques de Cimiez, baptisé par le

alors à célébrer le Saint Sacrifice, à catéchiser, à réconcilier les pécheurs, à visiter et à administrer les malades, à présider aux sépultures, à administrer les sacrements ; mais que dans les cités, les villes épiscopales, c'était toujours l'évêque qui portait la parole dans les assemblées des fidèles ; en sorte que, quoi qu'en pense mon très honoré confrère de Nice, l'argument tiré de ces paroles de la Légende de Saint Pons *prædicationis causa* me paraît le plus fort que l'on puisse invoquer en faveur de l'épiscopat de ce saint.

Que saint Pons ait été escorté dans sa mision par plusieurs simples prêtres, c'est possible, c'est même probable ; mais que cette mission n'ait pas eu un évêque à sa tête, c'est ce qui me paraît bien difficile à comprendre ; d'ailleurs tout le clergé de Cimiez n'avait pas disparu avec Saint Bassus, et il devait rester encore dans cette ville des prêtres qui avaient été les coopérateurs de ce pontife-martyr, et qui furent heureux de le devenir de son successeur.

Valère, grec de naissance et qui avait de la peine à s'exprimer en latin. C'était déjà l'usage en Orient, même une nouveauté en Occident. Saint Jean Chrysostôme, ordonné prêtre en 386 par Valère, évêque d'Antioche, prêcha dans cette ville pendant douze années à la place de celui-ci. Il en avait été de même pour Saint Vincent, martyrisé à Valence (Espagne), en 304 ; n'étant que diacre, il suppléait son évêque Valère dans le ministère de la prédication pape Saint Pontien, eut le bonheur de convertir son père Marc qui était sénateur et les deux empereurs Philippe......

Ceci prouve qu'au temps où Hughell écrivait sa notice sur le diocèse de Nice, le caractère épiscopal de Saint Pons ne lui était pas contesté dans cette contrée, et l'on ne peut que se demander, avec une certaine surprise, comment nous sommes devenus en France si difficiles, si délicats, si méticuleux de nos jours ; mais l'étonnement cesse bien vite quand on considère que le Gallicanisme et le Jansénisme sont passés par là et se sont montrés d'une délicatesse inouïe au sujet des questions de tradition.

Mais ce qui étonne davantage, c'est qu'au temps présent et en plein retour vers les doctrines romaines, tant sur le Jansénisme que sur le Gallicanisme, on se montre en France et en Italie plus scrupuleux aujourd'hui que ne le fut au dernier siècle le gallican et janséniste évêque de Saint-Pons-de-Thomières, Percin de Montgaillard, et qu'en ce moment on hésite, à Nice, à suivre une tradition qu'on y suivait encore en 1868 et plus tard peut-être

On a été même plus loin à Saint-Pons-de-Thomières, et on a essayé de disputer à Saint Pons de Cimiez son titre de patron de cette ville, de son ancien monastère et de son ancienne cathédrale. Un membre du chapitre de la cathédrale de l'ancien diocèse de Saint-Pons-de-Thomières, le chanoine F.-B. Trotet le Gentil, fit paraître en 1705 une mince brochure, intitulée *Chronologie des abbez du monastère et des Evesques de l'Eglise de Saint-Pons-de-Thomières*, dans laquelle on lit ce qui suit ; je traduis :

« **Extrait envoyé de Nice en forme authentique :**

» Autorités empruntées au livre intitulé : *La ville de Nice*, par l'Illustrissime et Révérendissime Seigneur Pierre Joffroi, abbé du monastère de Saint-Pons, près des murs de Nice. (Page 82.)

» Parmi les modernes, outre Galezin, qui dit que Saint Pons fut ordonné évêque par le pape Saint Pontien, Philippe Serrier a écrit ce qui suit dans son Catalogue des Saints d'Italie :

« « En France, on honore en plusieurs lieux Saint Pons comme évêque et martyr (1), quoiqu'il ne soit appelé que martyr dans le *Martyrologe Romain*, et il y a, dans la partie de la Gaule Narbonnaise qui porte le nom de Languedoc, une ville appelée Saint-Pons, et, près de Cimiez, ville ruinée, il y a une église et un village également appelés Saint-Pons (2). En outre, Ferdinand Hughell, au IV° volume de l'*Italia Sacra*, après avoir indiqué Saint Pons comme évêque et martyr, ajoute :

« « « Dans la suite, ses précieuses reliques furent portées dans la Gaule Narbonnaise, au monastère de Thomières, que Pons, comte de Toulouse, avait fait bâtir en 936 en son honneur, entre Pézenas et Carcassonne. Avec le temps le pape Jean **XXII** jugea à propos de l'ériger en évêché en 1318 et de lui assigner le nom de Saint-Pons pour perpétuer la vénération et la mémoire d'un si illustre martyr. » » »

(1) Ceci corroborerait la preuve tirée de la tradition que j'ai exposée plus haut.

(2) On sait que c'est un monastère, autrefois abbaye bénédictine, aujourd'hui occupée par des Oblats de la T.-S.-V. Marie.

« « Tout ceci est tiré de **F. Hughell** qui, comme Serrier, donne à Saint Pons le titre d'évêque de Cimiez.

« Je ne dirai rien néanmoins de la translation de ses reliques, attendu qu'il n'y a rien d'absurde à dire, non que son corps entier (car il repose dans la Basilique de Saint-Pons près de Nice), mais une partie de ses ossements, plus particulièrement de sa tête, fut transportée en Languedoc ; mais il n'est pas prouvé que Saint Pons, en l'honneur de qui fut consacré le monastère de Thomières , soit le même que notre Saint Pons (de Cimiez), et je suis confirmé dans ce sentiment par cette considération que je trouve un autre Saint Pons, évêque du temps de Dioclétien, sur les limites du Languedoc et de la haute Espagne. Il est question de lui dans les Actes de Saint Vincent et de Saint Oronte en ces termes :

« « Ils trouvèrent là un pontife nommé Pons qui, par crainte de Ruffin, se cachait dans des grottes de pierre. » »

« Et plus bas :

·« « Le bienheureux Pons, évêque de ce lieu (Rodez), ayant eu connaissance de cela, bénissait Dieu. » »

« Pierre *de Natalibus* (L. 12, C. 128) et Vincent de Beauvais (L. 12, C. 38), écrivant sur Saint Vincent et Saint Oronte mentionnent le même Saint Pons, ainsi que nous le dirons en temps et lieu en parlant des Actes des mêmes Saints.

» C'est pourquoi il ne serait pas invraisemblable que le Saint Pons en l'honneur duquel est dédiée l'Église de Thomières, soit différent de celui que nous honorons à Nice.

» Néanmoins je n'ai pas l'intention de rien décider

sur ce point, attendu que de part et d'autre il ne manque pas de présomptions et de probabilités, comme on peut le voir dans le livre d'Augustin de Gleize (*ab Ecclesia*) intitulé *Corona Regia*, 2ᵉ partie, ch. 40. »

Quelques réflexions ne me paraissent pas ici hors de propos.

I. De ce que le *Martyrologe Romain* ne donne pas à Saint Pons le titre d'évêque il ne s'en suit pas qu'il n'ait pas été en réalité évêque de Cimiez et de Nice, mais seulement qu'au temps où le Martyrologe fut édité pour la première fois la question de cet épiscopat n'avait pas encore été assez étudiée pour être tranchée, qu'il dut paraître prudent de la réserver et de ne pas consigner dans ce livre un fait qui pouvait être vrai, pour ne pas s'exposer à y consigner en même temps un fait qui pouvait ne pas l'être.

II. Il ne manque pas de corrections et d'additions faites au point de vue de l'exactitude historique dans nos livres liturgiques, et il n'y a pas bien longtemps que S. S. Léon XIII a ordonné quelques modifications de ce genre, et ici ce ne serait pas une correction propement dite, le redressement d'une erreur historique, mais une simple addition qui complèterait ce que dit le Martyrologe et restituerait à Saint Pons une qualification de laquelle il a été longtemps en possession. En la sollicitant, on ne manquerait en rien au respect que mérite ce livre, et de fait l'autorité diocésaine de Nice, qui la sollicite en ce moment, m'a-t-on dit, n'a pas l'intention de sortir des limites de ce respect.

III. Inutile d'ajouter que, pour mon compte, je fais un vœu de cette nature.

IV. Quant à ce que dit l'auteur de la *Chronologie des*

abbés du monastère de Saint-Pons, au sujet de l'identité du patron, je crois devoir faire remarquer :

1° Qu'il aurait dû rapporter les raisons données par Augustin de Gleize dans sa *Couronne Royale*, livre introuvable aujourd'hui, du moins dans nos bibliothèques de province. C'eût été loyal et on aurait pu voir s'il y avait lieu de les réfuter.

2° Que la *Gallia Christiana* (T. I, p. 195) ne signale aucun évêque de Rodez qui ait porté le nom de Pons, ni au temps de Dioclétien ni à aucune autre époque, ni avant, ni après l'an 936, date de la fondation de l'abbaye de Saint-Pons-de-Thomières; que *l'Histoire Générale de Languedoc* n'en parle pas davantage, et qu'il est assez hardi et téméraire de s'insurger contre une tradition neuf fois séculaire, qui attribue le vocable du monastère et de l'église de Thomières à Saint Pons, martyr de Cimiez.

3° Que toutes les autorités qu'on peut invoquer à l'encontre de ce patronage sont sans valeur en face de l'acte de la Dédicace de l'église de Saint-Pons-de-Thomières, cité *in-extenso* dans tous les grands ouvrages qui se sont occupés de l'histoire de notre contrée; que cet acte doit faire foi jusqu'à preuve contraire, preuve qu'on ne fait pas, qu'on ne fera jamais parce qu'on ne peut pas la faire. Cet acte a-t-il été ignoré du P. Joffroi et de F. Hughell? C'est possible, mais il ne l'a pas été du chanoine F.-B. Trotet le Gentil, et dès lors il y a lieu de se demander pourquoi il a essayé d'ébranler une tradition qui porte avec elle les preuves incontestables d'une origine certaine.

(1) Voir en particulier l'*Histoire générale de Languedoc*, T. II, *Preuves, et la Gallia Christiana*, T. IV, *Instrumenta*.

Je demande pardon à mes bienveillants lecteurs pour la longueur d'une digression, qui ne manque pas d'importance, mais qui a dépassé les limites dans lesquelles j'avais cru pouvoir l'enserrer. On verra dans la suite de ce récit, auquel je me hâte de revenir, que je n'ai pas tout dit sur ce sujet.

Saint Fabien ne tarda pas à payer lui-même son tribut à la persécution ; ce fut le 20 janvier 250. J'ai dit plus haut le genre de supplice qui termina sa vie.

La persécution de Dèce se ralentit l'année suivante, qui fut celle de sa mort. Surpris par les Goths dans la Thrace, il périt au milieu d'un marais. Gallus et Volusien, qui lui succédèrent, continuèrent bien à persécuter les chrétiens, mais leur règne fut très court et la pourpre impériale passa en 253 sur les épaules d'un vieillard nommé Valérien, qui se montra, pendant quelques années, favorable au christianisme ; mais un de ses ministres, Macrien, homme impie, adonné à la magie et ennemi du nom chrétien, ayant réussi à lui persuader que, le salut de l'empire dépendant du culte des faux dieux, il fallait exterminer tous ceux qui refuseraient de les adorer, Valérien fit publier des édits sanglants contre les fidèles.

Il avait associé son fils Gallien à l'empire. Ces deux princes députèrent des proconsuls en divers lieux pour faire exécuter leurs volontés. Deux de ces officiers furent envoyés par eux dans le nord de l'Italie et dans la partie des Gaules qui en était limitrophe, pour remplacer le président Pérennius qui, sept ans auparavant, en 250, avait fait périr l'évêque Bassus dans les plus atroces supplices.

C'étaient Claude avec le titre de *président* et Annabius qui lui fut adjoint comme *assesseur*. Ils arrivèrent à Cimiez avec des pouvoirs très étendus pour rechercher les chrétiens et les forcer à l'apostasie en leur proposant de sacrifier aux idoles, sous peine de périr dans les plus cruels tourments.

Après avoir inauguré leurs fonctions par un sacrifice solennellement offert à leurs divinités, ils établirent leur tribunal sur la place publique et donnèrent des ordres très pressants pour qu'on allât à la recherche des chrétiens et qu'on les leur amenât.

Les Actes du martyre de Saint Pons ne nous apprennent pas si les recherches aboutirent à faire arrêter un grand nombre de chrétiens, si la persécution fit à Cimiez beaucoup de victimes, ils ne nous parlent que de lui, et nous disent que tout d'abord on arrêta Pons.

Pourquoi cette préférence ? Quand le président Claude fut envoyé directement à Cimiez par les empereurs Gallien et Valérien, savait-on à Rome que c'était dans cette ville que depuis sept ans un des sénateurs les plus aimés et les plus influents s'était retiré, et les ordres de Claude visèrent-ils Pons avant tous les autres chrétiens, parce qu'il savait que le sénateur recherché par eux y habitait et qu'il y exerçait une grande influence sur les autres chrétiens, et le président obéisait-il à une recommandation impériale lui enjoignant de s'emparer de Pons, de le ramener au culte des idoles et de le forcer ensuite à reprendre la route de Rome ? Cette supposition n'aurait rien d'excessif (1); et puis d'où lui venait cette situation, cette

(1) Sa disparition de la capitale de l'Empire n'avait pu passer inaperçue, on dut se demander en quel lieu il s'était

influence ? N'était-ce pas des fonctions épiscopales
qu'il exerçait en ce lieu ? Ceci serait une nouvelle
preuve en faveur de la thèse que j'ai émise et que je
me suis efforcé de démontrer. Toujours est-il que
nous savons qu'il fut le premier chrétien de Cimiez
voué au martyre et que nous ignorons si, après lui,
d'autres chrétiens furent persécutés et immolés.
Valère lui-même, qui l'avait suivi à Cimiez et qui put
assister à son procès, sans personnellement courir
aucun danger, put, après le martyre de son ami, s'a-
boucher avec les secrétaires des proconsuls, acheter
facilement leurs grimoires et se retirer ensuite loin
du théâtre où il avait pu contempler Saint Pons en
son vaillant combat.

Pourquoi encore les proconsuls, au lieu de s'instal-
ler à Nice, ville d'un séjour plus agréable que Cimiez,
avaient-ils choisi cette localité de préférence ? N'était-
ce pas parce que Cimiez était alors le foyer du christianisme dans cette contrée, le siège épiscopal, et si
Pons y était le personnage le plus considérable, c'est
sans doute parce que c'était lui qui était l'évêque, et

retiré; on avait pu apprendre qu'il était à Cimiez et qu'il
y remplissait les fonctions de chef des chrétiens. Ce fut
peut-être là le motif du choix qu'on fit de cette ville pour
centre des opérations de Claude et d'Annabius, auxquels il
ne fut pas difficile de retrouver Pons, devenu le personnage
le plus considérable parmi ceux qu'ils étaient chargés de
faire apostasier ou de martyriser. De là à conclure en faveur des fonctions épiscopales de Saint Pons à Cimiez il
n'y a guère loin, et cette circonstance serait une nouvelle
et très puissante présomption pour l'épiscopat de notre
Saint.

qu'il importait de décapiter le troupeau en s'acharnant à son chef, celui qui était à sa tête, pour avoir raison des brebis, les effrayer, les terroriser et les disperser? Nice n'était, du reste, alors qu'un bourg peu important, qui ne devait grandir que plus tard et ne devenir résidence épiscopale, au détriment de Cimiez, que deux siècles après.

Claude monta donc sur son siège et dit d'une voix retentissante, qu'il s'efforça de rendre farouche : « Qu'on amène Pons. » — « Le voici », lui fut-il répondu, et le président, le voyant avancer, lui dit : «C'est vous, Pons, qui, au moyen de je ne sais quelles séductions, avez jeté autrefois le trouble dans la ville de Rome, et qui depuis vous êtes efforcé de détourner l'esprit de nos très pieux princes du culte des Dieux?»

On peut reconnaître que Claude était parfaitement nformé, et que ce n'était pas par l'effet du hasard que Pons comparaissait le premier devant lui. Sa première question prouve de plus que le prosélytisme de Pons à Rome y avait eu quelque retentissement, et que ce n'était pas sans bons motifs que le pape Saint Fabien avait cru devoir l'obliger à s'éloigner de la capitale de l'empire, où sa vie n'était plus en sûreté, et le proconsul avait porté avec lui des documents capables de l'éclairer sur le passé de son prisonnier, un dossier propre à le diriger dans son interrogatoire ; que, du reste, on ne l'avait perdu de vue dans les hautes régions gouvernementales, et qu'on y était parfaitement fixé sur le lieu de sa retraite : toutes choses qui deviendront encore plus sensibles à mesure que je raconterai les diverses phases de son procès.

Pons ne se déconcerta pas à cette question. Il répondit sans hésitation et avec calme : « Je n'ai jamais troublé, ni perverti personne ; il est pourtant vrai que j'ai été assez heureux pour arracher deux empereurs, qui m'aimaient et auxquels j'étais fort attaché, de la voie de l'erreur et les initier à la connaissance du Verbe divin. »

Le président continua en ces termes : « Mes Seigneurs les princes Gallien et Valérien, considérant que vous appartenez à une famille illustre, ont ordonné que vous sacrifierez aux Dieux, sous peine d'être associé à de vils et infâmes scélérats et condamné à divers supplices. »

Il est facile de voir dans ces paroles de Claude la forme de sa commission. « Vous trouverez, avait-on dû lui dire à Rome, le sénateur Pons dans la ville de Cimiez, rendez-vous-y directement, faites-le arrêter, sans retard, menacez-le des plus humiliants et des plus cruels supplices ; sa nature se révoltera, sa dignité personnelle se redressera, et vous aurez facilement raison de ses résistances. »

On s'était trompé, ces prévisions ne se réalisèrent pas, et la réponse de Pons commença à donner à réfléchir aux proconsuls. « Mon consolateur, répondit-il au président avec fermeté, est J.-C., et si, pour son amour, je perds les biens terrestres et passagers de cette vie mortelle, je suis sûr d'en retrouver d'impérissables et éternels et de mériter, non pas un héritage terrestre, mais une gloire immortelle avec les Anges du ciel. »

Claude fut quelque peu décontenancé par cette réponse, à laquelle il ne s'attendait pas. « A quoi bon, lui dit-il, tous ces artifices de langage ? Ou sacrifiez

aux Dieux, ou bien je vais vous infliger diverses sortes
de supplices pour vous y obliger. »

Et le Bienheureux, sans rien perdre de son sang-
froid, lui répondit d'une voix ferme et énergique : « Je
vous ai déjà dit que je suis chrétien. Non, je ne
sacrifierai jamais au démon. »

Ces paroles rendirent le président fort perplexe, ses
instructions l'autorisaient bien à menacer, mais il est
probable qu'elles n'allaient pas au-delà, tant on comptait à la cour des empereurs que les menaces suffi-
raient. Les édits donnant aux proconsuls plein pouvoir vis-à-vis des évêques, des prêtres et des diacres,
il semble que la conduite de Claude était toute tra-
cée. Qu'on ne dise pas qu'il ressort de son hésitation
que Pons n'était pas évêque de Cimiez ; il serait facile
de répondre que chez Pons, aux yeux de Claude, l'évêque était doublé du sénateur, qu'il n'aurait pas hésité
sans doute à frapper l'évêque conformément aux Edits
impériaux qui avaient décrété la persécution, mais
qu'il reculait devant la nécessité où il se trouvait de
sévir contre un des plus hauts dignitaires de l'empire.
Il craignit d'ailleurs, en allant plus loin, de n'aboutir
qu'à une défaite misérable et honteuse pour lui, de se
heurter à une volonté inébranlable et d'être piteuse-
ment vaincu. Pour ne pas s'exposer à cette confusion,
à ce déboire, il fit reconduire Pons en prison jusqu'à .
ce qu'il en eût référé aux empereurs et reçu leur réponse.

Il s'empressa donc de dépêcher à Rome un courrier
chargé de remettre aux Césars la lettre suivante :

« Aux Seigneurs très pieux et triomphateurs invinci-
bles et toujours Augustes princes, Valérien et Gallien,

» Vos serviteurs, Claude et Annabius.

» En entrant dans le territoire des Gaules, nous avons trouvé Pons, qui a jeté naguère le trouble dans la ville de Rome, qui y a détruit plusieurs temples des Dieux et qui a pris la fuite et désobéi à vos ordonnances, et, comme il est l'un des premiers sénateurs de votre palais, nous l'avons fait mettre en prison jusqu'à ce que vous ayez, dans votre sagesse, décidé comment nous devons agir à son égard. »

Cette lettre donne lieu à plusieurs remarques.

I. Je n'ai rien avancé de hasardé quand j'ai dit que Pons était à Rome un personnage considérable ; les proconsuls l'appellent *un des premiers sénateurs*.

II. J'ai dit vrai quand j'ai avancé que Pons avait été le premier arrêté à Cimiez par ordre des proconsuls; s'ils avaient déjà sévi contre d'autres chrétiens, en bons courtisans, dans l'intérêt de leur propre fortune, ils auraient commencé par rendre compte de leur mission et de leurs succès, et puis ils auraient exposé la difficulté qu'ils avaient rencontrée en ce qui concernait le sénateur Pons. Mais non, ils commencent par dire *qu'en entrant dans les Gaules* et avant tout autre arrestation *ils avaient trouvé Pons*, ce qui signifie d'abord que Pons était le premier chrétien tombé entre leurs mains, ensuite qu'ils avaient bien accompli leur mission, qui était surtout de trouver le sénateur fuyard, et qu'ils y avaient réussi dès leur arrivée et sans la moindre difficulté. Il était naturel du reste qu'ils sollicitassent de nouvelles instructions, celles qu'ils avaient reçues étant devenues insuffisantes par suite de l'énergie et de la fermeté de leur prisonnier.

Le courrier revint de Rome porteur d'une cédule ainsi conçue :

7

« Notre piété ordonne que, si Pons refuse de sacrifier aux Dieux, vous devrez le faire périr par le genre
de supplices qu'il vous conviendra de choisir. »

Claude, rassuré et fixé sur l'étendue de ses pouvoirs
par la lettre des deux empereurs, fit de nouveau com-
paraître Pons à son tribunal et lui dit : « Écoutez les
salutaires ordonnances de nos seigneurs les empereurs. Ils ont décrété que vous devez sacrifier aux
Dieux ou bien être condamné à subir divers genres de
supplices en compagnie des plus vils criminels. »
Toujours le même système, on le voit, ou l'apostasie,
ou la souffrance et l'infamie.

Pons lui répondit : « — Je ne connais d'autre seigneur que mon Seigneur J.-C., qui peut me préserver
et me délivrer des tourments dont vous me menacez. »

« — Il est une chose qui m'étonne grandement, lui
dit le Président, c'est que vous, qui êtes un homme
puissant et haut placé, soyez descendu assez bas pour
appeler votre Seigneur un homme très pauvre et sans
considération, que Pilate, président comme je le suis,
a, dit-on, fait mettre à mort à la suite de je ne sais
quelle accusation, et que vous refusiez de reconnaître
pour vos seigneurs ceux qui, placés au faîte de l'empire, en dirigent les destinées avec une sagesse et une
modération admirables. »

« — Et moi, répliqua le Bienheureux Pons, je suis
encore plus surpris de voir en vous un homme doué
de raison, arrivé à un degré de folie si grand qu'il
ignore que celui qui est le maître du ciel et de la terre
n'a pas dédaigné de se faire un homme pour notre
salut ; que vous soyez assez insensé pour appeler un
homme sans considération celui qui reçoit au ciel les

hommages des Anges. Sachez donc que, s'il fut accusé
par les Juifs et sacrifié par ordre de Pilate, il a souffert tout cela parce qu'il l'a voulu et non pour céder à
la force, comme vous le prétendez. Oh ! si vous vou-
liez rentrer en vous-même et vous humilier devant ce
Dieu si bon, votre esprit s'élèverait aussitôt jusqu'au
ciel, et vous êtes dans les ténèbres, vous et vos Dieux
qui ne sont certainement que des esprits infernaux ;
car vos princes qui, selon vous, administrent si sage-
ment les affaires publiques, marchent dans le chemin
de la perdition, et non-seulement eux, mais encore ils
y attirent à leur suite le peuple qui leur est soumis, en
adorant et lui proposant d'adorer le bois, la pierre,
l'or et l'argent. Apprenez donc que, si vous vous obs-
tinez à marcher dans une voie pareille, vous sortirez
un jour de ce monde couverts de confusion, et que
vous irez du jugement dans la même damnation que
les Dieux que vous adorez. »

Irrité de cette réponse, le président s'adressa aux
licteurs et leur dit en élevant la voix : « Préparez des
supplices de toute nature, le chevalet, les ongles de
fer, la poix, les nerfs, et tout le reste, afin que la folie
de cet homme éclate au grand jour aux yeux de tous.»

Claude ordonna alors d'étendre son prisonnier sur
le chevalet et de l'y torturer « pour voir, disait-il, si
son Dieu le délivrerait » ; et pendant qu'on le plaçait
sur l'instrument du supplice, Pons dit au président:

« — Vous avez beau dire, dans votre incrédulité,
que mon Dieu est impuissant, vous avez beau le bra-
ver, moi je crois qu'au nom de J.-C. toutes les peines
que vous pourrez m'infliger seront anéanties et ne me
causeront aucune douleur. »

Et pendant que les bourreaux, après l'avoir étendu et attaché sur le chevalet, manœuvraient les poulies et les leviers pour tendre les cordes, l'instrument se brisa avec un grand bruit et fut réduit en poussière de telle sorte qu'on eut de la peine à en retrouver des fragments d'une certaine consistance. Les assistants furent remplis de stupeur, et l'athlète de J.-C., qui n'avait rien perdu de la sérénité de son âme, se contenta de dire au président : « Vous voyez bien maintenant, ô incrédule, que mon Seigneur et mon Dieu est assez puissant pour arracher ses serviteurs à la souffrance. Il le sera assez un jour pour vous précipiter au feu éternel en punition de votre méchanceté. »

A ces mots, Claude entra en fureur et, dans son trouble, il ne savait plus que faire, qu'imaginer, quel parti prendre. Alors Annabius, son assesseur, lui dit: « O le plus sage des hommes, vous n'avez pas oublié qu'à votre arrivée dans cette ville on vous a présenté, pour vous faire honneur, deux ours de haute stature, venus des montagnes de Damaltie. Ne pourriez-vous pas ordonner qu'on dispose l'amphithéâtre et qu'on y lâche ces deux animaux, afin qu'ils s'acharnent contre ce chrétien, qu'ils le déchirent, le mettent en lambeaux, le détruisent et le dévorent, et qu'il soit ainsi privé de sépulture, ce qui sera pour lui le comble de l'infamie? »

Cette proposition plut au président, et l'amphithéâtre fut immédiatement disposé par son ordre. On y conduisit le Bienheureux Pons, et deux gardiens armés de nerfs et de lanières allèrent prendre les ours dans leur antre, en employant les moyens auxquels on avait coutume de recourir pour les exciter contre les servi-

teurs de Dieu. Mais ces animaux, en sortant de leur
tannière, se jetèrent sur leurs gardiens, les déchirè-
rent à belles dents et finirent par les dévorer entièrement ; puis, n'osant approcher du martyr pour lui
baiser les pieds, afin de ne pas se souiller en traversant
la mare de sang qui les séparait de lui, ils se couchè-
rent devant lui à distance et ne lui firent aucun mal.
La voix du peuple se fit alors entendre, et tous les
païens présents à ce spectacle s'écrièrent : « Il n'y a
qu'un Dieu, c'est celui des chrétiens, celui que Pons
adore. »

Il semble qu'en présence d'un fait si extraordinaire
et si significatif le président devait se rendre à l'évi-
dence comme la foule qui environnait son tribunal.
Bien loin de là ; il en fut au contraire exaspéré, son
orgueil froissé le transporta hors de lui-même, il eut
un véritable accès de rage, il vociférait dans sa fureur
et s'écriait : « Portez donc du bois et tout ce qui est
nécessaire pour dresser un bûcher et activer le feu,
et, si cet homme a eu recours aux enchantements dont
usent les Marses pour calmer la fureur des serpents,
nous verrons bien s'il pourra triompher également de
la violence des flammes. »

Les Marses étaient un peuple d'Italie, sous le pays
des Samnites, ainsi appelés du nom du Dieu Mars, le
Dieu qui présidait à la guerre. On leur attribuait le
pouvoir de guérir avec leur salive la morsure des
serpents.

Le martyr répondit : « — Quel est donc le crime que
j'ai commis pour que vous me condamniez au supplice
du feu? Ne vous y trompez pas, vous serez un jour vous-
même victime d'un feu qui ne finira point, qui ne

s'éteindra jamais. Mon Dieu, qui a préservé trois jeunes enfants des ardeurs des flammes et qui a permis qu'ils sortissent sains et saufs d'une fournaise, pourra bien, s'il le veut, me préserver moi-même ».

Le président, ayant fait amonceler une grande quantité de bois, fit conduire au bûcher dressé au milieu de l'arène le serviteur de Dieu chargé de chaînes et ordonna d'y mettre le feu. Ses ordres furent immédiatement exécutés; mais les flammes en s'élevant, nous dit Valère, firent le tour de l'amphithéâtre, en dépassèrent la hauteur, en incendièrent la partie supérieure, et, lorsque tout le bois eut été consumé, toutes les flammes éteintes, Pons apparut sans la moindre trace de brûlure; le feu s'était écarté de lui et n'avait pas même effleuré le bord de ses vêtements.

Des prodiges si éclatants et si multipliés ne purent triompher de l'aveuglement du proconsul. Vaincu et confus, il dit encore à son prisonnier : « — Est-ce que vous croyez avoir triomphé de tous les genres de supplices? Croyez-vous pouvoir vous glorifier de n'avoir pas à souffrir de ceux qu'il me reste à décréter contre vous? Croyez-moi, ne vous y exposez pas ; le temple d'Apollon est à une faible distance, venez-y et offrez-y un sacrifice ».

« — Je sacrifie mon corps à J.-C., répondit Pons, et jusqu'à ce moment j'ai eu le bonheur de préserver mes membres de la souillure qu'ils auraient inévitablement contractée en offrant de l'encens à vos idoles. La vengeance de Dieu saura tôt ou tard vous atteindre, vous qui persécutez injustement les serviteurs d'un si bon maître, et alors même que vous n'avez pas reçu de lui le pouvoir d'infliger à mon corps aucune flétrissure, libre à vous d'inventer encore de nouveaux genres de supplice et de me les faire subir ».

En présence de tant de fermeté et de tant d'intrépidité, le président, désespérant d'en avoir raison par la violence, se mit à réfléchir, parut se calmer et essaya de recourir à la ruse et à une feinte douceur. Il se mit à flatter sa victime. « — En vérité, lui dit-il, il ne devrait pas m'appartenir de vous juger, et ce n'est que parce que par votre obstination vous y avez consenti que je le fais et, alors que vous êtes aux premiers rangs parmi les membres du Sénat de Rome, vous perdez, par votre entêtement, votre puissance, votre crédit et vos richesses en plaçant votre confiance dans les plus vaines espérances ».

Pons lui répondit : « — La puissance et les richesses de ce siècle sont comme la rosée du matin, qui semble à nos yeux couvrir les montagnes les plus élevées, la terre et la mer, et que l'instant d'après le vent dissipe en un clin d'œil, en sorte qu'on dirait qu'elle n'a jamais existé ; mais la gloire et l'honneur après lesquels je soupire sont éternels ».

Alors les Juifs qui assistaient à ce spectacle se mirent à vociférer : « Tuez-le, tuez-le donc ! faites mettre à mort cet enchanteur ». Et le Bienheureux Pons, levant les yeux et les mains vers le ciel, disait : « O mon Dieu, je vous rends mille actions de grâces de ce que vous permettez que ces hommes agissent à mon égard comme le firent leurs pères envers votre divin Fils quand, au prétoire de Pilate, ils s'écrièrent en fureur : Crucifiez-le, crucifiez-le ».

L'intervention des Juifs dans le martyre de Saint

Pons ne doit surprendre personne ; elle prouve seulement que l'action juive n'a pas commencé au iv° siècle et que de ce qu'ils suivirent les Romains dans les Gaules à cette époque, il n'y a pas lieu de conclure qu'elle fut le point de départ du rôle qu'ils ont joué dans le monde jusqu'à nos jours. M. Drumont, qui vient de publier, sur l'action juive en France et en Europe, des livres si exacts et si courageux, pourrait, je crois, montrer les Juifs à l'œuvre dès les premiers jours de la prédication de l'Evangile et, en cherchant bien, il trouverait certainement quantité de faits de la nature de celui-ci pour démontrer que, tout méprisés et honnis qu'ils étaient dans l'empire romain et à cause de leur prédisposition native à accepter les affronts, non sans un secret et vif désir d'en tirer vengeance, ils n'en eurent pas moins, dans l'ombre comme toujours, une grande influence sur les empereurs, et que les persécutions contre les chrétiens furent ourdies et machinées par leurs menées sourdes, comme l'ont été depuis toutes celles dont on leur attribue avec juste raison la paternité.

Pour eux le divin crucifié fut et sera toujours l'ennemi; ils cherchèrent à détruire son culte à l'origine, comme ils l'ont fait dans la plénitude du temps, comme ils le font de nos jours et le feront encore dans la suite et toujours jusqu'à la fin. Tous les moyens leur furent bons pour circonvenir les empereurs, gagner à prix d'argent ou autrement leurs serviteurs, leurs favoris, et leur présence au martyre de Saint Pons n'est pas faite pour amoindrir cette imputation; elle est trop dans leur rôle et dans leur nature. La perfidie, tel est leur système. « *Prions pour les Juifs perfides,* » dit l'Eglise dans l'Office du Vendredi-Saint.

Le président Claude, de plus en plus excité par les clameurs de la multitude, de plus en plus possédé du Démon, s'écria à son tour : « Ce n'est pas à moi, c'est à nos princes que vous multipliez les affronts. » Puis s'adressant à ses hommes, il leur signifia en ces termes la sentence finale :

« Conduisez cet homme sur le rocher qui domine ce cours d'eau, tranchez-lui la tête et précipitez ensuite son corps du haut en bas. »

Ce fut ainsi que le Saint consomma son généreux martyre. Son corps fut précipité dans le Paillon, mais son âme monta au ciel avec la palme de la victoire. C'était le 11 du mois de mai de l'année 287. Elle ne tarda pas à y être rejointe par celles du pape Saint Sixte, qui fut martyrisé à Rome le 6 du mois d'août suivant, et celle du diacre Saint Laurent, qui s'envola vers le sein de Dieu quatre jours après.

Les prédictions du martyr ne tardèrent pas à se vérifier. L'empereur Valérien, vaincu par les Perses en 261, devint le jouet de leur roi Sapor, qui finit par le faire écorcher vivant, après l'avoir forcé pendant sept années à courber la tête devant lui, et s'être servi de son corps comme d'un marche-pied toutes les fois qu'il voulait monter à cheval (1). Gallien, voulant pénétrer

(1) Valérien, ayant voulu secourir la ville d'Edesse, fut battu par les Perses, et, dupe de l'astuce de leur roi, il se laissa envelopper et prendre par lui, l'an 259 ou 260 de J.-C. « Dieu le punit, dit Lactance, par une nouvelle sorte de jugement. Il fut fait prisonnier par les Perses et, comme il avait ôté la liberté à un grand nombre d'hommes, il perdit aussi la sienne et tomba dans le plus honteux esclavage. Toutes les fois que le roi montait à cheval ou dans son char,

dans la ville de Milan, fut arrêté par ses propres soldats, qui criblèrent son corps de coups d'épée le 21 mars 260. Le président Claude se coupa et se mâcha la langue avec les dents. Annabius, son assesseur, perdit la vue d'une façon déplorable : ses yeux sortirent de leur orbite, lui causèrent les plus vives douleurs et restèrent pendus sur ses joues ; les uns et les autres ne tardèrent pas à mourir. Les Juifs et les païens furent grandement effrayés de tout ce dont ils avaient été témoins ; il en fut de même de tous les habitants de la ville de Cimiez. Le lieu de sépulture du martyr fut l'objet de la plus pieuse vénération.

Le compagnon de son enfance et le témoin de ses combats, Valère, n'osant s'emparer ostensiblement du corps de son ami par crainte des païens, lui donna la sépulture pendant la nuit, le 14 mai, trois jours après

il faisait courber l'empereur, pour que son corps lui servît d'escabeau. Et, comme les Romains avaient fait représenter les victoires qu'ils avaient remportées sur les Perses, Sapor raillait Valérien à ce sujet et lui disait que la posture dans laquelle il était montrait mieux de quel côté était la victoire que toutes les peintures des Romains. L'Empereur, conduit partout en triomphe à la suite du roi de Perse, fournit longtemps à ce prince barbare l'occasion de traiter le nom romain avec tout le mépris et toute l'indignité possibles. Le comble de son malheur fut que son propre fils, auquel l'empire avait passé, ne prit le soin ni de le délivrer ni de le venger. Sa peau et ses boyaux, que l'on teignit en rouge, furent suspendus dans un temple, afin que les ambassadeurs romains qui viendraient en Perse pussent, en les voyant, se rappeler du sort de Valérien et apprendre de là à ne point trop présumer de leurs forces. (*De morte persecutorum.*)

sa mort, au lieu même où il avait souffert ; il eut soin
de couvrir ce lieu de signes particuliers afin de pouvoir
le reconnaître dans des temps meilleurs. Puis, après
avoir obtenu des scribes proconsulaires, à prix d'argent, les Actes de son martyre, il chercha et trouva
l'occasion de partir par mer avec ses notes pour la
Lybie, afin d'échapper lui-même à la persécution. Là
il profita de la tranquillité qu'il trouva dans ce nouveau séjour, pour mettre en ordre tous les renseignements qu'il avait emportés avec lui, en y joignant ses
souvenirs personnels. C'est à lui que nous devons la
plus grande partie de ce que nous savons de Saint
Pons de Cimiez, de sa sainte vie et de son glorieux
martyre.

« Dieu, dit-il en terminant, reçut le martyr dans le
sein de sa félicité suprême, honneur à lui, majesté
gloire, puissance, autorité et souveraineté dans tous
les siècles des siècles. Ainsi soit-il. »

CHAPITRE QUATRIÈME

CULTE DE SAINT-PONS-DE-CIMIEZ. — SAINT-PONS-DE-THOMIÈRES ET SAINT-PONS-DE-MAUCHIENS

•

—

J'ai dit, dans le PROLOGUE de ce travail, que j'ai en grande partie emprunté aux Bollandistes, en lui faisant subir les modifications nécessitées par la différence des temps, que le culte de Saint Pons ne se concentra pas dans la seule ville de Cimiez ou dans celle de Nice et dans le monastère qui les avoisine, et qu'il se répandit au Xe siècle dans la contrée que nous habitons.

En cherchant bien, je pourrais, j'en suis convaincu, trouver Saint Pons honoré en d'autres lieux en France, en Italie et ailleurs ; il y a, en France seulement, plus de douze villes ou villages, châteaux ou métairies d'une certaine importance, qui portent le nom du martyr de Cimiez (1) ; mais à quoi cela pourrait-il servir ? Il

(1) Voici d'après le *Dictionnaire des Postes* les noms de ces localités :

SAINT-PONS, Basses-Alpes, par Barcelonnette.

SAINT-PONS, Basses-Alpes, par Seyne-les-Alpes.

SAINT-PONS, commune de Grialières, Alpes-Maritimes, par Vence.

SAINT-PONS, Alpes-Maritimes, par Villars-du-Var.

SAINT-PONS (monastère), Alpes-Maritimes, par Nice.

SAINT-PONS, Alpes-Maritimes, par Vence.

n'est pas sûr, en effet, que toutes ces localités soient
sous le patronage de notre Saint Martyr, puisqu'on
compte de très nombreux serviteurs de Dieu qui ont
porté ce même nom (1). Le but de cette étude sera
suffisamment atteint si je me borne à faire connaître,
un peu sommairement, les deux paroisses du diocèse
de Montpellier qui portent le nom du glorieux Martyr
de Cimiez, et c'est à cela que j'ai résolu de me restrein-
dre.

Ces deux paroisses sont SAINT-PONS-DE-THOMIÈRES et
SAINT-PONS-DE-MAUCHIENS. Je commencerai par la première, parce que c'est par elle que le culte de Saint
Pons a commencé dans la contrée, et que c'est d'elle
qu'il a passé à la seconde.

SAINT-PONS, Ardèche, par Villeneuve-de-Berg.

SAINT-PONS, Bouches-du-Rhône, par Aix.

SAINT-PONS, Drôme, commune de Condorcet, par Nyons.

SAINT-PONCE, Ardennes, par Boulzicourt.

SAINT-PONCY, Cantal, par Maissac.

(1) Parmi lesquels je citerai seulement Saint Pons, diacre
de l'église de Carthage et disciple de Saint Cyprien ; le
Bienheureux Pons, abbé de Sise et ensuite d'Abondance
(Savoie), né au commencement du XIIe siècle ; Saint Pons,
abbé de Saint-André (Vaucluse) ; sans compter le B. Pons
de Larase, qui a été honoré dans l'ancien diocèse de
Lodève, et qui ne l'est plus aujourd'hui dans celui de Montpellier, et huit autres saints du même nom, honorés de
temps immémorial en Espagne, et sur lesquels il serait
facile de donner des indications sûres et édifiantes. Il est
bien entendu que je n'ai pas la prétention de donner ici
l'énumération complète de tous les bienheureux qui ont
porté le nom de PONS.

SAINT-PONS-DE-THOMIÈRES

C'est aujourd'hui le nom de l'un des quatre chefs-lieux d'arrondissement du département de l'Hérault et de l'un des cinq Archiprètrés du diocèse de Montpellier, qui a les mêmes limites que le département de l'Hérault.

La population agglomérée de cette petite ville s'élève à peine à 3,000 habitants. Elle arrive à 7,000 en y comprenant les paroisses de Courniou, de Martomis et de Prouille, qui ne forment avec elle qu'une seule circonscription communale.

Ce n'était, au commencement du X° siècle, qu'un modeste village perdu dans les montagnes ; il dut aux circonstances particulières que je vais raconter un accroissement qui aboutit avec le temps à l'honneur de devenir le siège d'un évêché.

A cette époque et, pour mieux préciser, en 924, le comté de Toulouse passa, par suite de la mort de Raymond II, aux mains de Raymond III. A ce comté étaient alors réunis le Grand-Duché d'Aquitaine, le marquisat de Gothie, les comtés d'Albigeois, de Querci et de Nimes, par suite d'événements que je n'ai pas à raconter ici.

Raymond III avait alors déjà épousé, ou bien était à la veille d'épouser Garcinde, fille d'Eudes ou Odon, vicomte de Narbonne, et de Richilde, fille elle-même de Borel, comte de Carcassonne, et d'une autre Garcinde, qui avait donné son nom à sa petite-fille et filleule, la future comtesse de Toulouse.

Celle-ci dut recevoir en dot ou en héritage des propriétés ou, comme on disait alors, des *alleus*, des terres allodiales ou des droits féodaux, des *fiefs* sur une vallée montagneuse arrosée par un cours d'eau qui s'appelle aujourd'hui comme alors le Jaur. Cette vallée se trouvait alors et resta encore pendant quatre siècles dans le diocèse de Narbonne, à la distance de 36 kilomètres de cette ville en ligne droite, et en réalité de 40 kil. à cause des sinuosités de la route, établie dans un pays très accidenté, et dans l'étendue de sa circonscription vicomtale.

Tout cela paraît résulter de ce que je vais avoir à raconter.

Raymond III professait une grande dévotion pour le saint Martyr de Cimiez; il dit dans un acte de 936 dont je ne tarderai pas à parler, que c'est par affection pour lui qu'il a, non pas ajouté le nom de Pons à celui de Raymond qu'il tenait de sa famille, mais reçu ce nom au baptême (1); cette interprétation semble plus naturelle que la première, qui a été néanmoins généralement suivie par les historiens qui ont eu à s'occuper de cet acte. La confiance en Saint Pons paraît avoir été l'un des caractères distinctifs des maisons comtale de Toulouse et vicomtale de Narbonne, on ne tardera pas à le reconnaitre.

Toujours est-il que ce ne fut pas en 936 que Raymond III joignit le nom de Pons à celui qu'il portait déjà. Il l'avait fait au moins une fois douze ans auparavant, car il signa du seul nom de *Pons, comte Pons,*

______

(1) *Ob cujus nomen sic et ipse vocor.* — (**H. G. L.**, T. II. **Pr.** LXII, col. 77 et s.)

au bas d'une charte du 17 décembre 924 (1), charte par laquelle Eudes ou Odon, vicomte de Narbonne, et son épouse, la vicomtesse Richilde, dont la fille était déjà ou devait bientôt devenir son épouse, donnèrent en sa présence au monastère bénédictin de Val-Sigé ou Montolieu (Aude) un alleu dans les environs de Salelles-d'Aude au comté de Narbonne. Il y fut désigné et il signa : PONS, *comte* et *marquis* (comte de Toulouse et marquis de Gothie). Il confirma en même temps cette donation en sa qualité de seigneur suzerain du vicomte de Narbonne, Eudes, qui l'appela dans cet acte : *comte Pons*, son *seigneur*, c'est-à-dire son *suzerain* (2).

Or, sur le cours du Jaur et à quelques centaines de pas de sa source, se trouvait alors, en pleine campagne, un modeste sanctuaire dédié à Saint Martin de Tours. Il existe encore et s'appelle de nos jours comme alors *Saint-Martin-du-Jaur* (3). C'était, sans doute, l'église

(1) *Cum consensu.... et* PONCII COMITIS..... *Facta scriptura ista hujus donationis sub era* DCCCC.,.... XVI *kal. januarii, anno* XXVI *regnante Karolo rege*..... S. PONTII COMITIS ET MARCHIONIS, *qui consensit et firmavit*..... (*H. G. L.*, Tom. II, Pr. XLIX, col. 62 et s.)

(2) *Senioris mei.* PONCII *comitis.* (Ibid.)

(3) *Cum ipsa ecclesia quæ est fundata in honorem* SANCTI MARTINI, *cui vocabulum est de* JAURO. *(Ibid.* Pr. LXIII, p. 77 et s.)

Cette église se trouve dans la localité, ainsi qu'une autre) dédiée à la T.-S.-V, mais qui est d'origine plus récente. Elle est en très grande vénération et on l'appelle N.-D.-DE-GAUDIO, ou de-JOIE. On peut consulter un ancien plan que j'ai fait reproduire après l'avoir réduit, un peu modifié et complété autant que je l'ai pu le faire. On le trouvera à la fin du volume.

paroissiale de la population ouvrière et rurale réunie sur ce point, à proximité des carrières de marbre à l'exploitation desquelles elle demandait sa subsistance, où disséminée dans les diverses métairies ou les hameaux de la campagne environnante. On sait, par ce que j'ai déjà dit dans l'un des chapitres précédents, que c'était cette industrie, l'extraction des blocs de marbre, qui avait donné à ce lieu le nom de *Thomières*.

Raymond-Pons avait-il épousé Garcinde de Narbonne avant 924, l'épousa-t-il alors ? l'épousa-t-il après ? Cela ne résulte clairement pas de l'acte du 17 décembre de cette année ; mais ce mariage, dont les historiens ne fixent pas la date, dut être célébré vers ce temps et devenir le point de départ des démarches faites par les deux époux en vue d'aboutir à la construction et à la consécration de la basilique de Thomières.

Raymond-Pons et Garcinde, à laquelle il avait su inspirer ses sentiments de confiance affectueuse pour son patron, qui peut-être les avait elle-même puisés dans sa propre famille, désirant consacrer un sanctuaire à leur Saint bien-aimé, choisirent cet emplacement pour réaliser leur pieux projet. A cette fin ils adoptèrent un plan aux proportions grandioses, on pourrait dire gigantesques, et durent penser à le faire exécuter, à doter et à faire desservir la future basilique.

A côté de l'église et y attenant, ils firent construire un cloître, un monastère aux dimensions plus modestes peut-être, mais avec la pensée que ses futurs habitants sauraient, à mesure que, par la grâce de Dieu, ils se recruteraient et se multiplieraient, continuer l'œuvre entreprise et grandir la maison des hommes, celle de Dieu ne paraissant pas susceptible de développements ultérieurs et constituant, telle qu'elle était déjà sortie de terre, un véritable monument, on pourrait dire un monument colossal.

Ils s'adressèrent à cet effet à Arnould, abbé du monastère bénédictin de Saint-Géraud à Aurillac, en Auvergne, abbaye qui jouissait alors d'une grande et méritée réputation de piété et de régularité. Celui-ci acquiesça à leur demande, et il dut s'ensuivre des longueurs causées par les négociations, les députations réciproques, les entrevues, les conférences indispensables pour s'entendre; d'ailleurs ces préliminaires ne durent pas être entrepris avant le moment où le gros œuvre fut arrivé à un état suffisant de développement. Du reste, le temps précis de ces démarches importe peu ; mais l'abbé d'Aurillac ne pouvait consentir à envoyer à Thomières une colonie de ses frères ou, pour mieux dire, de ses enfants sans s'enquérir des moyens d'existence qu'ils trouveraient dans ce nouveau séjour. Les diverses phases de ces pourparlers sont assez exactement racontées et résumées dans l'acte de dédicace de l'église de Saint-Pons-de-Thomières, dont on trouvera des extraits parmi les Appendices, à la fin de cette Notice (1).

(1) Comme la plupart des lecteurs ne peut avoir sous la main les ouvrages où se trouvent les divers actes qui ont servi de base à cette partie de mon travail, j'ai pensé qu'il serait bon de les reproduire en tout ou en extraits. Il sera facile de s'y reporter à l'occasion, sans qu'il soit nécessaire de renvois spéciaux. Ces appendices portent tous en tête leur date et un titre sommaire.

Tout étant donc réglé d'avance, l'abbé Arnould partit de son monastère avec un petit essaim de religieux (1), et il arriva avec eux à Thomières vers le mois de novembre 936. Raymond-Pons et Garcinde avaient invité plusieurs prélats de la contrée à assister à leur installation pour leur faire une réception honorable. On ne saurait mettre en doute la présence, à leur tête, de l'archevêque métropolitain ; on verra plus loin qu'il y a de fortes présomptions pour admettre qu'il appartenait à la famille vicomtale de Narbonne, et dès lors il dut être le premier invité et accepter avec empressement cet appel des fondateurs ; d'ailleurs le futur monastère était dans les limites territoriales de sa juridiction spirituelle, et il avait dû concourir à son érection, au moins en donnant un consentement nécessaire, et il lui appartenait, plus qu'à tout autre, de présider à l'installation des nouveaux habitants de cette demeure (2).

Les prélats, avant de se retirer, donnèrent la bénédiction abbatiale au moine Otgier, surpris, hésitant et opposant, dans sa modestie, une certaine résistance (3). Son supérieur n'avait pas sans doute trouvé bon de l'avertir d'avance de la charge qu'il se proposait de lui imposer.

---

(1) *Quosdam fratres.* (*H. G. L.*, T. II, Pr. LXIII, col. 77.) Voir l'acte de la Dédicace de l'église de Thomières, parmi les *Appendices.*

(2) *H. G. L.*, T. II, Pr. LXIII, col. 75 et s.

(3) *De Aureliaco beati Geraldi cœnobio quosdam fratres sub manu venerandi abbatis Arnulphi venire feci, ex quibus et ibidem à pluribus episcopis abbas Otgarius,* equidem nolens, *ordinatus est. (H. G. L.*, T. II. Pr. LXV. col. 77 et s.)

Le personnel du nouveau monastère était constitué, mais le monastère lui-même et l'église étaient encore loin de la perfection que rêvaient les nobles fondateurs et que réclamaient les exigences de la règle de Saint Benoît.

On se contenta pour le moment d'assurer à la nouvelle abbaye des ressources convenables, et ce fut là l'objet d'une charte du mois de novembre 936, sans indication plus précise de date, et qui fut signée par Raymond-Pons, Garcinde et plusieurs dignitaires ecclésiastiques et civils (1).

Le comte et la comtesse de Toulouse y disent qu'en vue d'échapper au feu de l'enfer, pour le salut de leurs âmes et en faveur de leurs autres parents et particulièrement du père et de la mère de l'un et de l'autre, ils donnent à Dieu tout-puissant, à la Sainte-Vierge, mère de Dieu, aux bienheureux apôtres Pierre et Paul et au glorieux martyr Pons, et par eux au monastère de Thomières, à son abbé Otgier, à ses religieux présents et à venir tout l'alleu (pleine propriété) et tous les droits seigneuriaux qu'ils ont au territoire de Thomières avec l'église de Saint-Martin-du-Jaur, plusieurs villages qu'ils désignent, leurs églises, leurs dîmes, prémices, offrandes, cimetières et autres biens énumérés dans cette pièce.

Cela fait, Arnould dut retourner à Aurillac où l'appelaient les devoirs de sa charge, se promettant de revenir quand tout serait terminé et d'assister à la consécration de l'église et à la bénédiction du monastère.

(1) *H. G. L.*, T. II, Pr. LXV, col. 77 et s. — Voir aux *Appendices.*

Le comte et la comtesse de Toulouse, les prélats présents, l'abbé Otgier lui-même et ses religieux ne durent pas lui laisser reprendre le chemin de son abbaye sans lui adresser l'invitation et la prière de revenir et sans en obtenir promesse. On ne tardera pas à voir qu'il se rendit à ce vœu.

Les fondateurs et les moines durent profiter de la présence des prélats pour faire, de concert avec eux, auprès des religieux du monastère de Saint-Pons entre Nice et Cimiez, où étaient conservés et vénérés les précieux restes du glorieux martyr, les démarches nécessaires pour obtenir d'eux une partie de ses reliques, et ce fut sans doute en considération de la dignité, de la haute puissance et de la piété des solliciteurs et aussi du magnifique abri qui était destiné à ces reliques que les religieux de Nice consentirent à se séparer d'une partie notable du corps du saint martyr et, ce qui est encore plus digne de remarque, de sa tête ou du moins d'une partie de cette tête, et à procurer ainsi à la nouvelle basilique un trésor qui devait être l'une de ses plus précieuses richesses (1).

Ces reliques arrivèrent à Thomières le 15 juin 937. L'histoire ne nous dit pas si ce furent les religieux de Thomières, députés pour aller les demander, qui les

____

(1) Le comte de Toulouse dut faire à ce sujet ce qu'il fi^t quatre ans plus tard, envoyer des membres laïcs de sa cour et des religieux. C'est ainsi qu'il agit en 940. La charte par laquelle le roi Louis-d'Outre-Mer prit l'abbaye de Thomières sous sa protection dit que le comte de Toulouse lui avait envoyé des ambassadeurs et des religieux à cet effet. *Legatos et monachos.* (*H. G. L.*, T. II, Pr. LXVIII, col. 80. et s.)

portèrent eux-mêmes dans leur nouvelle résidence, au retour de leur voyage, ou si le soin de les y accompagner fut confié à des religieux de Saint-Pons de Nice; peut-être le cortège fut-il composé de moines des deux abbayes. Quoi qu'il en soit, les religieux qui desservirent celle de Thomières pendant près de quatre siècles conservèrent fidèlement le souvenir de cette translation et en célébrèrent la fête anniversaire tous les ans à cette même date du 15 juin. Les évêques et les chanoines qui, au xive siècle, succédèrent aux abbés et aux religieux, reçurent d'eux cette tradition, la respectèrent et la fixèrent définitivement par l'insertion d'un Office commémoratif dans le *Propre des Offices et des Messes* du diocèse de Saint-Pons dont j'ai eu déjà occasion de parler.

Je n'insiste pas au sujet du monastère, qui était d'une grandeur proportionnée à celle de la basilique ; on pourrait me répondre qu'on dut se contenter de bâtir l'essentiel pour le petit nombre de religieux qu'il devait abriter à l'origine et pour satisfaire aux exigences de leur règle, laissant aux religieux de l'avenir le soin de pratiquer les améliorations et les agrandissements qui pourraient devenir nécessaires, si l'œuvre entreprise venait à fleurir sous les bénédictions de Dieu, comme on l'espérait.

Néanmoins avec l'idée que les fondateurs donnèrent de leur munificence, soit alors, soit dans d'autres circonstances dont l'histoire nous a transmis le souvenir, on ne peut être taxé de témérité en avançant que la même largeur de vues qui avait présidé à la confection et à l'adoption du plan de l'église, dut diriger les architectes dans celui du monastère, et que dès lors une si immense construction ne pouvait être amenée à bonne fin dans un temps court.

Il ne fallait pas, du reste, se contenter d'embellir et de meubler la seule maison de Dieu ; celle des hommes devait être également meublée et avec, je ne dis pas assez de luxe, mais assez de convenance pour offrir une honorable et digne hospitalité soit aux princes, soit aux prélats qui devaient rehausser de leur présence la dédicace de la basilique et leur suite obligée. Huit prélats arrivèrent au jour fixé ; mais on en avait invité un plus grand nombre, et il fallait tenir compte dans ces préparatifs de toutes les invitations faites et non du nombre de ceux qui purent se rendre. Quelques-uns arrivèrent peu de jours après. On convoqua à cette cérémonie tous les évêques suffragants du siège métropolitain de Narbonne, qui en avait beaucoup dans le midi de la France et qui étendait sa juridiction sur quelques diocèses du nord de l'Espagne.

Qu'on se figure, en effet, qu'une si nombreuse et si vénérable assistance devait arriver dans un pays où il n'y avait d'autres habitants que des ouvriers carriers et ceux qui avaient été appelés pour la construction des deux édifices, menuisiers, charpentiers, serruriers, maçons, forgerons, etc., et les quelques laboureurs qui exploitaient le terrain à l'entour à la sueur de leur front, la plupart dans des métairies disséminées dans la campagne. Ces ouvriers étaient pour la plupart des étrangers venus pour la circonstance avec leurs familles et logés sommairement dans de petites et pauvres cabanes, qu'ils avaient dû construire à la hâte et d'une façon absolument provisoire. Thomières n'était pas alors une ville et, l'aurait-elle été, elle n'aurait pas trouvé dans ses murs le nombre suffisant d'artistes, surtout d'artistes spéciaux, que nécessitait un travail si important. Comment dès lors, loin de tout centre populeux, pouvoir offrir ailleurs que dans le monastère et ses dépendances une honorable hospitalité aux seigneurs et aux prélats, si restreinte que fût la suite des uns et des autres? Aujourd'hui Saint-Pons-de-Thomières, devenu chef-lieu d'arrondissement, pourrait-il trouver dans son sein assez de logements, si pareille cérémonie devait y être célébrée? C'est au moins douteux.

Ces prélats étaient Emeri, archevêque de Narbonne, Nisand ou Guisand, évêque de Carcassonne, Radulfe ou Raoul, évêque de Béziers, et Théodoric ou Thierry, évêque de Lodève. Ils procédèrent au jour marqué aux imposantes cérémonies pour lesquelles ils avaient été appelés et, à part un clergé nombreux sans doute, ils furent assistés par plusieurs abbés et les principaux seigneurs de la contrée, à la tête desquels il faut compter le comte et la comtesse de Toulouse, Raymond et Garcinde. Ils sont nommés dans la charte qui nous a conservé la relation de cette solennité. Les populations environnantes durent accourir à cette fête et grossir considérablement l'assistance; on avait peut-être choisi à dessein pour cette fête un jour férié, celui de l'Assomption de la T.-S.-Vierge.

A part les reliques de Saint Pons de Cimiez, titulaire de la basilique, cette église reçut, à l'occasion de sa consécration, le corps de Saint Aubin, évêque de Dol en Bretagne, confesseur, et plusieurs autres reliques considérables d'autres saints, « suivant le témoignage

qui nous en reste », dit le chanoine Trotet-le-Gentil,
« dans les anciens bréviaires et missels de cette église
et dans la bulle du Jubilé accordé en faveur de cette
même église par le pape Paul III (Alexandre Farnèze)
en 1534, la même année qu'il fut élevé du siège de
Saint-Pons à celui de Saint-Pierre. » Le même chanoine
ajoute que « MM. de Sainte-Marthe citent une *Chronique*
manuscrite qui en fait foi. »

Le dernier évêque de Saint-Pons-de-Thomières, qui
siégea de 1770 jusqu'à la Révolution, Louis-Henri de
Brugères-Chalabre, avait reçu de Rome le corps entier
de Saint Félicien, martyr, de nom imposé. Cette relique, sauvée de destruction et de profanation pendant
la tourmente révolutionnaire de la fin du XVIIIe siècle
et conservée dans toute son intégrité, fut replacée, à la
restauration du culte, dans l'église cathédrale, devenue paroissiale, et y resta longtemps oubliée. Elle se
trouve dans la troisième chapelle à gauche en entrant.
Le digne archiprêtre actuel de Saint-Pons, M. l'abbé
E. Farnarier, désireux de savoir ce que renfermait la
châsse ainsi appendue au mur, a trouvé, dans le coffre
qui l'abritait, ce reliquaire intact et parfaitement conservé, avec les pièces écrites et scellées qui en éta-
blissent l'intégrité, et il a décidé que dorénavant cette
relique serait exposée tous les ans à la vénération des
fidèles le quatrième Dimanche après Pâques, jour
consacré dans le diocèse de Montpellier à honorer les
reliques des Saints Martyrs.

Le comte Raymond soumit sa fondation à l'Église
Romaine, en la personne du pape Léon VII alors
régnant, par une lettre que signèrent avec lui les prélats
présents et par laquelle il régla qu'en signe de cette

dépendance, le monastère payerait à la Cour de Rome, tous les cinq ans, un cens de dix sous. Cette redevance qui, à première vue, peut paraître minime et insignifiante, représenterait de nos jours 300 fr. environ, en tenant compte de la valeur commerciale de l'argent, qu'on s'accorde à considérer comme étant alors au moins cinq fois supérieure à ce qu'elle est de nos jours et en remarquant que ces sous étaient une monnaie d'argent.

Mais il n'est pas aisé de déterminer la signification des termes de cet engagement : *per quinquennium* (1). Cela voulait-il dire que cette redevance serait payée tous les cinq ans à perpétuité ou bien tous les ans pendant les cinq années suivantes ? La plupart des auteurs ont adopté le premier sens qui paraît plus conforme à l'esprit des institutions féodales de l'époque.

Les prélats présents à Thomières tinrent quelques jours après une assemblée (2) qui peut être appelée mixte, parce que le comte de Toulouse et plusieurs autres seigneurs laïques y prirent part. Il se réunirent dans une localité voisine qui porte encore aujourd'hui le nom d'*Aussède* (3), mais qui n'existe plus qu'à l'état de ruine, entre Saint-Pons et Riols. C'est là que fut signée la lettre que je viens de mentionner. Il s'y trouva quatre prélats qui n'avaient pu arriver à temps pour assister à la dédicace de l'église abbatiale et dont les sièges ne sont pas indiqués; mais il est facile de suppléer

(1) *H. G. L.*, T. II. Pr. col. 77 et s.
(2) *Concilium Assidiense.*
(3) *Ibid.* col. 78. — Voir aux *Appendices*, de même que pour toutes les chartes que j'aurai à citer ultérieurement.

à ce silence. Raymond ou Réginald était évêque de
Nimes, Dagobert, d'Agde, Pons, de Maguelone, aujour-
d'hui Montpellier, et Wabalde ou Gabalde, d'Elne,
aujourd'hui Perpignan. C'étaient tous les évêques de
la province de Narbonne en deçà des Pyrénées, à l'exception de celui d'Uzès. Les Historiens du Languedoc
font remarquer que ce siège pouvait alors être vacant ;
il est plus probable néanmoins que cette absence pro-
venait de ce que, tout en appartenant à la province
ecclésiastique de Narbonne, le diocèse d'Uzès ne faisait
pas, au X° siècle, partie du comté de Toulouse : « La
maison de Toulouse, disent-ils, dominait au commencement du X° siècle, immédiatement ou médiatement,
sur tout le Languedoc, à la réserve du Velai, du Gévaudan, du Vivarais et du diocèse d'Uzès, pays qu'elle
conquit dans la suite (1). »

Il y eut de plus à Aussède six abbés dont la présence
à la dédicace n'est pas signalée et dont les monastères
ne sont pas indiqués dans les Actes de cette assemblée,
savoir : Dorbert, Eudes, Dagbert, Sonnier, Robert et
Arnould ; mais l'Histoire Générale de Languedoc,
citant le P. Mabillon, nous apprend que Dagbert était
abbé de Sorèze, Sonnier de la Grasse, Robert de
Caunes et Arnould d'Aurillac. On ignore le nom de
l'abbaye de Dorbert, et Eudes paraît avoir été Saint
Odon de Cluni, car l'observance de l'abbaye d'Aurillac,
qui fut introduite à Thomières, était la même que
celle de Cluni, et Arnould, abbé d'Aurillac, qui avait
accompagné à Thomières une colonie de ses religieux
et qui assista au concile d'Aussède, ne se sépara

(1) *H. G. L.*, T. II, page 54.

jamais de Saint Eudes pour la propagation de leur réforme (1).

Ce qu'on vient de lire confirme l'opinion que j'ai émise, à savoir que l'abbé Arnould ne se contenta pas d'envoyer une colonie de ses religieux à Thomières, qu'il vint lui-même les présenter, présider à leur première installation et désigner le moine Otgier pour abbé, et que, s'il retourna à son monastère où l'appelaient les fonctions de sa charge, il fit un nouveau voyage à Thomières pour assister à l'inauguration solennelle de la basilique et du monastère et s'assurer que la règle y était fidèlement observée.

Deux ans après, le 2 août 939, Raymond-Pons obtint du roi de France, Louis-d'Outre-Mer, un diplôme par lequel ce souverain prit le monastère sous sa protection spéciale. Ces lettres royales sont datées de Laon (*Laudunum*) et non de Lyon (*Lugdunum*) comme certains ont cru devoir lire par erreur (2).

La nouvelle abbaye reçut pendant les années suivantes de nombreuses et considérables libéralités, tant dans l'ordre spirituel que dans l'ordre temporel, de la part de plusieurs seigneurs ecclésiastiques ou laïques. Voici l'énumération de toutes celles dont j'ai pu trouver les titres ou la mention dans la *Gallia Christiana* et l'Histoire Générale de Languedoc (3).

(1) *H. G. L.*, T. II, page 72.

(2) *H. G. L.* T. II, Pr. LXIX, col. 82 et s.

(3) Le plus grand nombre des chartes citées dans ces deux *Notices*, se trouvent dans la *Gallia Christiana* aussi bien que dans l'*Histoire générale de Languedoc.*— Voir cet ouvrage T. VI, *Diocèse de Saint-Pons-de-Thomières.* — *Instrumenta.*

Au mois d'août 940, Aimeri, archevêque de Narbonne, Raoul évêque de Béziers et le Chapitre de Narbonne, chacun en ce qui le concernait, lui donnèrent l'église de Saint-Martin-du-Jaur et une autre chapelle du même vocable dans la paroisse de Cuxac-d'Aude, l'église de Saint-Martin-de-Bizons ou de la Bastide-Rouairoux, celle de Saint-Étienne de Cavall et la Chapelle de Saint-Martin d'Uscadelles, celles de Saint-Jean de Frayssé, de Saint-Pierre de Riols, de Saint-Pierre de Combour, la chapelle de Sainte-Eulalie sur la même paroisse, l'église de Saint-Étienne de Prémian avec la chapelle de Notre-Dame-des-Trésors ou de Trédos, celles de Saint-Amans d'Aubagne, de Notre-Dame de Ferrières, de Saint-Bauzille de Montouliers (1) avec la chapelle de Saint-Pierre de Bize, celles de Notre-Dame et de Saint-Jullien de Mailhac et de Saint-Jacques de Cortz (2).

L'acte de cette donation fut signé par les prélats donateurs, l'archidiacre de Narbonne et plusieurs chanoines, et, comme témoins, par les évêques Guisand, Thierry, Pons, Raymond, Dagbert, Hugues et Gabalde, par les abbés Datbert, Eudes, Arnould, Sonnier, Robert et Gui, enfin par le comte et la comtesse de Toulouse, le comte Hugues, les vicomtes Arnaud et Sicard, un autre seigneur du nom d'Aton et le notaire Pons.

Il ne sera pas difficile au lecteur de reconnaître la plupart de ces prélats ; ce sont à peu près les mêmes qui avaient, quelques années auparavant, assisté ou à la dédicace de l'église de l'abbaye, ou au concile d'Aus-

____

(1) Est-ce de Montouliers ou de Siran ?
(2) *H. G. L.* T. II, Pr. col. 81 et s.

sède, et, si l'abbé Arnould est celui que nous connais-
sons déjà, il y a lieu de penser qu'en bon père il revint
à cette époque comme visiteur, pour s'assurer que la
communauté bénédictine naissante n'était pas en souffrance, qu'elle prospérait et vivait dans l'exacte observation de la règle.

Ceci même donne occasion de remarquer que l'anniversaire de la consécration de l'église était pompeu-
sement célébré tous les ans à Thomières. Qu'on remarque en effet que cette donation est datée du mois
d'août, mois anniversaire de cette cérémonie. Il en est
de même de plusieurs des suivantes.

Que peuvent signifier ces donations d'églises, de
chapelles, de cimetières que nous trouvons si fréquentes
dans l'histoire, les chroniques et les chartes du
moyen-âge ?

J'imagine que les évêques, ne pouvant entrer personnellement dans tous les détails de l'administration tant
spirituelle que temporelle des diverses églises parois-
siales, chapelles et autres bénéfices fondés dans l'étendue de leurs diocèses, trouvant cette administration ab-
sorbante et quelquefois dangereuse, prenaient le parti,
très sage d'ailleurs, de s'en décharger, dans une certaine mesure, sur des personnes ecclésiastiques ou des
communautés religieuses, sous leur haute surveillance,
en leur donnant la mission de pourvoir à ces desser-
vances et se réservant de conférer eux-mêmes la juridiction spirituelle aux titulaires ainsi choisis et présentés à leur approbation, et de recevoir même un cens
temporel sur les revenus des bénéfices ainsi conférés,
en sorte que dans le domaine spirituel les choses se
passaient, toute proportion gardée, comme dans le

domaine temporel ; les bénéfices ecclésiastiques devenaient, comme les bénéfices territoriaux, des fiefs, les titulaires, des vassaux, et les évêques, des suzerains.

Il y avait même des communautés de femmes qui exerçaient des droits semblables : ainsi, dans nos contrées, l'abbesse de Saint-Géniez-des-Mourgues avait la nomination du curé de la paroisse de Sainte-Colombe, qui n'est plus aujourd'hui qu'une maison de campagne, voisine de Saint-Géniez ; l'abbesse de Saint-Félix-de-Monseau avait la nomination du curé de Gigean, etc.

Où était le mal ? Je ne saurais le dire. Au spirituel, les donataires des églises et leurs successeurs devenaient à peu près ce que sont de nos jours les archiprêtres et les doyens, mais avec des prérogatives et responsabilités plus étendues ; les évêques n'avaient ni le souci, ni la responsabilité directe de la distribution des bénéfices ; ils ne se réservaient que le droit d'examen et d'approbation, et les choses n'allaient pas plus mal pour cela. Un illustre prélat, qui n'est plus de ce monde, m'a dit un jour que lorsqu'une paroisse venait à vaquer dans son diosèse, les archiprêtres ou les doyens lui présentaient, avec appréciation motivée, une liste des prêtres de leur archiprêtré ou de leur doyenné qu'ils estimaient les plus méritants et les plus capables d'occuper le poste vacant, et que c'était sur ces listes qu'il faisait son choix avec le concours de son conseil.

Il en était même ainsi pour la nomination des vicaires, et quand un curé avait besoin d'un coopérateur, il le choisissait lui-même et le présentait à l'approbation épiscopale.

L'intrusion des seigneurs laïques dans la distribution et l'administration des bénéfices ecclésiastiques avait aussi sa raison d'être. Ils avaient fondé, par eux-mêmes ou par leurs auteurs, les paroisses, bâti, réparé ou doté les églises qui, en bien des cas, n'étaient que les chapelles de leur châteaux, et on leur avait concédé, avec le titre de fondateurs, celui de protecteurs, patrons ou, comme on le disait alors, curés primitifs et, comme conséquence naturelle, le droit de choisir et de présenter les titulaires. C'était une manière de reconnaître leur bienveillance pour les paroisses ; les évêques prenaient ce moyen pour ne pas leur imposer un prêtre dont la société aurait pu manquer de charme pour eux, car la plupart du temps le titulaire de la cure était aussi le chapelain du château.

Les patrons laïques nommaient aux cures qui étaient reconnues leur appartenir dans ces conditions, et les évêques conféraient la juridiction aprèsavoir pris leurs informations et examiné les candidats ainsi élus et présentés. C'était à peu près ce qui se passe de nos jours sous le régime concordataire et dans certaines administrations civiles. Les administrations présentent les aumôniers, et les évêques leur confèrent ou leur refusent la juridiction spirituelle ; le gouvernement nomme et présente les évêques, et le souverain Pontife informe, examine et confère ou refuse la juridiction.

Les patrons cédaient quelquefois leurs droits à d'autres, ils les vendaient, en trafiquaient, se montraient exigeants, et il y avait des abus, c'est incontestable et personne ne songe à le nier ; mais où n'y en a-t-il pas ? L'essentiel était de remédier aux abus à mesure qu'ils se produisaient, de les prévenir quand c'était possible, et de tout temps l'Église s'est préoccupée de le faire, soit dans ses conciles, soit par les décrets de ses pontifes, et le plus souvent elle y a réussi à la suite de luttes qui ont laissé des traces glorieuses dans ses annales. Qu'on se reporte à la querelle des investitures sous les papes Saint Grégoire VII et Innocent III. Plus près de nous en l'année 1887, le Saint-Siège a accordé, le 20 avril, au bienfaiteur insigne d'une église d'Italie, et avec le consentement préalable de l'évêque diocésain, le droit de patronage sur cette église et celui de présenter l'archiprêtre à la nomination de l'évêque (1).

Par une autre charte du même mois d'août de la même année 940 et probablement du même jour, signée presque des mêmes noms, l'évêque et les chanoines de Béziers donnèrent à l'abbaye les églises de Sainte-Eulalie de Thomières, de N.-D. de Bessan, de N.-D. de Géminian et de Saint Pons de Baraussan (Maraussan ?) (2). On commençait déjà à suivre l'impulsion donnée par l'exemple du comte de Toulouse et à dédier des sanctuaires au martyr de Cimiez (2).

Le seigneur qui, dans cette donation, porte le nom d'Aton, sans autre qualification, peut très bien avoir été le vicomte d'Ambialet ou Albi qui, encouragé par ces exemples, fit, lui aussi, des libéralités à l'abbaye de Thomières au mois de septembre 942 (3). Elles consistèrent en un alleu, avec tous les droits seigneuriaux qui y étaient attachés, dans le diocèse d'Albi et

(1) Voir l'AMI DU CLERGÉ, 24 novembre 1888.
(2) *H. G. L. T.* II. Pr. col. 83.
(3) *Ibid.*, col. 84 et s.

la viguerie ou vicomté de Lautrec, un autre dans les mêmes conditions dans la paroisse de Saint-Sauveur de Brusque (?) (*Bruscia*), un autre dans la paroisse de Villeneuve et tout son territoire dans la viguerie de Camarès, toujours aux mêmes conditions. L'alleu de Brusque avait été échangé avec le comte de Toulouse contre la paroisse de Saint-Maurice. La charte fut signée par le donateur, l'évêque Frotard, le comte Hugues (de Rodez), les seigneurs Bernard, Amalric, Jozet, Dalberge et le notaire André.

Les libéralités de l'archevêque de Narbonne et de l'évêque de Béziers furent faites au mois d'août, ce qui démontre une fois de plus que l'anniversaire de la fête de 937 attirait toujours à Thomières quantité de prélats et de seigneurs séculiers, dont quelques-uns profitaient de cette occasion pour faire des générosités à l'abbaye.

Le vicomte de Narbonne Matfred et sa femme Adélaïde, fille de Raymond Pons et de Garcinde, sur le point de partir pour Rome en 966, firent un testament collectif par lequel ils confirmèrent au monastère de Thomières les alleus qu'il possédait à la Voulte et à Rouvignargues (1). Il paraît qu'ils entreprirent ce voyage pour solliciter l'archevêché de Narbonne en faveur de l'un de leurs fils, Armengaud, alors âgé de 12 ans et déjà enrôlé dans la cléricature, et qu'ils y réussirent. Ils avaient un autre fils du nom de Raymond-Pons, comme son aïeul et probablement son parrain, le comte de Toulouse.

En admettant que la vicomtesse Adélaïde fût âgée de 20 ans lorsqu'il épousa le vicomte Matfred, son

(1) *Ibid.* col. 116 et s.

cousin, et qu'Armengaud fût son fils aîné, elle serait
née entre 930 et 936, et si elle fut la fille de Raymond-
Pons et de Garcinde, c'est vers cette même époque que
dut avoir lieu le mariage du comte et de la comtesse
de Toulouse, ce qui concorde avec ce que j'ai déjà dit
à ce sujet, à savoir que ce mariage eut lieu après 924
et avant 936.

Raymond-Pons était déjà décédé en 950, peut-être
même avant ; car depuis 942 il n'est plus mentionné
dans les actes publics. On ne sait pas au juste l'année
ni le lieu de sa mort, mais on n'ignore pas qu'il avait
élu sa sépulture dans son église bien aimée ; Garcinde,
sa veuve, devait faire de même plus tard. Dans une
charte de 974 sur laquelle j'aurai à revenir, elle donne
certains bien à Dieu et à Saint-Pons-de-Thomières *où
son époux repose* (1). Raymond-Pons, en tout cas,
n'était plus vivant en 969, puisque, dans une charte
de cette année (2), il est dit de certains biens que *feu*
le comte Pons en avait disposé, on peut même dire la
même chose pour l'an 961, puisqu'il est sûr qu'à cette
date son fils Guillem-Taillefer lui avait déjà succédé
et qu'à cause de sa jeunesse, la comtesse Garcinde,
sa mère, administrait pour lui les domaines dont il
avait hérité de son père. Il suit de là que Guillem-
Taillefer n'était pas l'aîné des enfants de Raymond-
Pons et de Garcinde, et que leur fille Adélaïde,
vicomtesse de Narbonne, était plus âgée que lui. En
admettant qu'en 961 ce dernier fût arrivé à sa quin-

(1) *Ubi vir meus requiescit.* — *H. G. L.* T. II, Pr. col. 127.
(2) *Vineam quæ* quondam Pontius *prædestinavit ad locum
nostrum.* — *H. G. L.* T. II, Pr. col. 118.

zième année, sa sœur Adélaïde, née vers 930, avait alors plus de 30 ans suivant mon précédent calcul. Cela n'est pas absolument impossible ; il y a des familles où les écarts de naissance entre frères, est plus considérable. Les actes du X⁰ siècle sont en général si sobres d'indications qu'on est forcément réduit à conjecturer et presqu'à deviner.

Des difficultés avaient dû surgir entre les moines et la comtesse douairière de Toulouse, difficultés auxquelles se trouvait mêlé l'archevêque de Narbonne avec les *principaux seigneurs* (1) qui habitaient cette ville, ce qui n'est pas surprenant pour l'archevêque, qui était le proche parent de Garcinde, puisqu'en 969 un accord survint auquel l'un et les autres intervinrent (2). L'abbé de Thomières Godefroi et ses religieux donnèrent à l'archevêque Emeri et à son église une vigne qu'ils avaient reçue vingt ans auparavant du comte de Toulouse, et qui était située entre l'île de **Lez** et le village de Trencian (3), ainsi que les salins de Pradelles, à condition qu'ils ne seraient plus troublés dans la possession des églises de Saint-Martin de Thomières ou du Jaur, et de Saint-Pierre de Riols, située également le long de cette rivière, et qu'ils avaient mission de desservir ou de faire desservir, qu'ils ne payeraient plus aucun cens à ce sujet, mais qu'ils resteraient soumis à la juridiction de l'archevêque pour les ordinations, la consécration des églises et la juridiction spirituelle des paroisses dont ils étaient chargés, ce qui vient à l'appui de ce que j'ai dit précédemment.

(1) *Satellites.* C'est le sens que les Bénédictins donnent à ce mot.

(2) *H. G. L. T.* II. Pr. col. 118-126.

(3) Trausse, canton de Peyriac-Minervois (Aude).

On voit par cet acte que Raymond-Pons vivait encore vingt ans avant cette date, c'est-à-dire en 949 et ne dut décéder au plus tôt qu'en 950.

L'archevêque Emeri était le même prélat qui, 29 ans auparavant, avait donné aux religieux de Thomières ces deux églises ; on l'a vu plus haut. Il était, c'est plus que probable, de la famille des comtes de Toulouse et des vicomtes de Narbonne, entre lesquelles existaient de nombreux liens de parenté, renouvelés par des mariages. Le zèle qu'il montra en faveur de l'abbaye de Thomières, le vocable de Saint-Pons qu'il imposa à l'église du village de Mauchiens le jour où il la consacra (j'aurai occasion de montrer que si cela n'est pas absolument certain, cela est du moins infiniment probable), le nom d'*Armengaud* ou *Ermengaud* que portait l'un de ses frères, l'attention qu'il eut de comprendre son successeur, l'archevêque Armengaud, au nombre de ses aumôniers ou exécuteurs testamentaires, la qualification de *prince* donnée à ses frères, donnent à le penser. Cela ne saurait étonner, si l'on tient compte des usages de ce temps et de la condescendance des souverains pontifes envers les grands seigneurs de cette époque.

On pourrait peut-être dire, et on a dit en effet, que les choses n'allaient pas mieux pour cela ; il serait facile de répondre et même de démontrer qu'elles-n'allaient pas plus mal. D'ailleurs l'Église trouvait ordinairement chez les enfants des grandes familles des garanties qu'elle trouvait certainement, mais moins aisément ailleurs. Ce qui ne veut pas dire qu'avec l'aide de Dieu et une bonne éducation ecclésiastique, elle ne pouvait pas alors, ou qu'elle ne peut pas aujourd'hui former de bons prêtres en les prenant dans les rangs de la bourgeoisie et même un peu au-dessous. On sait le mot de Saint Paul, il est de tous les siècles et de tous les rangs dans l'Église : *non multi potentes, non multi nobiles* (1). On me permettra de ne pas m'étendre davantage sur ce sujet, qui ne vient qu'incidemment sous ma plume; je ne l'ai pas prise pour développer et soutenir une thèse de ce genre, elle m'éloignerait trop de la fin que je me suis proposée, et je ne voudrais pas être soupçonné d'appartenir à une légion qui n'a jamais eu mes sympathies. Respectueux, toujours… je laisse à deviner la fin de ma pensée; ce n'est pas difficile. Toujours est-il que l'archevêque Emeri était de noble extraction.

La comtesse Garcinde et sa fille Adélaïde confirmèrent l'accord de 969, la première comme tutrice de son fils Guillem-Taillefer, fils et héritier de son père pour les comtés de Toulouse et de Narbonne, où se trouvaient les biens objet de la transaction et où habitaient les personnes qui la consentirent ; la seconde, Adélaïde, comme tutrice de ses deux fils Armengaud, qui devait quelques années après succéder à Emeri sur le siège métropolitain de Narbonne, et Raymond-Pons, alors vicomte de cette ville par suite de la mort de Matfred, probablement décédé pendant le voyage qu'il avait fait à Rome avec sa femme Adélaïde et dont il a été question déjà.

Le futur archevêque de Narbonne est qualifié *Clerc* dans l'acte de 969, qui fut passé dans cette ville pendant un synode auquel l'abbé de Thomières était venu accompagné de 29 de ses religieux, qui souscrivirent cet acte avec lui (1).

(1) *H. G. L.* T. II. Pr. col. 118 et *s.*

La fondation de Raymond-Pons et de Garcinde avait, on le voit, prospéré ; la Communauté de Thomières avait pu envoyer trente de ses membres à l'assemblée synodale, et il en était sans doute resté un assez grand nombre pour ne pas interrompre le service de la basilique.

Garcinde vivait encore en 973 et même en 974, c'est-à-dire 38 ans après la fondation de l'Abbaye et un quart de siècle après la mort de son seigneur et mari. Elle fit, au mois de juillet de l'une de ces deux années (1), donation à l'abbaye de son alleu de Cessenon et de tout son territoire ; elle lui donna en même temps l'église de Saint-Pierre de Fédières et tout ce qui en dépendait sur le territoire de Cessenon et ailleurs, tout le territoire d'Averan, savoir : les églises de Saint-Chinian, de Saint-Jean et de Saint-Martin de Lonza avec tous leurs droits, celles de Saint-Pons de Géminian et de Saint-Jean de Fraïssé, également avec tous leurs droits, un alleu aux villages d'Espars, de Trissals, de Champ-blanc, de Bruixe et de Villars, la chapelle de Saint-Pierre de Garmerons au lieu de Bruas, tout l'alleu du territoire de Cautriels et ses dépendances sur la paroisse de Baro et l'église de Bars, qui était peut-être le même lieu que Baro.

La comtesse Garcinde ne tarda pas à faire son testament. Cet acte ne porte pas de date et les Historiens de Languedoc l'attribuent à la même année 974 (2). Elle donna à sa fille Adélaïde, vicomtesse douairière de

(1) *Ibid.* Pr. cx, col. 125 et s. — L'acte ne porte pas de millésime.

(2) *H. G. L.* T. II. Pr. cxi, col. 126-129.

Narbonne, et à ses petis-fils Armengaud et Raymond-Pons la jouissance viagère de son alleu de Cessenon dont elle avait déjà donné la nue-propriété à l'abbaye, à laquelle elle donna nommément divers biens qu'elle avait à Palazools (Parazols ?) et à Savignac, Notre-Dame de Géminian, l'église de Saint-Sauveur de Salaï, et aux mêmes conditions, à l'abbaye de Saint-Chinian, ses propriétés de Thézan. Elle donna encore à l'abbaye de Thomières son alleu de Villars avec jouissance viagère à un nommé Andrall, la nue-propriété de son alleu de Cantulle avec jouissance viagère à un comte Bernard. Elle fit de même pour les droits qu'elle avait sur Notre-Dame-de-Bar, avec un fief que le vicomte Izarn tenait d'elle et qu'elle légua en jouissance viagère à ce dernier, sauf le Mas d'Aigrefeuille ; elle y mit pour condition qu'une fois en possession de ces biens, le monastère de Thomières donnerait tous les ans dix sous à l'église de Notre-Dame-de-Nize (?) (*de Initio*), et le vicomte, cinq sous pendant tout le temps de sa jouissance, sous peine pour celui-ci de voir sa possession passer aux mains du monastère par le seul fait de la non exécution de cette charge.

Elle donna encore en jouissance viagère à son petit fils Raymond-Pons et en propriété à l'abbaye une métairie tenue par un nommé Gaubert *(Gaudalbertus)* ; dans la même forme, le village de la Tribale à un nommé Ingelbert ; Champ-blanc et Brages à Bernard et à son petit-fils Raymond ; à l'abbaye la moitié de son alleu de Fraïssé et son église, l'autre moitié à la même abbaye après la mort d'Armand, autre fils du dit Bernard ; à l'abbaye encore les vignes de Azinian (Azille ou Assignan ?).

J'ai énuméré tous ces legs afin de montrer quelle
était l'opulence des maisons de Narbonne et de Toulouse ; elles pouvaient, sans s'appauvrir, faire des libéralités considérables aux églises et aux monastères.

L'archevêque de Narbonne Emeri était déjà mort
au mois de juin 977 et Armengaud, fils du vicomte
décédé Matfred et de la vicomtesse Adélaïde, et petit-
fils des fondateurs de l'abbaye de Thomières, lui avait
succédé. Il avait alors 23 ans, s'il est vrai, comme le
disent les Historiens de Languedoc, qu'il n'en avait que
12 lorsqu'en 966 son père et sa mère allèrent à Rome
solliciter pour lui la succession de l'archevêque Emeri,
et s'il mourut, comme ils le pensent, vers l'an 1015, il
était alors âgé de 61 ans et avait eu un épiscopat de
38 ans.

Le 23 juin 977 la vicomtesse Adélaïde, ses fils l'archevêque Armengaud et Raymond-Pons, le prince
Udalgier et le vasselet (1) Armengaud, tous les deux
frères du prélat décédé, et le grammairien Bernard,
son neveu, procédèrent en qualité d'aumôniers ou exécuteurs testamentaires à l'accomplissement de leur
mandat (2).

La vicomtesse Adélaïde, qui avait déjà en 966 fait un
premier testament collectif de concert avec son mari,
le vicomte Matfred, fit son premier testament personnel le 4 décembre de cette année 977 (3). L'abbaye
de Thomières fut du nombre des établissements religieux auxquels elle fit des legs. Elle lui donna l'alleu

(1) *Vassadellus.*
(2) *H. G. L.*, T. II, Pr. col. 130 et s.
(3) *Ibid.* col. 134 et s.

du village de Borax, en réservant en faveur d'un nommé Aurice la jouissance de la tour de ce lieu. Elle donna de plus à la même abbaye une maison située dans l'intérieur de Narbonne, qu'elle avait précédemment acquise de ces religieux ; elle chargea son petit-fils Raymond-Pons de lui donner 50 sous.

Un mercredi du mois de juin 984 (1) un nommé Salustre fit son testament en faveur de l'abbaye de Vabre, à condition que, si jamais ce monastère venait à disparaître, le comte d'Albi devait intervenir pour faire transférer son legs à celui de Thomières.

La vicomtesse Adélaïde fit un nouveau testament le 29 mars 990 (2) et donna à l'abbaye de Thomières tout l'alleu de Tolomiers *(Tolminianum)* avec l'église de la paroisse de Munion, ses dîmes, prémices et tous ses droits ecclésiastiques et les autres églises fondées dans cet alleu, les bois, garrigues, prairies et pâturages qu'elle y possédait.

L'alleu de *Tolminianum*, que je traduis par *Tolomiès*, se trouve aujourd'hui dans le canton de Peyriac-Minervois (Aude), à 4 kilomètres de Félines-Hautpoul, et le village de Munion paraît être celui de Félines-Hautpoul lui-même, qu'on a pu à cette époque appeler *Union*, dont quelque copiste maladroit aura fait *Munion*. Félines-Hautpoul se trouve bâti à la jonction de deux cours d'eau : Merlaux, qui tire son nom de la branche de la famille *de Grave* dite *de Merle*, qui avait une résidence tout près de ce ruisseau, et *Ognon*, en latin *Unio*, Union. L'église paroissiale était alors celle

(1) *H. G. L.*, T. II, Pr. col. 138 et s.
(2) *Ibid.* col. 147-150.

de Saint-Pierre, qui n'existe plus aujourd'hui et qui
était bâtie sur la rivière d'Ognon, rive gauche, au lieu
où se trouve encore aujourd'hui le cimetière, qu'on
n'a pas encore songé à transférer, ou à côté. C'est
là, il me semble du moins, la partie la plus ancienne
de ce village.

A l'origine, Félines ne fut qu'un hameau bâti en
plaine et dont les habitants devaient gagner leur vie en
élevant des oies, industrie encore usitée dans ces para-
ges ; le mot *Feles*, qui paraît être l'étimologie du nom
de ce lieu, signifiait *Oie* en latin du moyen-âge. A une
petite distance de cette église fut bâtie plus tard vers
le nord une chapelle dédiée à la T.-S.-Vierge (1), et à
une distance plus grande vers le sud était une autre
chapelle dédiée à Saint Jean. Cette dernière n'existe
plus, mais le ténement sur lequel elle était construite
en a retenu le nom et s'appelle encore de nos jours
Saint-Jon, ou Saint-Jean.

A trois ou quatre kilomètres de Félines vers l'ouest
se trouve une éminence qui domine toute la contrée.

(1) L'origine de cette chapelle, qui est aujourd'hui et
depuis longtemps l'église paroissiale, est racontée de la
manière suivante dans le CARTULAIRE DE L'AUDE (*Mahul* 1863):
« N.... de Thurin, conseigneur de Ventajou, ayant tué Pilfort, autre conseigneur, en se deffandant pour esuiter
d'estre occis, par transaction faite entre parans, fonda la
chapelle *N.-Dame de Félines* et la dota de 10 liv., puis de 12
liv. de rente à prendre sur la leude de Ventajou et autres
lieux, pour l'entretien d'un chapelain, et promet d'aller
l'année d'apprès porter les armes à la Terre-Sainte, contre
les infidèles, pour expédier son péché ». (*Loco citato*, T. IV,
p. 290). Ceci se passait au commencement du XIIIe siècle.

On y avait bâti un château, œuvre remarquable de protection et de défense, qui fut la première résidence des seigneurs de la contrée. Aux pieds de cette forteresse était un village avec son église sous le vocable des Saints Nazaire et Celse, patrons de tout ce territoire, dont les points principaux sont Camplong, l'Abéuradou et Argentières, trois hameaux qui ont conservé le culte de ces deux saints martyrs et célèbrent leur fête patronale le dimanche qui suit le 28 juillet de chaque année.

Quand, au XVI⁰ siècle, les guerres féodales ayant cessé, le séjour du château de Ventajou ne présenta plus aucun avantage à ses habitants et n'eut plus pour eux que des inconvénients, les seigneurs, dont je n'ai pas à établir la filiation, descendirent dans la plaine et firent construire au nord de la chapelle de la T.-S.-Vierge, qu'ils firent agrandir, une habitation d'architecture moderne, qu'on décora du nom de château, et se réservèrent une porte spéciale donnant dans leur jardin et de plus, dans l'église, la jouissance d'une chapelle, où ils établirent leur sépulture de famille. Cette chapelle, longtemps dédiée à Saint Joseph, est devenue, depuis un temps immémorial, chapelle de Saint-Sébastien, le soldat romain dont le culte est en grand honneur dans cette paroisse et dont la fête y est célébrée tous les ans, le 20 janvier, comme un jour absolument férié. L'église paroissiale de Félines est orientée.

La porte du château n'existe plus dans l'église paroissiale de Félines ; elle n'avait plus sa raison d'être et a disparu en 1865, à l'occasion d'un agrandissement nouveau ; le jardin du château est devenu place publique, on y a établi du côté de l'Ouest des hangards pour les foires, et du côté du Nord on a masqué la vue du château par la construction d'une mairie et de deux écoles. Ce n'est pas sans peine et sans dépenses que la population a pu acquérir cet emplacement, elle n'y a réussi qu'après un long et coûteux procès que lui avait intenté le dernier seigneur de Félines, marquis d'Hautpoul, à sa rentrée de l'émigration ; il fallut composer avec lui après 1830.

La maison d'Hautpoul succéda, dans la seigneurie de Félines, à celle de Grave et, en remontant, à celles de Thuri ou Turin, de Pilfort et de Sigé de Ventajou.

Un séjour de huit années paraîtra, je l'espère, une excuse suffisante pour avoir interrompu mon récit, afin de consigner ici une partie des souvenirs que j'ai pu y relever.

L'archevêque de Narbonne Armengaud eut un souvenir pour l'abbaye dans son testament de 1005, ou environ (1). Il lui légua deux grandes coupes en argent.

Je ne trouve plus rien de marquant sur l'abbaye de Thomières jusqu'à l'an 1062. D'où cela peut-il provenir ? Est-ce que les habitants cessèrent tout à coup et pendant un demi-siècle d'être l'objet d'aucune générosité ? Ou bien se contentèrent-ils de vivre ignorés du monde, appliqués soit au travail manuel, soit à l'étude, à la prière et à l'observation de la règle bénédictine ? Ou bien encore ce silence provient-il de ce que les annales et les titres du monastère disparurent lorsque les Huguenots dévastèrent leur maison et mutilèrent leur église pendant la deuxième partie du

______

(1) Archiv. de l'Église de Narbonne. — *H. G. L.* T. II, **Pr.** cxl, col. 162 et s.

XVIe siècle (1), et plus tard, à la fin du siècle dernier, quand les sans-culottes de 1793 achevèrent l'œuvre des sectaires Calvinistes et incendièrent ce que leurs prédécesseurs avaient épargné des archives et des titres ? J'inclinerais plutôt vers ces deux dernières suppositions, et l'histoire de l'abbaye ne présente pas et ne donne plus de renseignements écrits jusqu'à son dixième abbé connu, l'illustre Frotard, dont je ne dirai rien ou à peu près, parce qu'il a été dans ces derniers temps l'objet d'une notice à la fois savante et consciencieuse.

Néanmoins il resterait encore, si je suis bien informé, à la mairie de Saint-Pons, quelques liasses non dépouillées qu'un vendalisme ignorant et vulgaire a singulièrement réduites, faute d'en comprendre l'importance. Il y a là une mine encore inexplorée dont l'étude pourrait rendre quelques services.

Le 3 janvier 1061 (1062) (2), Rangarde de la Marche, comtesse de Carcassonne, et Ermengarde, sa fille, Raymond, son gendre, et Adélaïde, une autre de ses filles, donnèrent à l'abbé Frotard et à sa Communauté l'alleu de Tou (*Tonneus*) sur l'Orb, dans la paroisse de Villeneuve-lez-Béziers, avec tout ce qu'y avaient possédé Guillaume vicomte de Béziers, Raymond Roger, la vicomtesse Garcinde et ses deux fils, Pierre et Guillem.

L'abbaye de Saint-Martin-de-Lez, au pays de Fénouillèdes, avait subi des vexations considérables de la part

---

(1) En 1567. — Voir plus bas.

(2) Arch. de l'Église de *Saint-Pons*. — *H. G. L.*, T. II Pr. ccxvi, col. 240.

de divers seigneurs ; le nombre de ses religieux avait
beaucoup diminué et la régularité y avait grandement
souffert. Bernard, comte de Bézalu, peut-être en vue
de réparer la part qu'il avait prise à ces injustices, car
il avait des droits sur ce monastère, résolut de lui
rendre un peu de vitalité en le soumettant et en l'unis-
sant à celui de Thomières alors très peuplé, très riche
et très régulier, sous la direction de l'abbé Frotard.
L'acte de cette union est du 25 janvier 1070 (1), je
dirais 1071, s'il était daté de l'Incarnation, mais il l'est
de la Nativité de N.-S. J.-C.

Roger, comte de Foix et sa mère Litgarde confirmèrent vers 1074 (2) à l'abbaye et à l'abbé Frotard
tout ce qu'elle possédait alors dans leur comté. Le
même comte et Sicarde, son épouse, leur donnèrent,
vers 1075 (3), un alleu dans le Toulousain, la banlieue
de Foix, juridiction de Pamiers, paroisse d'Escousse
et l'église paroissiale dédiée à Saint Pierre, à Saint
Jean et à Saint Saturnin, pour attirer la miséricorde
divine sur eux et leurs parents décédés.

Guillem IV, comte de Toulouse, Albi, Cahors, Lodève,
Carcassonne, Périgueux, Agen, Astarac, logea dans le
monastère de Thomières à son retour de Rome, en 1079.
Il y fut si édifié de la piété et de la régularité des religieux, qu'il voulut, en reconnaissance de leur hospitalité, leur faire des libéralités (4) ; il en signa l'acte

(1) Archiv. de l'archevêché de *Narbonne*. — *H. G. L.*,
T. II, Pr. ccxlvi, col. 269.

(2) Archiv. de Foix, caisse 20. — *H. G. L.*, T. II, Pr. cclx,
col. 185 et s.

(3) Voir aux *Appendices*.

(4) *Ibid.*

de sa propre main, sur le maître-autel de l'église abbatiale, en présence des reliques de Saint Pons et de
plusieurs autres saints, qui y étaient conservées et
vénérées. Il confia son fils Pons aux religieux. Dans
cette pièce il confirma à l'abbaye tous les biens qu'elle
avait reçus quatre ans auparavant de Roger, comte
de Foix, et un an après, le 16 juin 1080 (1), il fit la
même chose avec son épouse Emma, prit l'abbaye
sous sa protection et lui donna une forêt au lieu
d'Orzval, dans le Toulousain, aux environs de Vernè-
che, Richeville, Despans, Exies et Soaret. Il se dit dans
l'acte arrière-petit-fils des fondateurs du monastère,
et il confia de nouveau son fils Pons aux religieux. Il
signa cette charte conjointement avec la comtesse
Emma, son épouse, et avec le même cérémonial que
l'année précédente.

Par une autre charte de la même date (2) ils ajoutèrent à leurs libéralités précédentes l'alleu des paroisses de Saint-Jean de Prinag, de Saint-Victor d'Evara
et de Saint-Jean de Pradelles, limitrophes de celles de
Saint-Amans des Garils, de Saint-Amans de Berlas,
de Saint-Jean de Fraïssé et de Saint-Laurent du Soulié,
tout l'alleu de tout le territoire d'Estodillac (Authèze ?)
dans la paroisse de Ferrals-lez-Montagnes et tout l'alleu
du village et de la paroisse de Saint-Salvy de Corna-
retz, dans l'Albigeois.

Il serait difficile aujourd'hui, à la distance de huit
siècles, de faire ce que les légistes appellent l'adap-
tation des titres, et je suis trop loin des localités men-

(1) Voir aux *Appendices*.
(2) *Ibid.*

tionnées dans ces divers actes et du temps où ils furent souscrits, et d'ailleurs les noms ont pu être modifiés, les localités avoir disparu ; mais tous ces titres montrent une fois de plus l'intérêt qu'inspirait l'abbaye et l'étendue de ses possessions, on pourrait dire : de sa domination (1).

Raymond et son frère Bérenger, qui se qualifiaient comtes de Barcelone *par la grâce de Dieu*, signalèrent aussi leur dévouement à l'abbaye de Thomières en donnant, la XXe année du règne de Philippe Ier, roi de France, ou l'an 1079 (2), la moitié du château de Peyriac-Minervois et de son église paroissiale, dédiée alors comme aujourd'hui à Saint-Etienne. Il ressort de cette donation que ces deux frères, qui étaient encore brouillés au commencement de cette année à l'occasion de la succession de leur père, s'étaient réconciliés ; leur querelle, en effet, n'était pas encore apaisée lorsque, le 2 janvier 1079, le pape Saint Grégoire VII écrivit à Bérenger, évêque de Girone, frère de Geoffroi, archevêque de Narbonne, pour l'engager à se joindre à l'abbé Frotard et aux abbés de Ruipoll et de Saint-Cucufat (3) pour travailler à un rapprochement entre ces deux frères ; ce qui donne à penser que cette donation fut un témoignage de leur reconnaissance pour les bons soins que l'abbé de Thomières avait donnés à cette réconciliation.

<hr>

(1) Voir aux *Appendices*.

(2) Archiv. de Foix, caisse 4. — *H. G. L.*, T. II, Pr. CCLXXLII, col. 303.

(3) Estien. *Antiq. Benedic. Occit.* Mss. Part. I, p. 511 et s. — *H. G. L.*, T. II, Pr. CCLXXXII, col. 314.

Le comte Pierre de Mauguio avait épousé Almodis, fille de Raymond IV, comte de Toulouse et de Saint Gilles. Cette pieuse comtesse avait hérité de l'affection que sa famille portait au monastère de Thomières. Elle dut la faire partager à son noble époux, et ce fut sans doute par son inspiration, son invitation et avec son agrément que celui-ci donna, conjointement avec elle, à l'abbaye, en leur propre nom et au nom de leurs enfants, le 26 février 1082 (1083), l'église de Saint-Martin-de-Cazelle, aujourd'hui Balaruc-le-Vieux. C'est ce même seigneur qui, deux ans après, le 27 avril 1085, donna son comté à l'Eglise Romaine, en la personne de Saint Grégoire VII, représenté par Godefroi, évêque de Maguelone, et le reçut ensuite d'elle en fief (1).

Pour que le lecteur puisse se faire une juste idée de ces donations et de quelques-unes des suivantes, il est bon d'entrer dans quelques détails.

Que la comtesse de Mauguio, Almodis de Toulouse, ait engagé le comte Pierre, son époux, à se montrer généreux envers l'abbaye de Thomières, c'est possible; mais il peut y avoir d'autres raisons.

Pour les découvrir il ne sera pas hors de propos d'emprunter quelques détails à l'arbre généalogique placé en tête du *Cartulaire des seigneurs de Montpellier*, réédité en 1886 par les soins et aux frais de la Société Archéologique de cette ville, sous la surveillance du

---

(1) Arch. de l'évêché de Montpellier. — Verdale, *Series op. Magalon.* T. 1. — Bibl. Lalbe, p. 800. — Gariel, *Series præsul. Magal.* p. 79, 1ᵉ édit. — *H. G. L.*, Pr. ccLxcxii, col. 322 et s.

regretté et savant M. A. Germain (1) et de M. C. Cha-
banneau (2) ; ce livre précieux a pour titre : Liber
instrumentorum memorialium et est connu à Montpellier
sous le nom de Mémorial des Nobles. Je n'y prendrai que ce qui est nécessaire aux explications que je
veux donner au lecteur, c'est-à-dire depuis Bernard I
jusqu'au comte Pierre (*Voir les pages 140 et 141*).

Il y a entre les maisons vicomtale de Narbonne, comtale de Mauguio et simplement seigneuriale de Montpellier, des points de contact qui n'ont pas été remar-
qués, que je sache du moins. J'essaierai de les mettre
en lumière. Cela servira à établir la thèse que j'ai entrepris de démontrer, à savoir qu'il y avait pour le comte
Pierre de Mauguio, en dehors de l'origine de la comtesse Almodis, d'autres raisons pour faire des libéralités à l'abbaye de Thomières, et ne sera pas inutile
quand j'aurai à étudier la paroisse de Saint-Pons-de-
Mauchiens.

Je remarque d'abord que, d'après le chanoine P. Gariel, suivi sur ce point par l'éminent doyen et professeur d'histoire de la Faculté des lettres de Montpellier,
feu M. A. Germain, si compétent dans les questions
historiques qui concernent notre contrée, Ermengarde,
qui épousa Guillem de Béliarde, ou Guillem IV de
Montpellier, était fille de Raymond I, comte de Mauguio, et de Béatrix (ce qui me le fait admettre plus

(1) Décédé, en 1886, doyen honoraire de la Faculté des
Lettres de Montpellier après y avoir professé l'Histoire pendant près d'un demi-siècle.

(2) Le savant professeur de Littérature Romane à la même
Faculté.

1° Comtes de Mauguio

Bernard I, † v. 933, comte de Mauguio.

Bérenger, † v. 950, ép. *Guisle.*

Bernard II, † v. 986, ép. *Sénégonde.*

N., † v. 989, ép. *N. (Ermengarde*, de Narbonne ?)

Bernard III, † apr. 1036, ép. *Adéle* de Narbonne ?)

Raymond I, 1055, ép. *Béatrix.*

Pierre, comte de Mauguio, † apr. 1085, ép. *Almodis* de Toulouse.

Ermengarde, ép. *Guillem* IV, seigneur de Montpellier.

Ermessende, de Mauguio, qui épousa

Guillem V, seigneur de Montpellier, ép. *Ermessende*, de Mauguio.

J'établirai aussi quelques fragments de la généalogie des vicomtes de Narbonne, telle qu'elle se trouve dans l'*Histoire générale de Languedoc*, en ayant soin de souligner au pointillé ce qui n'est pas certain.

2° Vicomtes de Narbonne

Eudes ou **Odon**, vicomte de Narbonne.

Garcinde, † apr. 974, ép. **Raymond** III-Pons I, comte de Toulouse, etc.

Guillem-Taillefer, comte de Toulouse.

Adalaïs, † apr. 990, ép. Matfred, son cousin germain, etc.

Ermengarde, ép. *N.*, comte de Mauguio. . . . .

Raymond-Pons II, ép. *N.*

Armengaud, arch. de Narbonne.

Adèle, ép. *Bernard* III, comte de Mauguio.

Raymond I, comte de Mauguio, ép. *Béatrix*.

Pierre, † apr. 1085, comte de Mauguio, ép. *Almodis* de Toulouse.

Ermengarde, ép. *Guillem* IV, seigneur de Mont- . . . . pellier.

Ermessende de Mauguio qui épousa

Guillem V, seigneur de Montpellier.

facilement, c'est le nom de *Béatrix,* qui passa à son
arrière-petite-fille et qui était celui de la mère d'Ermengarde), et que Raymond I était fils de Bernard III et
d'Adèle ; qu'on ne connaît pas le nom du grand-père
et de la grand'-mère de Raymond I, qu'on sait seulement que le grand-père mourut en 989 et qu'il était
fils de Sénégonde et de Bernard II qui, le 20 novembre 985, inféoda la banlieue de Montpellier naissant à
Gui, ou Guillem I, premier seigneur connu de cette
ville (1).

Or, que pouvait être cette *Adèle* qui épousa Bernard III
de Mauguio, père de Raymond I, et n'a-t-elle pas été la
fille de Raymond-Pons, vicomte de Narbonne, la petite-
fille de Matfred, vicomte de Narbonne par sa femme
Adalaïs, et dès lors l'arrière-petite-fille de Raymond-
Pons, comte de Toulouse, et de Garcinde de Narbonne?
Si l'on compare les dates, il est facile de voir qu'elles
ne s'opposent pas à cette supposition, à laquelle les
noms donnent une présomption nouvelle; en effet, à
partir de cette alliance, les noms de la famille vicomtale de Narbonne passent dans celle de Mauguio, et
l'on sait que, d'après les historiens de Languedoc, les
noms sont, au moyen âge, comme un fil d'Ariane pour
diriger le lecteur studieux au milieu du dédale et des
données toujours incomplètes fournies surtout par les
Actes du Xe siècle Bernard III et Adèle donnent à
leur fils et futur héritier le nom de Raymond, qui était
celui du père et de l'arrière-grand-père de celle-ci ;

(1) Cartulaire des Comtes de Melgueil, Charte 13. — Mss.
d'Aubais, N° 81. — *H. G. L.,* T. II, Pr. cxx, col. 139. —
M. d. N., Doc. LXX, p. 125.

elle-même porte le nom diminué de celle que je suppose sa grand'-mère Adalaïs, vicomtesse de Narbonne. La petite-fille d'Adèle porte le nom d'Ermengarde, qui était celui de l'archevêque de Narbonne, fils d'Adalaïs et oncle d'Adèle de Mauguio. On pourrait même aller plus loin et dire que la mère de Bernard III, belle-mère d'Adèle, a pu être une Ermengarde de Narbonne, fille d'Adalaïs et sœur de l'archevêque de cette ville ; cette Ermengarde a pu marier son fils Bernard avec sa nièce Adèle, fille de son frère Raymond-Pons, le fondateur de l'abbaye de Thomières.

On pourrait bien objecter que ces filiations ne sont établies nulle part. Il est facile de répondre que les historiens et les généalogistes n'ont pas toujours connu tous les enfants de ceux dont ils ont entrepris de nous donner la descendance, et qu'il peut y en avoir eu qui, n'ayant jamais paru dans les actes publics ou qui, ayant été insuffisamment désignés, n'ont pu trouver place dans les arbres géanologiques qui ont été dressés. De cela je donnerai une nouvelle preuve dans la Notice qui va suivre sur Saint-Pons-de-Mauchiens, en établissant l'existence d'une Garcinde, petite-fille de Raymond-Pons et de Garcinde de Narbonne, existence dont les historiens de Languedoc se sont à peine doutés et sans laquelle ils n'ont pu sortir d'un certain embarras.

Quel que soit le point précis où la famille comtale de Mauguio s'allia à la famille vicomtale de Narbonne, cette alliance saute aux yeux et explique :

1° Que Pierre, comte de Mauguio, issu par l'une ou l'autre de ses ascendantes, peut-être par toutes les deux, de la maison vicomtale de Narbonne, dévouée au culte du Martyr de Cimiez, ait été amené soit par ses senti-

ments personnels, soit par les pieuses insinuations de
sa femme Almodis de Toulouse, petite-fille, elle aussi,
des fondateurs de l'abbaye de Thomières, à faire des
libéralités à ce monastère;

2° Comment Saint-Martin de Cazelle, ou Balaruc-le-
Vieux, appartenait à la famille de Mauguio; il lui venait ou de la dot de sa femme, ou de l'héritage de sa
grand'-mère *Adèle*, ou de son arrière-grand'-mère *Ermengarde*. Balaruc-le-Vieux pouvait être alors dans le
diocèse et le vicomté d'Agde, et cette vicomté était liée
à celles de Béziers et de Narbonne. Je dis *pouvait être*,
car cette paroisse, qui en dernier lieu appartenait à
l'ancien diocèse de Montpellier, étant sur les confins
de l'un ou de l'autre de ces diocèses, a pu appartenir
tantôt à l'un, tantôt à l'autre, leurs limites ayant pu
varier selon le temps (1);

3° Pourquoi le comte Pierre de Mauguio avait épousé
Almodis, fille du comte de Toulouse Raymond IV; elle
était sa parente, et des intérêts de famille ou des affec-

(1) On lit dans la France Pontificale (Diocèse d'Agde,
p. 470) :

« Au mois de mai 1303, Raimond Gaucelin de la Garde,
évêque de Maguelone, réglèrent les limites respectives de
leurs diocèses en plaçant des bornes dans l'étang de Thau;
mais..... soit que ces bornes eussent été déplacées, soit
que le littoral eut subi plusieurs changements, la lutte
entre les deux évêques se renouvela sous leurs successeurs
et ne se termina qu'à la fin du XVIII⁰ siècle ».

D'où il suit que Balaruc-le-Vieux pouvait appartenir en
1082 au diocèse d'Agde et qu'il a pu plus tard figurer dans
la carte de Cassini, comme faisant partie de celui de Montpellier.

tions d'enfance avaient pu donner l'idée de cette alliance ;

4° Comment Raymond de Saint-Gilles (l'ancien), comte de Toulouse, fut choisi par les tuteurs de Guillem V, seigneur de Montpellier, comme son protecteur (1) vers 1076, au moment où sa mère Ermengarde convolait à de secondes noces avec Bernard d'Anduze, qui était issu de la famille vicomtale de Narbonne, et que Gariel et d'Aigrefeuille disent cousins de la dame douairière de Montpellier, ce qui indique bien qu'elle était sortie de la même famille, et confirme les liens de parenté entre Narbonne et Mauguio ;

5° Pourquoi on trouve Guillem IV, seigneur de Montpellier et mari d'Ermengarde, présent dans les actes passés dans la famille vicomtale de Narbonne en 1068 (2) ; son épouse et ses enfants pouvaient y avoir intérêt, car ils appartenaient à cette famille ;

6° Comment Guillem IV était, au moins en partie, seigneur de Saint-Pons-de-Mauchiens et du Pouget, ainsi que le prouvent deux serments qui lui furent prêtés en 1058 (3) par Guillem, Raymond, Bérenger, tous les trois fils de Guidinelde ; le Pouget appartenait à la vicomté de Béziers ;

7° Comment le nom d'Ermengarde est resté attaché

(1) Mss. d'Aubais, N° 81. — *H. G. L.*, T. II, Pr. cclxvi, col. 291. — M. d. N., Doc. LXXVIII, p. 147.

(2) Archiv. de Barcelone — *Marca Hispanica*, p. 1134 et 1137. — *H. G. L.*, T. II, Pr. ccxxxix, col. 262-264.

(3) Gariel, *Idée de Montp.* 2° part., p. 84. — *H. G. L.*, T. II, pr. ccix, col. 230 et s. — M. de N., Doc. CCCCLXXX, CCCCLXXXI, CCCCLXXXIII, DXXIX, p. 666, 667, 668 et 708.

à un rocher et à un moulin sur la rive gauche de l'Hérault sous Saint-Pons-de-Mauchiens, près du Château-de-Lavagnac et sur la route départementale de Pézenas à Gignac et qui portent le nom de Roquemengarde (*Roca Ermengardæ*).

8° Comment on trouve dans la maison de Narbonne et en 1141 dans celle de Montpellier (branche cadette ou des Aimoins) le nom de Pélage (*Pelagos*) qui existait plus anciennement dans la première ;

9° Comment Guilhem V, de Montpellier, partant pour la première Croisade d'Orient en 1096, se plaça sous les ordres de Raymond de Saint-Gilles, comte de Toulouse, dont le père avait accepté la protection de son enfance et avec lequel sa mère Ermengarde de Mauguio était unie de parenté ;

10° Comment le Bienheureux Guilhem VI, seigneur de Montpellier, prit part en 1128 (1) à une guerre qui éclata entre les seigneurs de Carcassonne et ceux de Narbonne, guerre à laquelle se trouvait mêlé le vicomte de Narbonne, allié et parent de la maison de Carcassonne.

Toutes ces conjectures ne reposent certainement pas sur des preuves positives, péremptoires, et restent toujours à l'état de probabilités ; mais elles résultent de présomptions sérieuses, concordantes ; il semble qu'on les devine, qu'on les voit, qu'on les sent, qu'on en est pénétré lorsqu'on étudie, dans l'*Histoire générale de*

---

(1) *Illud malum quod feci cum hominibus meis in villa de Pozalerio, et in terra Narbonensi, et in terra de Quarcasses, quando fui ibi cum comite Barchinonensi, sic emendetur ut ab ipsis hominibus michi et meis condonetur.* (Testament du B. Guilhem VI, de décembre 1146, M. d. N. XCV, p. 177.)

Languedoc, les généalogies des grandes familles de la contrée.

Le 3 février 1084 (1) Raymond, comte de Minerve, donna à l'abbaye de Thomières l'hoir et alleu qu'il possédait au village de Peyriac-Minervois et qu'il avait acquis de Pierre-Raymond, vicomte de Béziers, et tout ce qu'il possédait au château de ce lieu, églises, vassaux, vignes, champs, métairies, cours, jardins, prés, pâturages, cours d'eau, etc., et confirma au monastère tout ce qu'y avaient possédé et les droits qu'y avaient acquis le comte de Barcelone, Raymond-Bérenger et ses fils Raymond et Bérenger et qu'ils avaient eux-mêmes soumis à l'abbaye,

En 1085 Raymond de Saint-Gilles (2), comte de Rodez, de Gévaudan, d'Uzès, de Nimes, d'Agde, de Béziers et de Narbonne, pour avoir part au mérite de la fondation du monastère de Thomières par son bis-aïeul Raymond-Pons, *grand duc et prince d'Aquitaine*, qui, dit-il, avait fait construire cette maison depuis les fondements, et y faire participer tous ses ascendants et autres parents, confirma à l'abbaye et à son abbé Frotard toutes les possessions qu'elle avait acquises dans toute l'étendue de sa domination et tout ce quelle pourrait y acquérir dans la suite.

Un grand honneur était réservé au monastère de Thomières. Le pape Urbain II, dont Léon XIII vient de reconnaître le culte immémorial à titre de Bienheureux,

____

(1) Cart. de Foix, caisse 20. — *H. G. L.*, T. II, Pr. ccxci, col. 317.

(2) Cartul. de l'Église de *Saint-Pons*. — *H. G. L.*, T. II, Pr. ccxcviii, col. 322.

revenant du concile de Clermont-Ferrand, où il avait,
avec le concours de Pierre l'ermite, prêché la première
Croisade contre les infidèles d'Orient, voulut se détourner de sa route pour le visiter. Il y arriva le 23 juin
1096 et y célébra le lendemain la fête de Saint Jean-
Baptiste. Il repartit ensuite pour Maguelone, où il
arriva le 28 et célébra le 29, avec grande pompe, la
fête des saints Apôtres Pierre et Paul, devant une immense affluence de fidèles, assisté de plusieurs prélats
et grands seigneurs qui étaient venus l'y saluer. Guillem V, seigneur de Montpellier, s'y trouva à la tête de
ses vassaux, et lui annonça son prochain départ pour
la guerre sainte.

Le 7 février 1102 (1), Bertrand, archevêque de Narbonne, pour l'amour de Dieu, sur la demande de Bérenger, abbé de Thomières, et par amitié pour le père
de celui-ci, Emeri, vicomte de Narbonne, pour Matte
ou Mahaut, ou Mathilde, femme de ce seigneur, et pour
leurs enfants Aimeri, Giscard et Bernard, donna à l'abbaye et à Pierre, son abbé, l'église de Saint-Etienne
de la Livinière et la chapelle de Saint-Sauveur au
même château, les églises de Sainte-Eulalie de Serclas,
de Saint-Julien-des-Molières et de Saint-Jean-d'Ognon
entre la Livinière et Félines d'Hautpoul (2), de Saint-
Bauzille de Siran (3), de Saint-Celse de Ventajou, de
Saint-Martial de la Cesse, toutes dans le Minervois,

(1) *Ibid.* — *H. G. L.*, T. II, Pr. ccxxxii, col. 356 et s.
(2) Cartul. de l'église de Saint-Pons, conservé dans les
Archives du domaine à Carcassonne. — *H. G. L.*, T. II, Pr.
cccxxxviii, col. 363 et s.
(3) Ou de Montouliers?

celles de Saint-Pierre de Clair, de Saint-Sébastien de Prémian dans la vallée du Jaur, de Saint-Etienne et de Saint-Amans d'Albine, de Saint-Pierre de Ferrières et de Saint-Pierre de Riols, la chapelle de Sainte-Eulalie au château de ce nom, l'église de Saint-Etienne de la Salvetat, avec toutes ses dépendances ; et le 19 mars suivant (1), pour réparer les dommages que le monastère de Saint-Chinian sur le Vernazobre avait éprouvés, car il avait été injustement dépossédé de ses biens, il unit ce monastère et le soumit à celui de Thomières, qui eut dès lors sous sa juridiction les églises de Saint-Laurent, de Saint-Celse, la chapelle de la Sainte-Vierge à Saint-Chinian et celles de Saint-Nazaire de Gabia et de Saint-Julien de Lapère.

Aiméri, vicomte de Narbonne, voulant, lui aussi, participer au mérite de la fondation de Thomières, se concerta avec son épouse et ses enfants, tous déjà nommés, pour lui donner l'église de Saint-Saturnin de Bize et confirmer à l'abbaye tout ce qu'elle avait acquis, ou qu'elle devait ou pourrait acquérir ultérieurement dans les terres de sa domination. Cette libéralité paraît avoir été faite à l'occasion de l'entrée en religion dans l'abbaye de Thomières de leur fils Bérenger. L'acte est du 3 février 1103 (1104) (1).

J'ai poussé assez loin cette énumération des largesses faites à l'abbaye et je voudrais bien la continuer encore, malgré sa sécheresse ; mais ce serait faire son histoire, et je me suis proposé de n'ajouter à la vie de

____

(1) Cartulaire de l'église de *Saint-Pons* conservé aux archives du domaine à Carcassonne. — *H. G. L*, T. II, Pr. cccxxxviii, col. 363 et s.

Saint Pons qu'une simple notice sur les deux paroisses qui portent son nom dans le diocèse de Montpellier et plus particulièrement sur leur origine. L'histoire de Saint-Pons de Thomières est, je le sais, en préparation et je ne voudrais pas empiéter sur le terrain d'autrui ; les convenances les plus élémentaires s'y opposent absolument, et je fais des vœux pour que le travail auquel je fais allusion, soit bientôt mis sous presse et livré au public. Je me bornerai à signaler, avant de finir, trois faits saillants qu'on me reprocherait à moi-même d'avoir passé sous silence.

Je ne parlerai qu'incidemment du moine Dom Ramire qui, au XIII° siècle, dut quitter le monastère après 40 ans de profession pour ceindre la couronne royale d'Aragon, à laquelle l'appelaient sa naissance, la vacance du trône, le manque de tout autre descendance légitime et le vœu de ses sujets, et qui rentra dans le cloître d'abord à Huesca, monastère du nord de l'Espagne, soumis à celui de Thomières, après avoir assuré la succession au trône d'Aragon, et ensuite revint terminer ses jours dans celui de Thomières. C'est un fait très remarquable dont j'ai eu occasion de parler ailleurs et qui a été du reste traité, il y a peu de temps, avec assez d'ampleur pour ne laisser rien de plus à dire sur ce sujet (1).

Que Dom Ramire ou *Ramire le moine* soit rentré à Thomières, c'est d'abord ce qu'ont affirmé les historiens et ensuite ce qui résulte de la tradition locale ; on est convaincu à Saint-Pons qu'il fut, par respect pour la dignité royale, enseveli dans le sanctuaire de

(1) *H. G. L.*, T. II, p. 282, 415, 416, 418, 419.

l'église abbatiale comme y avaient été ensevelis les deux fondateurs, Raymond-Pons et Garcinde, et qu'on trouverait ces trois tombeaux, ainsi que celui de l'abbé Frotard, si l'on pratiquait des fouilles sur la place qui précède l'église paroissiale, sur l'emplacement de laquelle se trouvaient autrefois le sanctuaire et le chœur de la basilique.

Un différend s'éleva dans la deuxième moitié du XIIe siècle entre Roger, vicomte de Béziers et de Carcassonne, et l'abbé Raymond, qui avait fait construire le château de la Salvetat dans le voisinage des terres qui appartenaient à ce seigneur et, à ce qu'il paraît, contre la volonté de son père, Raymond-Trencavel. Roger saccagea et pilla le monastère et exigea des religieux 30,000 sous melgoriens, somme exorbitante pour l'époque.

Cette querelle fut examinée et jugée au commencement de l'année 1171 (1) dans une assemblée d'arbitres, composée de Pons, archevêque de Narbonne, Bernard' évêque de Béziers, Guillem, évêque d'Albi, des archidiacres de Narbonne et de Carcassonne et de huit chevaliers ou seigneurs séculiers. Il fut réglé que les deux adversaires se pardonneraient mutuellement et que le vicomte consentirait à ce que l'abbé jouît à l'avenir et sans contradiction du château de la Salvetat, à le prendre lui-même sous sa protection, à condition que l'abbé lui ferait tous les ans, à lui et à ses successeurs, une albergue de 50 chevaliers, ou, s'il le préférait, lui donnerait 50 sous melgoriens.

(1) Gallia Christ. T. 6, *Instr.* p. 84 et s. — *H. G. L.*, T. III, p. 25.

L'abbé donna en sus au vicomte 2,000 sous melgoriens et lui céda les fiefs que celui-ci possédait dans le domaine de l'abbaye ; enfin le vicomte consentit à ce que le monastère fût réparé, rétabli et environné de murailles. Les Historiens de Languedoc ont vu là l'origine des deux villes de Saint-Pons et de la Salvetat. L'acte fut passé le 4 janvier 1171 (1172).

Il suit de là que ce ne fut pas seulement le monastère qui fut fortifié, mais que les murs furent établis à une distance suffisante pour permettre aux habitants des environs de venir s'abriter à l'intérieur sous la protection des religieux et à l'abri des fortifications.

« L'ancien monastère occupait à peu près le terrain compris entre le Foiral à l'Ouest, les rues de la Sous-Préfecture et le quai du Nord, la descente du quai et la rue des Frères à l'Est et la rivière au Midi. Il ne reste que le donjon, assez bien conservé et désigné sous le nom de *Tour du comte Pons*, et quelques pans de mur (1). »

La nouvelle ville de Thomières était assez peuplée et avait acquis assez d'importance au commencement du XIV⁰ siècle pour mériter d'être comprise au nombre de celles que le pape Jean XXII voulut ériger en évêchés. La bulle qui éleva l'église abbatiale à la dignité de cathédrale est datée d'Avignon le 18 janvier 1318 (2), et le 1ᵉʳ mars suivant, le même pontife assigna par une nouvelle bulle 50 paroisses à l'évêché qu'il avait créé douze jours auparavant. Il désigna pour premier évêque,

(1) *Lo libré de las libertas et franquesas de la villa et civitat de Sanct-Pons*, p. 6.

(2) GALL. CHRIST., T. VI. *Instrum.*

au mois de juillet de la même année, Pierre Roger, qui
tenait déjà la crosse abbatiale depuis sept années environ. On le dit originaire du Limousin, et il siégea
pendant encore six ans.

Le nom de SAINT-PONS-DE-THOMIÈRES fut assigné au
nouveau diocèse par la bulle d'érection.

La ville de Saint-Pons et sa banlieue dépendirent
d'abord de la viguerie de Béziers. En 1340 l'évêque
Raymond d'Apremont de Roquecorne et le chapitre,
ayant exposé au roi de France Philippe-de-Valois les
inconvénients de la distance qui séparait cette ville
du siège de la viguerie, obtinrent de ce prince, moyennant un don de 2,000 livres tournois, qu'elle fût atta-
chée à la sénéchaussée de Carcassonne, qui n'était
guère plus voisine, mais qui alors pouvait être plus
accessible et, peu de temps après, les habitants de
Béziers et ceux de Saint-Pons s'étant mis d'accord pour
demander le rétablissement de l'ancien ordre de choses,
le même roi y consentit moyennant un nouveau don
de 3,000 livres tournois, cette fois. Il y avait alors peu
de temps que la ville de Saint-Pons était passée sous la
domination des rois de France. On lit dans une mince
brochure intitulée : *Lo libre de las libertats et franquesas
de la villa et ciuitat de Sanct Pous*, retrouvé et publié
en 1881 par M. L. Nouguier, de la Société Archéologique de Béziers, une formule du serment que les syn-
dics ou administrateurs municipaux de la ville durent
prêter alors au roi de France, à la place de celui que
leurs prédécesseurs prêtaient précédemment aux abbés
et ensuite aux évêques. Ce serment se trouve aux pages
35 et 36. Le passage de la ville de Saint-Pons sous l'autorité de la couronne de France date d'une époque

11

antérieure à 1339, peut-être même de cette année. On me pardonnera de ne pas insister d'avantage sur ce point et de renvoyer aux ouvrages spéciaux.

Cette situation fut maintenue jusqu'à la Révolution de 1789. Lorsque la France fut alors divisée en départements, Saint-Pons devint chef-lieu de l'un des quatre arrondissements du nouveau département de l'Hérault, sous-préfecture et siège d'un tribunal de première instance à la fois civil, correctionnel et commercial. Il a été un moment, en ces dernières années, où la sous-préfecture et le tribunal de Saint-Pons ont été sérieusement menacés de suppression. Qu'adviendra-t-il ? On ne saurait le dire à une époque où nous ne vivons que de surprises.

Les Huguenots avaient, en 1562, fait déjà assez de prosélytisme à Saint-Pons pour que cette ville méritât alors d'être classée parmi les *villes rebelles à l'autorité royale.* Les partisans de la religion prétendue réformée y pillèrent les églises, comme ils firent partout ailleurs. Ils brisèrent les images et les statues des saints, les autels, et firent cesser la célébration de la messe ; puis, en 1667, ils profanèrent la cathédrale sous la conduite du vicomte de Saint-Amans. Ils s'attaquèrent à ce colosse de pierre et de marbre, en détruisirent le chœur et le sanctuaire et renversèrent entièrement le monastère y attenant. Toutes les richesses de cette église disparurent, les archives du monastère et de l'évêché furent incendiées ; les reliques de Saint Pons furent dispersées et anéanties avec toutes celles que possédait le trésor de la cathédrale (1).

____

(1) GALLIA CHRIST., T. VI, p. 251. — *H. G. L.,* T. V, p. 276.

Au risque de me répéter, je vais finir cette Notice à laquelle j'ai consacré plus d'espace que je ne l'avais d'abord résolu, par la transcription d'une note prise dans une brochure que j'ai déjà citée et à laquelle j'ai fait d'autres emprunts :

« La ville de Saint-Pons n'a conservé des beaux temps de l'ère abbatiale que certaines parties de l'église qui porte également le nom de Saint-Pons. Dans les guerres de religion du XVI° siècle, ce monument fut en grande partie détruit et saccagé (1ᵉʳ octobre 1567), et les restaurations des siècles suivants ont achevé de le bouleverser. Le maître-autel qui était à l'Orient fut transporté à l'Occident dans le nouveau chœur, remarquable par la beauté de ses marbres et des boiseries, et un immense Jubé, dans le goût Louis XV, fut construit dans la nef. Toutefois la dernière travée occidentale, qui formait l'ancien nartes ou porche et sert de sacristie, indique quelle était la beauté de l'église primitive ; les piliers sont décorés d'admirables chapiteaux historiés et, du côté du Nord, s'ouvre une très belle porte murée depuis plusieurs siècles. Heureusement la façade occidentale est restée à peu près entière et peut se voir encore dans une ruelle étroite. C'est un des modèles les plus purs de l'art roman des XI° et XII° siècles. On y remarque principalement trois beaux portails à plein ceintre brillamment décorés.

» Les chapiteaux et les colonnettes de ces diverses portes ont disparu, mais, en revanche, quelques-uns des chapiteaux du cloître qui fut détruit, joignant l'église au Midi, existent encore. Deux se trouvent au musée de Toulouse, deux au château de Cabanes, près de Saint-Pons, deux dans le jardin Azaïs-Marès, deux dans un jardin au-dessus de l'usine Fraïssé, un dans la maison Riols aîné, et dix autres ont été acquis par M. Jammes, ancien député, demeurant à Mazamet. Enfin de curieuses galeries de défense superposées font encore le tour de l'église.

» Il ne reste de l'ancien monastère, qui occupait à peu près le terrain compris entre le Foiral à l'Ouest, les rues de la Sous-préfecture et du quai du Nord, la descente du quai et de la rue des Frères à l'Est et la rivière au Midi, que le donjon, assez bien conservé, désigné sous le nom de Tour du comte Pons (aujourd'hui la mairie), et quelques pans de mur.

» Disons en passant que les prisons étaient situées dans la portion du monastère occupée aujourd'hui par la mairie. Elles renfermaient deux salles communes et trois cachots. Ces tristes locaux servent actuellement de caves et de buanderies aux fonctionnaires logés dans la mairie et ses dépendances ; une seule pièce, rarement occupée, il est vrai, a conservé quelque chose de sa destination primitive en devenant, à titre de chambre de sûreté ou *violon*, le dépôt des ivrognes, vagabonds, tapageurs, etc... Enfin le matériel d'incendie est remisé dans l'ancien cachot établi jadis au rez-de-chaussée du vieux donjon de l'évêché (1). »

Saint-Pons eut 61 évêques. Le dernier, LOUIS-HENRI DE BRUYÈRES CHALABRE, dut prendre le chemin de l'exil et se réfugia à Londres, où il mourut en 1795, à l'âge de 64 ans.

(1. *Lo libre de las libertats et franquesas de la villa et ciuitat de* SANCT POUS, imprimé à *Saint-Pons* en 1881, p. 6, note 2.

Quand on dut déblayer l'espace couvert des décombres du sanctuaire et rétablir l'église, on se contenta, faute de ressources sans doute, d'ajouter une travée à la suite de la nef restée debout, trop courte et insuffisante. On retourna l'édifice, le triple portique de la façade fut muré, la travée de l'entrée, qui faisait suite au magnifique portail roman devint sacristie, l'autel, qui était à l'Orient, fut transporté à l'Occident et on termina à l'Orient la travée nouvelle avec chapelle de chaque côté par une muraille plate sans caractère, avec une porte carrée dans le goût de l'époque ; inutile d'ajouter que ces deux réparations n'ont rien d'artistique. L'ancien sanctuaire est devenu une place publique assez spacieuse. Une croix y fut érigée au centre : elle n'a pas été encore abattue. Le portail roman, n'ayant plus été l'objet d'aucun soin, d'aucune réparation, se trouve actuellement dans un état de déplorable dégradation. L'édifice, tel qu'il est, est encore assez vaste malgré toutes ces mutilations.

De magnifiques stales, dues à la munificence du cardinal Alexandre Farnèse qui, d'évêque de Saint-Pons, devint en 1534 pape sous le nom de Paul III, un retable en marbre, style de la Renaissance et une magnifique grille exactement semblable embellirent l'autel et, placée et établirent une séparation peu gracieuse et incommode entre la partie de l'église qui fut réservée aux fidèles et celle qui devint chœur en avant du nouveau sanctuaire.

Il serait à désirer que cette séparation, bonne dans une cathédrale, mais gênante pour le service paroissial, sans disparaître entièrement, fût portée vers le fond de l'église, du côté de l'entrée, pour faire pendant au rétable du maître-autel, avec lequel elle a une ressemblance parfaite, on pourrait ainsi beaucoup mieux apprécier les vastes proportions de ce qui reste de l'ancienne abbatiale-cathédrale. Cette réparation est, je le sais, en projet, elle a la haute approbation du chef du diocèse et les fonds nécessaires pour l'effectuer ne manqueraient probablement pas ; mais il y a, à Saint-Pons, comme en bien d'autres localités, une masse plus difficile à ébranler, déplacer et replacer que les blocs, les colonnes et les corniches de marbre, c'est l'assentiment populaire, et il est bien à craindre que cet obstacle puisse être de longtemps surmonté. Faut-il désespérer ? Je ne le pense pas ; quand une idée est juste, elle peut être contredite, traversée, combattue, enrayée ; c'est une question de patience et de persévérance ; elle finit à la longue par triompher.

Je ne serais pas complet si je n'ajoutais en terminant que Saint-Pons possède depuis 1835 un Petit-Séminaire diocésain, dirigé depuis plus de trente ans par les enfants de Saint Vincent-de-Paul, chargés aussi du Grand et du Petit-séminaire de Montpellier. Cet établissement était, avant la Révolution, un couvent de Cordeliers. Plusieurs des prêtres séculiers qui y ont enseigné tour à tour pendant trente ans ont occupé ensuite de hautes positions. Qu'on me permette de citer en tête l'éminent curé de Saint-Denis de Montpellier, l'abbé Martin (Étienne), d'Agde, Monseigneur Louis-Anne Dubreuil, mort archevêque d'Avignon, Monseigneur Pierre-Antoine-Justin Paulinier, mort archevêque de Besançon, etc.

Cette maison d'éducation, qui a eu des périodes heureuses, d'autres pénibles, est d'une grande utilité pour les populations de nos montagnes, trop éloignées des centres d'éducation et d'enseignement secondaire, et a toujours rendu de vrais services à la contrée.

Enfin, à l'heure où je termine ces lignes, on achève le chemin de fer qui ralliera cette ville, jusqu'ici deshéritée et disgraciée, à Montpellier et à Lodève par Bédarieux et Paulhan, et sous peu à Béziers par Saint-Chinian.

SAINT-PONS-DE-MAUCHIENS.

Je serai plus bref dans cette seconde NOTICE, la localité dont je vais entretenir le lecteur ayant une bien moindre importance que celle dont je viens de parler, et d'ailleurs son histoire ayant de nombreux points de contact avec celle de Saint-Pons-de-Thomières, je devrai, pour éviter les répétitions, renvoyer quelquefois à ce que j'ai dit plus haut.

A une petite distance du cours de l'Hérault, sur une éminence qui domine la plaine de Pézenas à Gignac, à deux kilomètres d'une station-halte dela voie ferrée de Montpellier à Paulhan (1) et par Paulhan à Béziers, Lodève et Rodez, et sur la ligne divisoire des anciens diocèses d'Agde et de Béziers et des arrondissements actuels de Béziers et de Lodève, et sur le territoire de l'arrondissement de Béziers et de l'ancien évêché, aujourd'hui archiprêtré d'Agde, s'élèvent les ruines d'un ancien château-fort, autour et au-dessous duquel se trouve une petite paroisse de 700 habitants environ,

____

(1) Saint-Pargoire.

qui a conservé les traces encore très apparentes du
vieux manoir féodal, une église, primitivement chapelle du château, auquel elle était attenante et qui présente des caractères très marqués de l'architecture des
X° et XIV° siècles, une disposition de rues étroites et
circulaires, de véritables ruelles, qui rappelle les che-
mins de ronde des anciennes forteresses du moyen-
âge, des vestiges de murs d'enceinte, de portes fortifiées,
ornées encore de leurs machicoulis ; il ne manque à
tout cet appareil féodal que des créneaux et les anciens
fossés, comblés et transformés en égouts souterrains
lorsqu'au moment de la Renaissance tout cet attirail
des guerres seigneuriales devint inutile et que la force
des événements mit fin aux anciennes luttes entre les
possesseurs de domaines voisins.

Cette paroisse, appelée primitivement Mauchiens
(*Malos canos, Malos canes*), porte depuis neuf siècles le
nom de SAINT-PONS-DE-MAUCHIENS (*Sanctus-Pontius-de-
malis-canibus*). C'est un modeste village dont la population a un peu diminué depuis l'invasion du phyl-
loxera dans notre contrée.

C'est ce village, cette paroisse qui vont devenir
l'objet de cette courte NOTICE.

Le titre le plus ancien que nous possédons, où se
trouve mentionnée la paroisse de Saint-Pons-de-Mauchiens, est le testament du seigneur Guillem, vicomte
de Béziers et d'Agde, qui, en 990 (1), donna la jouissance de son château à sa seconde femme Arsinde, et
la nue-propriété à sa fille aînée Garcinde, qu'il avait

_____

(1) MARTEN., *Anecd.* T. I, p. 179. — *H. G. L.*, T. II, Pr.
CXXVIII, col. 145 et s.

eue d'un premier mariage avec Drude ou Ermentrude.
A cette époque l'église portait le nom de *Saint-Pons* et
le village celui de *Mauchiens* (*Ecclesia quæ vocant*
SANCTI-PONTII, *cum ipso poïo et ipsa villa quæ vocant*
MALOS CANOS.)

Il ne sera pas inutile de rappeler, avant d'aller plus
loin, et pour faciliter l'intelligence de ce qui va suivre,
que les vicomtés d'Agde et de Béziers avaient été réunis et se trouvaient dans la même main depuis l'année 877, époque probable de la mort de Réginald ou
Raynald ou Raynaud, vicomte de Béziers, dont la
femme portait le nom de Dide. Bozon, qui lui succéda
et qui était, de son chef, vicomte d'Agde, devint alors
vicomte de Béziers, du chef de sa femme Arsinde, fille
de Raynaud et de la vicomtesse Dide.

Il n'est pas aisé de savoir si Guillem, vicomte de
Béziers, dont le testament paraît être de 990, était
descendant direct d'Arsinde ou d'Adélaïde, qui vivait
encore en 924, mais cela est probable ; sa fille aînée
Garcinde, à laquelle il légua, entre autres biens, le
château de Saint-Pons-de-Mauchieus, avec jouissance
viagère à Arsinde, sa seconde femme, épousa Raymond,
fils de Roger, comte de Carcassonne, et, en secondes
noces, Bernard d'Anduze, de la famille des vicomtes
de Narbonne.

Il n'est guère probable que cette Garcinde ait été la
même que la dame du même nom qui en 1046, le 17
mars (1), se dessaisit en faveur de Pierre-Raymond,
comte en partie de Carcassonne et vicomte de Béziers
et d'Agde, de tous les alleus et fiefs qui avaient appar-

(1) *H. G. L.,* T. II, Pr. CXCII, col. 213.

tenu au vicomte Guillem, en se réservant le château
de Mèze et la troisième partie de plusieurs autres, au
nombre desquels était celui de Saint-Pons-de-Mauchiens. Elle était déjà en 969 veuve de Raynaud II,
vicomte de Béziers (1), et aurait eu plus de cent ans en
1046, ainsi que le font remarquer les Bénédictins de
Languedoc. D'ailleurs, parlant d'elle-même à la première personne au commencement de l'acte, elle ne
se serait pas désignée à la troisième dans le corps de
la même pièce, et c'est bien d'une autre Garcinde antérieure qu'elle veut parler et, comme Pierre-Raymond,
donataire dans cette charte, était fils et héritier de Raymond, qui avait épousé Garcinde, fille de Guillem, vicomte de Béziers, il y a lieu de penser que Raymond
et Garcinde avaient eu une fille à laquelle ils avaient
imposé le nom de sa mère Garcinde, et dès lors ce
serait cette Garcinde qui se serait dessaisie en faveur
de son frère, Pierre-Raymond, comte de Carcassonne,
des biens énumérés dans l'acte et qui ne serait connue
que par ce document, mais pas assez clairement pour
ne pas avoir causé quelque embarras aux Historiens
de Languedoc ordinairement si clairvoyants.

Le château de Saint-Pons était passé, vers 1059, par
héritage ou douaire, en entier ou en partie, aux mains
de Rangarde de la Marche, comtesse de Carcassonne,
alors veuve de Pierre-Raymond à qui, nous venons
de le voir, sa sœur Garcinde l'avait rétrocédé et qui
avait pu l'assigner en douaire à sa veuve et le léguer à

______

(1) *H. G. L.*, T. II, Pr. civ. col. 119, Exécution du testament de RAYNARD II, vicomte de *Béziers*. Cartul. de la Ca-
thédr. de *Béziers*.

ses enfants, ce qui expliquerait que la comtesse Rangarde l'administràt alors ou pour son propre compte
ou comme tutrice de son fils mineur Roger III.

En cette année Raymond, comte de Razès (1), prêta
serment de protection à la comtesse Rangarde et lui
promit de défendre ses domaines et de ne pas s'emparer lui-même du château du Pouget et de celui de
Saint-Pons et d'un bon nombre d'autres domaines (2).

Il ne faut pas oublier qu'il y avait alors deux sortes
de serments entre vassaux et suzerains. Le serment
de foi, fidélité, hommage, par lequel le vassal s'engageait à servir son suzerain, à le suivre à la guerre,
à lui payer tous les cens, usages, redevances auxquels
il s'était obligé en acceptant le fief de son suzerain,
soit par héritage, fermage ou autrement, et le serment
de protection, par lequel le suzerain s'engageait à son
tour à protéger et défendre son vassal ou dans sa personne ou dans ses biens, au cas où il viendrait à être
troublé dans leur possession, et à ne lui causer aucun
préjudice ni dans son corps, ni dans ses membres, ni
dans ses biens, ni dans ses droits. Il y avait là un contrat bilatéral parfaitement régulier.

En distinguant ces deux sortes de serments, on peut
arriver à résoudre des questions assez embarrassantes
à première vue et l'on comprend que Raymond, comte
de Razès, ait pu, en 1059, prêter serment de protection
à Rangarde, comtesse de Carcassonne, pour une partie
des châteaux du Pouget et de Saint-Pons-de-Mauchiens,
pendant que les fils de Guidinelde prêtaient pour ces

(1) Le Razès était la ville de Limoux et sa banlieue.
(2) *H. G. L.*, T. II, Pr. ccx, col. 231 et s.

mêmes châteaux serment de fidelité à Guillem IV,
seigneur de Montpellier, et à Ermengarde, son épouse.

Le chanoine Pierre Gariel rapporte, en effet, deux
serments de fidélité prêtés en 1059 (1) à Guillem, fils
de Béliarde ou Guilhem IV, seigneur de Montpellier,
l'un en langue romane par Bérenger, fils de Guidinelde,
pour le château du Pouget, l'autre en latin par Raymond, également fils de Guidinelde et frère de Bérenger, pour le château de Saint-Pons-de-Mauchiens.
Pour ne pas être accusé de manquer d'exactitude, je
dois dire ici que le cartulaire des seigneurs de Montpellier réédité en 1885 appelle Guillem celui que Gariel
appelle Raymond et Raymond celui que Gariel appelle
Bérenger. Il y avait un troisième fils de Guidinelde qui,
sous le nom de Bérenger, fit la même année le même
serment que son frère Guillem au seigneur de Montpellier pour le château du Pouget (1).

Remarquons en passant que ce Raymond, ce Guillem et ce Bérenger, fils de Guidinelde, font penser
qu'ils appartenaient à la famille des comtes de Barcelone, où ces noms et celui de Guidinelde étaient
usités. Il y avait, en effet, des liens très étroits entre
les comtes de Barcelone et ceux de Carcassonne et par
suite les vicomtes de Narbonne, de Béziers et d'Agde.

J'ai déjà expliqué dans la précédente NOTICE comment Pierre, comte de Mauguio, qui avait épousé Almodis de Toulouse, pouvait avoir, ou par lui-même ou

----

(1) GARIEL. *Idée de Montpellier ;* 2ᵉ part., p. 84. — *H. G. L.*,
T. II, Pr. CIX, col. 230. — M. d. N. Doc. DXXIX p. 708,
CCCCLXXX, p. 666 et CCCCLXXXI, p. 667.

(1) M. d. N., Doc. CCCCLXXXI, p. 667.

par sa femme, sur Balaruc-le-Vieux ou Saint-Martin-
de-Cazello des droits qu'il céda de concert avec elle
à l'abbaye de Thomières, le 26 février 1082 (1083) (1),
par dévotion pour Saint-Pons ; Almodis était certainement la petite-fille du comte Raymond-Pons et de la
comtesse Garcinde, fondateurs de ce monastère, et le
comte Pierre était probablement leur arrière-petit-fils,
un de ses ascendants, dont le nom n'est pas connu,
ayant pu épouser une Ermengarde, fille des fondateurs,
ou peut-être mieux encore, sa mère Adèle ayant été la
fille de Matfred et d'Adalaïs, vicomte et vicomtesse
de Narbonne, celle-ci fille de Raymond-Pons et de
Garcinde.

J'ai dit aussi, avec le chanoine Ch. d'Aigrefeuille,
qu'Ermengarde, épouse de Guillem IV, seigneur de
Montpellier, était sœur du comte Pierre de Mauguio
et fille de Raymond, comte de Mauguio, et de Béatrix,
et que la mère du dit Raymond, s'appelant Adèle,
pouvait être fille du vicomte de Narbonne Matfred et
d'Adélaïde, ce qui suffit à expliquer comment le seigneur de Montpellier avait des droits sur les châteaux du
Pouget et de Saint-Pons-de-Mauchiens (2). Nous pouvons d'ailleurs suivre jusqu'à la fin du XIIe siècle la
trace de ces droits dans la maison seigneuriale de
Montpellier.

Constatons auparavant que les seigneurs de Montpellier n'étaient pas seuls à avoir des droits sur le
château de Saint-Pons-de-Mauchiens ; les vicomtes de
Béziers avaient aussi sur cette forteresse des droits
de même nature, ce qui s'explique par les alliances.

(1) *H. G. L.* T. II, Pr. cclxxxvii, col. 314.
(2) *H. G. L.*, T. II. Pr. cccxxxi, col. 366.

On a pu remarquer, et on aura occasion de remarquer encore dans la suite qu'il est quelquefois dans les actes question de la moitié, de la troisième partie du château de Saint-Pons-de-Mauchiens et de plusieurs autres châteaux ; ce qui implique que l'autre moitié, les deux autres tiers appartenaient à d'autres personnages, et en ce cas ils se disaient les uns et les autres co-seigneurs de ce lieu.

Bernard-Aton, vicomte de Béziers, sur le point de partir pour la Terre-Sainte, donna, le 31 août 1101, à l'abbaye de Gellone (1) tous les droits qu'il avait sur l'église consacrée à la T.-S.-Vierge et à Saint Pons au diocèse d'Agde et au château qui portait alors non plus l'ancien nom de *Mauchiens*, mais celui de *Saint-Pons* (2). D'où il suit que cette église, primitivement dédiée à la Sainte-Vierge, avait ajouté à ce vocable celui de son nouveau patron. J'aurai, avant de finir, à revenir sur ce sujet.

Guillem IV, seigneur de Montpellier, légua ses droits sur Saint-Pons-de-Mauchiens à son fils aîné Guillem V ; celui-ci ne les légua pas à son fils aîné le B. Guillem VI. qui lui succéda dans la seigneurie de Montpellier, mais à son fils puîné, Guillem d'Aumelas, ainsi que cela résulte de son testament de 1121 (3). Il les avait,

(1) *Ecclesiam quæ est consecrata in honore S. Mariæ et* S. Pontii *in episcopatu Agathensi, in castro quod vulgo dicitur* S. Pons *(ibidem)*.

(2) Se reporter pour l'intelligence des lignes qui précèdent aux fragments de Généalogies des pages 136 et 137.

(3) *Dimitto autem Guillelmo filio meo minori*............ *et castrum de Poget*.......... *et castrum de* S. Pontio, *et totum quod ibi habeo vel aliquis per me. (H. G. L., T. II.,* Pr. CCCLXXXVI, col. 314 et s. M. d. N. Doc. XCIV, pag. 172.)

dans son testament de 1114 (1), légués à son frère uté-
rin Berard d'Anduze, fils comme lui d'Ermengarde,
mais par le premier mariage de celle-ci.

Guillem d'Aumelas inféoda la châtellenie de Saint-
Pons-de-Mauchiens à Pierre de Cournon, au mois de
septembre 1144 (2), reçut de lui serment de fidélité et
y répondit par le serment de protection. Tout cela se
passa à Montpellier en présence du B. Guillem VI, seigneur de cette ville.

Il fit son testament le 8 du mois de mars 1156 (3).
Il avait eu plusieurs enfants de son mariage avec Tiburge, fille du comte d'Orange. Raimbaud, qui était
l'aîné, mourut sans postérité vers 1180 ; Guillem, son
second fils, prit le nom de Guillem d'Orange ; il eut
un fils du nom de Raimbaud d'Orange et une fille
nommée Tiburge, auxquels il donna par moitié la seigneurie d'Orange.

Guillem d'Aumelas comprit le château de Saint-Pons-
de-Mauchiens dans la portion de ses biens qu'il légua
à son fils Raimbaud d'Orange, dans le testament dont
je viens de parler (4).

Raimbaud d'Orange laissa deux filles, Tiburge, qui

(1) *Dimitto quoque et dono Bernardo de Andusia fratri meo
et infantibus suis....... et castellum de* SANCTO PONTIO.....
et castellum de Poieto......... (H. G. L., T. II. Pr. CCCLXV,
col 390 et s.)

(2) M. d. N. Doc. DXXX, DXXXI et DXXXII, pag. 709-711.

(3) M. d. N. Doc. DLII, pag. 734 et s.

(4) *Raimbaldum, filium meum, in aliis bonis meis heredem
mihi facio, scilicet de........ et de castro de Poget et de
castro* SANCTI PONCII ; *et de...........*

épousa Adhémar ou Aymard ou Azemar de Murviel (1), et Tiburgette, qui épousa d'abord Gausfred de Mornas, et, en secondes noces, Bertrand de Baux.

Les Historiens de Languedoc pensent qu'il est ici question de Murviel-lez-Béziers, mais ils doivent faire erreur, car dans les pages suivantes ils disent qu'Adhémar disposa peu après du *château de Murviel au diocèse de Maguelone*. Peut-être était-il seigneur de ces deux châteaux.

Adhémar de Murviel eut, du mariage qu'il contracta le 7 février 1150 avec Tiburge d'Orange (1), plusieurs enfants, entr'autres Raymond-Aton de Murviel. Ils héritèrent par leur mère de tous les biens que leur oncle Raimbaud avait eus en Languedoc et en particulier de la seigneurie d'Aumelas.

Raymon-Aton donna, ou mieux, vendit en franc-alleu, le 1er juillet 1187, cette seigneurie à Guillem VIII, seigneur de Montpellier et la reçut de lui en fief (2). Il laissa deux filles, Tiburge et Isabelle, dont son père, Adhémar de Murviel, fut tuteur en qualité d'aïeul paternel. Guillem VIII de Montpellier avait eu, en 1191 (3), la pensée de solliciter la main de l'aînée pour l'aîné des fils qu'il avait eus d'Agnès de Castille, sa femme illégitime et adultérine. Ce fils fut un moment Guillem IX; ces conventions matrimoniales furent conclues entre lui et le grand-père et tuteur de ces demoiselles, Adhémar de Murviel, le 1er juin

(1) Mss. d'Aubais, N° 82. — *H. G. L.*, T. II, Pr. ccccxxx, col. 528 et s. — M. d. N. Doc. DLI, p. 832.

(2) M. d. N. — Doc. DLVI., pag. 741.

(3) M. d. N. Doc. DLXIII, p. 763.

1191, à Maguelone, dont l'évêque Guillem Raymond
était, suivant Gariel, oncle de Guillem VIII (1) ; mais
ce mariage n'aboutit pas ; on en a la preuve dans un
acte du mois d'août 1199, par lequel les deux fiancés
se rendirent mutuellement leur parole (2).

Ces deux demoiselles épousèrent, après 1197, les
deux fils du seigneur d'Olargues, Pons et Frotard (3).

Pour liquider leur situation financière, elles vendi-
rent leurs domaines 70.000 sous melgoriens et, les
dettes payées, il revint à chacune d'elles 20.000 sous.

Ce fut Guillem VIII qui devint acquéreur de leurs
biens au mois d'août 1199, à l'exception du château
de Murviel et de tout ce qui leur était venu de la succession de leur aïeul Adhémar (4).

Ce fut ainsi que Saint-Pons-de-Mauchiens retourna
à la famille des seigneurs de Montpellier.

(1) **M. d. N.** Doc. DLIX, p. 751.

(2) Ces détails généalogiques sont résumés, pour l'intelligence du texte dans l'arbre généalogique suivant :

GUILLEM V, seigneur de Montpellier, ép. *Ermessende*, de
Mauguio.

Guillem d'Aumelas, ép. *Tiburge* d'Orange.

Raimbaud	**Guillem**	**Tiburge,**	**Tiburgette,**
d'Orange,	Raimbaud	ép. *Adhémar*	ép. 1° *Gaus-*
† S. P.	† S. P.	de Murviel.	*fred* de Mor-
			nas ;
			2° *Bertrand,*
			de Baux.

Raymond-Aton de Murviel, ép. *Foy N…*	**Sicard**

Tiburge, ép. *Pons* d'Olargues.	**Tiburgette,** ép. *Frotard* d'Olargues.

(3) **M. d. N.,** Doc. DLIX, p. 751.

(4) **M. d. N.,** Doc. DLX, p. 754.

Le même Guillem VIII inféoda, au mois de septembre 1199, ce château à Pierre de Roquefiche (1). Dans l'acte, l'église de ce lieu est encore appelée : *Eglise de la Sainte-Vierge et de Saint-Pons* (2). Pierre de Roquefiche prêta, par le même acte, serment de fidélité au seigneur de Montpellier.

Cet acte, du reste, ne fut que la confirmation de pareille cession faite précédemment par Guillem d'Aumelas à Raymond de Roquefiche, père du nouveau vassal de Guillem VIII (3), dont les successeurs restèrent seigneurs suzerains du château de Saint-Pons et de ses dépendances, parmi lesquelles étaient compris alors Montredon et le Puech de Noviteau, qui était peut-être le lieu où se trouve aujourd'hui une métairie appelée *Mas de Novi* ou *Novit,* et peut-être aussi un noviciat (4) dépendant de l'abbaye de Gellone, qui avait des biens dans cette contrée, dont une partie porte encore le nom de *Saint-Guillem.* Avant la Révolution les abbés de Saint-Guillem étaient patrons ou curés primitifs des deux paroisses Saint-Pargoire et Campagnan, voisines de celle de Saint-Pons-de-Mauchiens.

Il paraît que le système de défense du château de

(1) **M. d. N.** Doc. DXXXIII, pag. 711.

(2) *Ecclesia Sante Marie et* Beati Poncii.

(3) **M. d. N.** *Ibidem.*

(4) Ce qui autoriserait à penser ainsi c'est le nom de *Noviteau* que porte encore de nos jours un terrain avec moulin sur le Lez, près de Castelnau, et qui a appartenu avec le lieu de Sauret aux Bénédictins de Montpellier. Le petit monastère de Sauret fut fondé en 1138 par le B. Guillem VI, seigneur de *Montpellier.*

Saint-Pons-de-Mauchiens avait quelqu'importance, puisque l'acte signale le château, le fort, plusieurs fortins, une tour principale et plusieurs autres tours. Il ne reste plus aujourd'hui de tout cet attirail de défense que quelques pans de murs.

Par suite de quels événements, de quelles transactions, de quelles alliances la seigneurie de Saint-Pons de Mauchiens sortit-elle de la maison de Montpellier ? Je ne saurais le dire, mais je la trouve en 1364 entre es mains de Bérenger du Puy, qui épousa cette année Marie de Puideval, sixième enfant de Gui de Puideval qui avait épousé Hélix de la Jugie en 1341 (1).

Cette seigneurie appartenait en 1458 à Pierre du Puy, lors de son mariage avec Antoinette de la Jugie, fille de Jean et de Marguerite de Thurin.

Jacques-Germain de la Jugie, conseiller du roi en ses conseils, fils de Tristan et d'Andrive de Montclar, était, en 1501, seigneur de Saint-Pons-de-Mauchiens et autres places voisines. Il légua cette seigneurie avec plusieurs autres à son fils François.

La fille de ce dernier, Anne, qu'il avait eue de son mariage avec Louise de Crusol, baptisée à Florensac en 1594, fut mariée en 1618 dans le château de Rieux-Mérinville (aujourd'hui Rieux-Minervois) à Jean de Besoles, à qui elle porta en dot la seigneurie de Saint-Pons-de-Mauchiens et quelques autres de la contrée.

Les La Jugie avait été ennoblis en 1338 par Philippe-de-Valois en la personne de Jacques de la Jugie (*de judiciis*). Ils étaient originaires du Limousin, qu'ils

(1) Tous les détails qui suivent ont été puisés dans le CARTULAIRE DE L'AUDE de M. Mahul. *Passim.*

avaient quitté pour se rapprocher de Pierre de la Jugie,
dit le cardinal de Narbonne, archevêque de cette ville
en 1347, transféré à Rouen en 1375, mort et inhumé à
Pise en 1376. Il était frère d'Hélix de la Jugie, dame
de Puideval, dont j'ai parlé plus haut.

Un autre motif les avait également attirés dans le
Midi, c'était leur parenté avec deux papes d'Avignon,
Pierre-Roger de Beaufort, devenu pape à Avignon en
1342, sous le nom de Clément VI, et autre Pierre-
Roger de Beaufort, qui fut aussi pape en 1370, sous le
nom de Grégoire IX : le premier, neveu, et le second,
arrière-neveu de la même Hélix de la Jugie.

A partir de ce moment (1618) il n'est plus question
de Saint-Pons-de-Mauchiens dans l'histoire de notre
contrée. Cette localité dut continuer à vivre dans le
tranquille exercice de la vie municipale, sous la
domination de ses seigneurs particuliers ou de leurs
représentants et cesser d'être historique.

On a dit que les populations paisibles n'ont pas
d'histoire; évidemment, parce qu'elles ne font pas parler d'elles. Les habitants de Saint-Pons-de-Mauchiens
ayant acquis, dans le cours des siècles précédents, les
franchises municipales, il n'a plus dû s'y passer rien
qui ait pu attirer l'attention des historiens.

Je ne puis finir sans dire un mot de l'église aujour-
d'hui paroissiale de Saint-Pons-de-Mauchiens.

J'ai déjà fait remarquer qu'elle fut à l'origine la
chapelle du château, placée comme lui au point cul-
minant. Elle était, d'après les actes que j'ai déjà cités,
primitivement dédiée à la T. S. Vierge, et ce dut être
lors de son agrandissement, quand les habitants dis-
séminés dans la campagne environnante vinrent s'abri-

ter derrière ses murs et sous la protection de son château-fort, et la rendirent insuffisante, qu'elle fut agrandie et dédiée à Saint Pons de Cimiez, sans perdre entièrement son premier vocable (1).

Tout semble dire que ce fut l'archevêque de Narbonne Armengaud qui vint la consacrer avant 990 et qui profita de cette circonstance pour la dédier au saint martyr, auquel son aïeul et son aïeule venaient de bâtir la splendide basilique de Thomières.

Cette idée m'est venue le jour où j'ai lu quelque part que ce prélat invita l'évêque d'Agde à aller consacrer, en son lieu et place, une église dans la même province et dans un des diocèses du nord de l'Espagne, soumis alors à sa juridiction métropolitaine. J'ai pensé que cette invitation était une manière de remerciment pour la courtoisie qu'avait mise l'évêque d'Agde à inviter son métropolitain à consacrer l'église d'une paroisse du domaine de sa famille.

C'est là du reste, si je ne me fais illusion, la seule explication plausible du nouveau vocable donné à l'église paroissiale du village de Mauchiens. Tout est concordant, et il faut bien que ce vocable ait sa raison d'être.

Ce serait donc entre 977, date de la mort de l'archevêque Eméri et de la prise de possession de son successeur Ermengaud, et 990, date probable du testament du vicomte de Béziers Guillem, dans lequel j'ai trouvé mon plus ancien renseignement, que cet agrandissement et cette consécration eurent lieu.

______

(1) Elle est encore appelée *Ecclesia* SANCTÆ MARIÆ BEATI PONCII dans l'acte de septembre 1199 dont j'ai parlé plus haut.

Cet édifice, qui, dans son ensemble, porte les caractères du style roman, a subi de nombreuses modifications. Son sanctuaire en cul de four en est incontestablement la partie la plus ancienne. La nef a été refaite lors de l'agrandissement et alors les arcs doubleaux ont abandonné la forme du plein ceintre ou de l'anse de panier pour prendre la forme ogivale. Un nouvel agrandissement a dû avoir lieu plus tard ; il a consisté en la construction, du côté du Midi, d'une seule nef latérale en style gothique. Je fais remarquer que cette église est orientée. A cette époque on a dû, en évidant le mur du côté de l'Epître, transporter au fond la belle porte romane qu'on y voit encore sur le même mur. Cette porte fut alors aveuglée et l'est restée jusqu'au milieu de notre XIX° siècle. Il y a une trentaine d'années que feu l'abbé Gay, alors curé de cette paroisse, entreprit de l'ouvrir et n'y réussit pas sans contradictions. Les populations villageoises sont toujours les mêmes, toujours routinières.

Lors du second agrandissement, on établit sur le mur extérieur de la nouvelle nef latérale une porte ogivale comme la petite nef elle-même. Le curé Gay comprit la convenance et sentit la nécessité de la mûrer, et il eut raison. Cette porte, placée trop près de l'autel de la Ste-Vierge, qui est au fond de la nef latérale, gênait, par son balancement continuel, le prêtre quand il disait la messe à cet autel, et les fidèles qui y assistaient. Placée du reste en face de la chaire, elle occasionnait au prédicateur de trop nombreuses distractions.

La voûte de la nef est en briques et tout-à-fait moderne, si elle datait de la construction ou de l'agrandissement de l'édifice, elle aurait la forme de berceau. On a voûté en ce siècle beaucoup d'églises qui ne l'étaient pas originairement. Il reste surtout du côté de Narbonne et de Carcassonne de très belles et très anciennes églises qui ne le sont pas et ne l'ont jamais été, qu'on croit même avoir été construites avec la pensée de ne pas les voûter.

CHAPITRE V

—

Page 9.

Ce vocable de Saint Celse ne viendrait-il pas de la situation topographique des églises auxquelles il a été donné ? La plupart sont sur des hauteurs : par exemple, les anciennes cathédrales de Carcassonne et de Béziers, le vieux château ruiné de Ventajou. Or *celsus* en latin veut dire *élevé*. En ce cas, Saint Nazaire aura bénéficié de l'association de son nom avec celui de son disciple et son nom aura primé celui de Saint Celse. On pourrait, dans le même ordre d'idées, citer une chapelle située au milieu des bois dans la paroisse de Puéchabon et qui est appelée Saint-Sylvestre. A l'origine on a dû l'appeler *Église champêtre, Ecclesia sylvestris*, et de là à lui donner ou à lui supposer pour titulaire *Saint Sylvestre*, il n'y a pas eu très loin.

Page 78.

J'ai dit que la *Gallia Christiana* n'indique aucun évêque de Rodez du nom de Pons, j'aurais dû dire « du nom de Saint Pons ». Car il paraît, d'après l'*Histoire Générale de Languedoc* (1), qu'il y a une édition de la

(1) *H. G. L.* — T. II, note XXXIX, page 620, col. 2 et 621, col. 1.

Gallia Christiana, moins ancienne que celle que j'ai pu consulter, appelée par les Bénédictins *Editio nova*, dans laquelle est signalé un Pons d'Estève, *Poncius Stephani*, évêque de Rodez vers 1079 (1).

Or, tout bien considéré, cela ne saurait modifier mon argumentation, parce que :

1° Ce *Pons* est mentionné par un auteur cité par Baluze (2), et qui, d'après les Historiens de Languedoc, ne mériterait pas grande créance ;

2° Il n'est pas qualifié du titre de *Saint ;*

3° La *Gallia Christiana*, qui s'est trompée sur la date de son épiscopat, a pu se tromper sur le fait même de son existence ;

4° Les monuments que j'ai cités prouvent que la fondation de Thomières est de beaucoup antérieure à l'existence de ce *Pons d'Estève* et que cette abbaye était l'objet de grandes libéralités dès un siècle et demi avant l'épiscopat de ce prétendu *Pons.*

Page 108.

Pourquoi Raymond-Pons s'adressa-t-il à l'abbaye d'Aurillac pour demander les religieux nécessaires à sa fondation?

Je ne nie pas que la régularité et la bonne renommée de ce monastère n'aient été pour quelque chose et même pour beaucoup dans ce choix, mais on aurait certainement trouvé dans la contrée des religieux aussi réguliers, aussi pieux, aussi fervents, aussi vertueux que les disciples de l'abbé Géraud ; il doit y avoir donc

(1) *Gallia Christiana,* Ed. an. MDCCXVI.
(2) *Miscell.* T. VI, p. 431 et s.

un autre motif, une autre raison de convenance, et je
la trouve dans deux circonstances : la première est que
Raymond-Pons était alors comte d'Auvergne, qu'il devait aller quelquefois dans ce pays, connaître l'abbé
Géraud et apprécier les moines placés sous sa direction ; la seconde est que l'abbé Géraud dut être d'autant plus aisément porté à se rendre aux désirs du
comte de Toulouse, seigneur dominant du pays où était
située son abbaye, qu'il pouvait avoir besoin de son
concours pour l'administration temporelle de son monastère, et que d'ailleurs il connaissait ses sentiments
religieux et sa haute piété.

J'ai dit que l'abbé Géraud était très uni avec l'abbé
Saint Odon ou Eudes de Cluni, et qu'ils travaillaient
de concert à la propagation de la réforme et au main-
tien de la règle bénédictine dans leurs abbayes respectives, ce qui n'a rien d'étonnant si on veut tenir compte
de l'origine de. ces deux maisons.

Celle de Cluni devait son existence à la piété de l'un
des prédécesseurs de Raymond-Pons, son grand-oncle
Guillem-le-Pieux. Elle avait été fondée le 3 septembre
910, et était par suite d'origine récente. On y suivait
la réforme introduite à Aniane par le fils du comte
Aigulfe, Wittiza, plus connu sous le nom de Saint Benoît d'Aniane. L'abbaye d'Aurillac, qui servait de modèle à celle de Cluni, n'était que de quelques années
l'aînée de celle-ci. Elle devait sa fondation aux libéralités de Saint Géraud, comte d'Aurillac.

En sa qualité de comte d'Auvergne, Raymond-Pons
eut souvent occasion de voir l'abbé Géraud et en profiter pour négocier avec lui la demande d'une colonie
de religieux d'Aurillac pour le monastère qu'il fondait

alors à Thomières, et de fait je relève sa présence à Clermont-Ferrand le 28 août 937, un peu moins de trois mois avant la date de la fondation de la maison de Thomières. Il y assista à la fondation de l'abbaye de Chanteuge, la confirma au nom de son autorité comtale et signa l'acte du nom de RAYMOND, *duc des Aquitains, qui, par la grâce de Dieu, porte un autre nom, celui de* PONS (1). Ce fut sans doute pendant ce voyage qu'il pria Arnoud, évêque de Clermont, de fonder dans sa ville épiscopale l'abbaye de Saint-Allire et qu'il l'aida dans cette fondation (2).

Page 113.

« Alexandre Farnèze, devenu le pape Paul III, n'oublia pas son humble épouse l'Église de Saint-Pons; car, en témoignage de l'affection qu'il lui portait, même en la quittant pour l'Église universelle, il accorda un jubilé de sept ans à tous ceux qui, confessés et contrits, visiteraient la cathédrale de Saint-Pons le dimanche de la Passion et la fête de l'Assomption de la Sainte Vierge, et lui feraient quelque aumône pour achever cette basilique. Lui-même, pendant son épiscopat, avait consacré à cette œuvre des sommes considérables prises sur ses revenus (3). »

Page 121.

Géminian n'est autre que *Cuxac* (d'Aude), village situé à 5 ou 6 kilomètres environ et dans l'ancien dio-

(1) *H. G. L.* T. II. Pr. col.
(2) *Ibid.* p. 566, col. 1.
(3) *France Pontificale,* Diocèse de Saint-Pons, p. 577.

cèse de Narbonne vers le Nord, et qui s'appelait alors
Magrian, Magrinnan et Géminian : *Ipsum alode de* Magrin-
nano *et de* Cucugiaco (1). — *In villa* Geminiano *quæ*
Cucuciacus vocatur (2).

Page 136.

L'offrande des enfants aux monastères par leurs
parents, en vue d'en faire des religieux, était dans les
usages de l'Eglise, au moins en France, dès avant le
VIII° siècle. Elle était soumise à des règles qu'il n'est
pas hors de propos de faire connaître à ceux qui les
ignorent et qui pourraient trouver dans cette coutume
matière à scandale ou à récrimination.

Le pape Grégoire II, répondant en 726 à Saint Boni-
face, alors évêque de Thuringe, lui disait entr'autres
choses : « On ne doit pas permettre à ceux ou à celles
qui ont été offerts dans leur enfance par leurs parents
dans les monastères, d'en sortir et de se marier. »

Cette discipline changea dans le siècle suivant, et il
fut réglé que les enfants offerts en bas âge pourraient
choisir leur état quand ils seraient arrivés à l'âge de
discrétion. Le sixième concile de Tolède avait défendu
qu'on offrît des enfants dans les monastères avant
qu'ils eussent atteint l'âge de dix ans ; celui d'Aix-la-
Chapelle les obligea aussi à confirmer, quand ils seraient en âge, l'engagement pris par leurs parents.
Cette discipline commença cependant à se modifier au
IX° siècle. On trouva qu'il était trop dur d'engager les
enfants malgré eux dans l'état monastique et, quand

(1) *H. G. L.* T. II, Pr. xci, col. 101 et s.
(2) *H. G. L.* T. II, Pr. cxxix, col. 149 et Pr. clxix, col. 187.

ils étaient en âge, on leur permettait de choisir librement leur état, s'ils ne voulaient pas s'en tenir à celui que leurs parents avaient choisi pour eux.

Voici comment on offrait un enfant pour être moine ou chanoine :

On lui faisait une couronne et on le présentait au prêtre après l'Evangile, portant dans ses mains le pain et le vin pour le sacrifice (1). Quand le prêtre avait reçu l'offrande des mains de l'enfant, les parents prenaient la main de ce même enfant, l'enveloppaient avec la nappe de l'autel et promettaient que, ni par eux, ni par d'autres personnes, ils ne le porteraient jamais à quitter l'Ordre où il entrait. Ensuite ils mettaient sur l'autel cette promesse écrite, qui contenait ordinairement quelque legs fait au monastère en faveur de l'enfant qui y était reçu, ainsi qu'on peut le voir dans d'anciennes formules qui nous sont restées de ces offrandes.

C'est ainsi qu'eut lieu à Thomières l'offrande du fils du comte de Foix.

Voir l'*Histoire de l'Eglise Gallicane*, T. IV, p. 2, et T. VI, p. 208.

Page 137.

L'église dédiée à Saint Étienne n'existe plus à Peyriac, le ténement où elle se trouvait hors des murs a conservé seul le nom de *Saint-Estève*. C'était à cette époque l'église paroissiale (2), elle portait le nom de

(1) Lanfranc. — Décret, C. 17.
(2) *Cum medietate ecclesiæ* PAROCHIALIS *sancti Stephani* (Cartul. de l'Aude, T. IV, 263. — *H. G. L.*, T. II, Pr. CCLXXVII, col. 503).

Saint-Étienne-de-Villaris. Celle qui sert d'église parois-
siale était et est encore dédiée à la Transfiguration de
N.-S.-J.-C. (6 août) sous le nom de *Saint-Sauveur*.
(Cartulaire de l'Aude. T. IV, 276.)

Pierre de Grave et sa femme Brunissende augmen-
tèrent l'église de Saint-Étienne en 1267, en y ajoutant
une chapelle dédiée à la Sainte Vierge, et y établirent
leur sépulture de famille. Le monument de Pierre de
Grave, qui n'existe plus aujourd'hui, se trouve repro-
duit dans la nouvelle édition in-8° de l'*Histoire générale de Languedoc* de M. du Mège (T. VI, 40). L'église
de Saint-Étienne de Peyriac existait donc deux siècles
avant son agrandissement par Pierre de Grave.

Page 157.

Est-il bien sûr que les stalles de l'Eglise de Saint-
Pons soient dues à la munificence du cardinal Alexandre Farnèze ? C'est là ce que dit la tradition ; mais il y
a lieu de remarquer que l'église de Saint-Pons, dénaturée en 1567, ne prit sa forme actuelle qu'après cette
date, dix-sept ans après la mort du cardinal, devenu
Paul III, et 33 ans après son élévation au souverain
pontificat.

Avait-il fait ce don pendant son épiscopat et ces
stalles étaient-elles dans l'ancien chœur de la cathédrale pendant qu'elle avait encore sa forme première ?
C'est assez difficile à admettre en tenant compte de
leur forme et de leur disposition actuelle, mais ce
n'est pas absolument impossible. En tout cas, elles ont
subi des dégradations, qui peuvent aussi bien être
attribuées aux dévastations des calvinistes en 1567,
qu'au vandalisme des révolutionnaires de la fin du
XVIIIe siècle.

Les chapelles établies dans la cathédrale de Saint-Pons-de-Thomières, mutilée en 1567 et restaurée ensuite, ont les vocables suivants :

Dans la chapelle à droite en entrant se trouve le baptistère et un autel dédié à Sainte Germaine. Vis-à-vis est la chapelle de la T. S. Vierge. Ces deux chapelles et la travée de la nef qui les unit n'existaient pas dans l'ancienne abbatiale-cathédrale. Elles furent ajoutées après sa mutilation pour rendre l'édifice suffisant.

A droite encore et en remontant est l'autel des âmes du Purgatoire et de N. D. du Suffrage, affiliation établie depuis peu à Saint-Pons à la confrérie diocésaine de ce nom dont le siège est à Montpellier, dans la chapelle des Pénitents bleus, rue des Étuves. Vis-à-vis est l'autel du Sacré-Cœur de N. S. J.-C.

Enfin, plus près du chœur, il y a à droite encore un autel dédié à Sainte Thérèse, qui fait face à une chapelle dédiée à Saint Joseph et à Saint Roch.

Inutile d'ajouter que le maître-autel a Saint Pons pour vocable.

Page 166.

Saint-Pons-de-Mauchiens appartenait en 1112 à Bernard-Aton, vicomte de Béziers, qui, pour éviter une guerre à lui déclarée par Raymond-Bérenger, comte de Barcelone, consentit, à la suite de l'intervention bienveillante d'amis communs, à se dépouiller en faveur de ce dernier de douze châteaux parmi lesquels était compris celui de Saint-Pons-de-Mauchiens, et les reprit ensuite en fief du même comte de Barcelone (1).

(1) *H. G. L.* T. II, Pr. ccclviii, col. 382 et s.

Page 168.

Les Historiens de Languedoc disent, T. II, page 476.
qu'Adhémar, seigneur de *Murviel, au diocèse de Béziers*,
épousa l'une des filles de Guillem d'Aumelas, toutes
les deux appelées Tiburge, et qu'en 1156 Guillem
d'Aumelas donna dans son testament à sa fille Tiburge,
qui avait épousé 1° Geofred de Mornas, 2° Bertrand
de Baux, le village de Murviel dans le diocèse de
Maguelone. (*Ibidem*, page 477.)

D'où il suivrait que les deux filles de Guillem d'Aumelas furent dames, l'une de Murviel-lez-Béziers par
son mariage avec Adhémar de Murviel, l'autre de
Murviel-lez-Montpellier en vertu du legs à elle fait de
ce lieu par son père.

APPENDICES

APPENDICES

Appendice I.

—

An. 924. — Donation faite a l'abbaye de Montolieu par
Odon, vicomte de Narbonne.

*(Archives de l'abbaye de Montolieu. — **H. G. L.**, T. II,
Pr. xlix, col. 62 et s.)*

In nomine Domini æterni ac summi Dei. Ego Odo nutu
Dei vicecomes unà cum uxore mea nomine Richelde, cum
animadverteremus quanta et qualia omnipotens Dominus
nobis præstiterit et istius mundi prospera atque delectabilia
miro modo nobis intulerit, cum rebus mundanis multis modis uteremur dum perituri sœculi opibus fruimur, Christi
inspirante gratia, intelleximus eloquia divina, in quibus
reperiuntur præmia magna eleemosinarum recte prope-
rantibus ad æternæ vitæ gaudia, ut loquitur in sacra Scriptura, *desudet eleemosina in manu tua et donet.... in morte
liberat animam: eleemosinâ gratâ universa mundantur peccata,
et sicuti ignis extinguitur aqua, ita eleemosina extinguit peccata:* sed quia in divinis Scripturis verisimilia reperiuntur
exempla, atque christianos decet summa cum devotione
concurrere templa... quatinus ad eorum meliorationis.......
Christo Domino de nostro jure possesionum prædia. Propterea, auxiliante Domino, propter æternam retributionem
cœleste que remedium, placuit animis nostris, nullius co-
gentis imperio nec suadentis ingenio, sed propria et spon-

1*

tanea hoc elegit nostra bona voluntas, ut ad Dei honorabile atque magnificum cœnobium S. Johannis Baptistæ, quod est situm in territorio Carcassensi, loco nuncupato Castro Mallasti cujus est vocabulum Vallis-Sigarii, donationem faciamus de allode nostro, quod ita et fecimus. Donamus enim ad jam dictum monasterium S. Johannis et abbati nomine Arifonso præsenti ipsius monasterii, et monachis omnibus futuris et præsentibus in eodem loco Christo servientibus, jura, cum consensu domni Agonis archiepiscopi et Poncii comitis, ipsum alodem nostrum in comitatu Narbonensi ; id est villare qui vocatur Aquæductus cum omni suo territorio qui mihi advenit ex parte mei genitoris nomine Franconis et meæ genitricis nomine Ersendis, qui fuerunt quondam, quem videlicet alodem idem pater meus Franco supranominatus adquisivit per præceptum quod illi fecit domnus Karolus incliti regis Lodovici filius. Affrontat autem prædictus villaris Aquæductus, cum omni suo terminio seu territorio, in terminio villæ quæ vocatur Aquaviva; ex meridie affrontat in terminio de villare quem vocant Salella, et ex parte circii affrontat usque in rivum quem vocant Seissar, sive in terminio de villa Troliares ; de aquilone vero affrontat cum terminio de Oviliano, sive in terminio quod dicitur Canimaler: quantumcumque prædictæ affrontationes quatuor concludunt cum finibus et terminis, limitibus, fixuris et adjacentiis ; omnia et in omnibus quantum in supradicto loco vel territorio habemus vel quilibet habet vel tenet per nos sive quantumlibet ad præfatum villarem nomine Aquæductus spectare vel pertinere videtur, tam loca rustica quam et urbana, tam adquisitum quam ad inquirendum, tam divisum quam ad dividendum ; totum donamus et cedimus, dimittimus et evacuamus Omnipotenti Deo, sanctissimo Joanni Baptistæ et præscripto monasterio sicut superius dictum est, ut ab hodierna die et deinceps ex nostra potestate in proprio jure et dominio præscripti monasterii permaneat per alodem in perpetuum habiturum. Præ-

missam vero donationem fecimus propter spem vitæ æternæ
et remissionem peccatorum nostrorum, ob remedium genitoris mei et genitricis meæ et fratrum meorum, atque pro
salute et remedio animæ SENIORIS MEI PONCII COMITIS, ut in
præsenti sæculo et futuro, intervenientibus meritis ipsius
Baptistæ Johannis, ab ipso Domino merces nobis adcrescat
seu recompensetur, quatinus in die judicii ante tribunal
æterni judicis venientes veniam mereamur percipere omnium delictorum. Et hoc agimus tali modo, talique tenore
ut hæc nostra suprascripta donatio semper et in æternum sit
præfixa et immobilis in communia prædicti cœnobii ad
alimoniam pauperum sub custodia monachorum cæterorum-
que fidelium egenorum ; nullusque abbas vel præpositus sæ-
cularis vel monachus, neque aliquis princeps aut potestas
possit dare, commutare, vel alienare, seu aufferre à communia prædicti monasterii, quod absit. Sed si fecerit aut præsumpserit, ille qui acceperit, post primam aut secundam
monitionem vice-comiti Narbonensi qui illo tempore eidem
urbi præfuerit, XX libras auri persolvere cogatur; insuper et
ad præscriptum monasterium redeat nostrum alodem nomine Aquæductum duplum et melioratum restituat atque
componat, cogente prædicto Narbonensium principe qui
illo superstes fuerit tempore. Sane, quod fieri possit minime credo, quod si aliquis ex parentibus nost.is aut aliqua
potestas vel princeps, seu aliqua utriusque sexus subrogata
vel admissa persona advenerit, et hanc nostram donationem
infringere temptaverit, aut disrumpere vel inquietare præsumpserit.... correxerit, satisque faciendo coram Deo et
præfato monasterio publice pœnituerit, iram æterni judicis
irremediabiliter incurrat et cum Pharaone impiissimo, cum
Datan et Abiron, Annania et Saphora quos terra absorbuit
in imo et cum Juda proditore, qui D. J.-C. tradidit omni
excommunicatione damnatus sine fine in perpetuum luat
débitas pœnas. Amen.

Taliter hæc nostra præmissa donatio firma et stabilis permaneat omni tempore.

Facta scriptura ista hujus donationnis sub era DCCCC...
..XVI Kalend. Januarii, anno xxvii regnante Karolo rege.

S. Oddonis vice-comitis. S. Richeldis qui hanc donationem firmantes firmare rogavimus. S. Poncii comitis et marchionis qui consensit et firmavit. S. Erifonsus episcopus. S. Agonis episcopi. S. Aimerici archiepiscopi. S. Reynardi episcopi. S. Raymundi. S. Isoli levitæ. S. Barnardi Christi famuli humilisque abbatis. S. Mironis sacerdotis. S. Wlveradi. S. Aimonis. S. Salomonis. S. Mironis. S. Adrovarii. S. Isarni. S. Ragaberti. S. Atonis. S. Rogerii. S. Jorii. S. Genesii. S. Gairaldi. S. Alarici. S. Alenor.... S. Alfarici. S. Salvii presbiteri. S. Witardi. S. Barnardi. Ebonces qui hanc donationem scripsit et relegit sub die et anno quod supra.

Appendice II

—

An. 933. — Plaid tenu a Narbonne — (Extraits). — (*H. G. L. T.*, Pr. lvi, col. 59 et s.)

Veniens Vibardus mandatarius Donadeo abbati et congregatio sancti Joannis monasterii Castro Mallasti, die Veneris in civitate Narbonæ, in præsentia domno Aymerico archiepiscopo et domino Pontione comite seu et marchione, vel judices qui jussi sunt causas dirimere et legibus deffinire, tam Gotos quam Romanos velut etiam Salicos, idest Warnarius.....
et aliorum multorum bonorum hominum, quicumque ipsos judices ibidem residebant, in mallo publico, in Narbona civitate, in eorum præsentia sic se proclamabat supra nomi-

natus mandatarius de ipso abbate, de supranominato comite.....

Dato judicio V idus martii anno IIII regnante Rodulpho rege post obitum Karoli regis.

S. Pontione comiti et marchione qui se exvacuavit. S. Richildis vicecomitissa, S.........

Appendice III

—

An. 936. — Donation de l'abbaye de Saint-Pons-de-Thomières, par Raymond-Pons, comte de Toulouse.

(Arch. de l'église de Saint-Pons. — Catel (*Comites*), p. 38. — *H. G. L.* T. II. Pr. lxiii, col. 75 et s.)

Rege regum Domino nostro Jesu Christo præcipientes didicimus, *date eleemosinam,* etc. Igitur enim Dei nomine, ego Pontius gratia Dei comes Tolosanus, primarchio et dux Aquitanorum et uxor mea Garsindis, propter remedium et salutem animarum nostrarum, ut pium judicem divinum sentiamus placatum in angustiis nostris cum venerit judicare vivos et mortuos, et pro genitore nostro Raimondo et genitrice mea, et pro consanguineis nostris et fidelibus nostris omnibus, seu pro salute vivorum et requie omnium defunctorum fidelium, damus, laudamus et concedimus Omnipotenti Deo et Genitrici ejus S. Mariæ et beato Petro Apostolorum principi et sancto Paulo doctori egregio, nec non et glorioso martyri Pontio, *Thomeriensi* monasterio et domno abbati Olgario, et monachis ejusdem monasterii tam præsentibus quam futuris ; videlicet totum allodium et totum potestativum de villa nostra dominicata quæ dicitur *Thomiéres* cum ipsa ecclesia qui est fondata in honore *sancti Martini* cui vocabulum est de *Jauro,* et rebus omnibus ad se pertinentibus ; et in alio loco villa quæ dicitur Gasanus, et alia villa quæ Prata dicitur, et villam quæ Cauneta vocatur, et illa quæ Opinianus dicitur, et in villa quæ dicitur Tarborerius quatuor mansos ; in Asiniano mansos duos ; et in loco qui dicitur Simbergas mansos duos ; in Telito mansos duos ; in alio vero loco villa quæ dicitur Opiniaco et alia quæ dicitur Carturanis ; et in Condadas mansum unum et villa alia quæ Salissias dicitur, et alia villa quæ Taucina vocatur, et alia villa quæ Cornon dicitur et alia villa quæ Marthomis vocatur ; in Palissineto mansos duos ; in Crosato mansos tres ; in Bonatias mansos quatuor ; in Cabanario mansos sex ; in Brassiano mansos sex ; ad Pelludos mansos duos ; in Tursarias mansos quatuor ; in Proliano mansos tres ; et in loco qui dicitur Riolet vineas duas dominicatas et prato uno dominicato. Damus similiter totum allodium et totum potestativum de omni parrochia S. Saturnini de Bison, cum ipsa ecclesia et cum omni territorio usque ad pontem d'Elbina : confrontatur ab oriente cum dominio de Sorieiras, à meridie in sommitate montis Colim, ab occidente in Ponto-Silvestri aquæ d'Elbina, ab aquilone rivo de Toaret *:* omnis honor prædictus est in episcopatu Narbonensi. Et in alio loco in episcopatu Albiensi in loco qui vocatur Vetus-Murense damus similiter totum allodium et totum potestativum de omni parochia S. Clementis, cum ipsa ecclesia, cum manso ecclesiastico, et in ipso loco mansos duos qui dicuntur Atturim, et alios duos mansos ad illum qui dicitur Batpalmas. Hæc omnia prædicta ego Pontius comes jam dictus et uxor mea Garsindis damus, laudamus et concedimus Omnipotenti Deo et Sanctæ Mariæ et Sancto Pontio Thomeriensi monasterio, et abbati et monachis ejusdem monasterii tam præsentibus quam futuris in perpetuum, scilicet omnes ecclesias et villas prædictas et totum honorem prædictum, et totum allodium et dominium et totum potestativum de omnibus parochiis jam dictis cum decimis et primitiis, cum oblationibus et cimeteriis, cum terris cultis et incultis, cum vineis et hortis, cum pratis et arboribus fruetiferis et infructiferis, et cum herbis, pascuis, et pasturalibus, et aquarum cursu et recursu, cum molendinis, cum omnibus paxeriis tam de piscatoriis quam de molendinis et furnos, cum rivis et fontes, montes et colles et valles, et mundas cum nemoribus, cum sylvis et forestis et cum omnibus finalibus et mercariis et sirnumjugiis, et cum hominibus et famulabus inde naturalibus, et questus, et albergas et firmantias, et tallias, et omnes actiones, et segnis, et justitias et omnes satyros, et leudas et persulira, et venationes, et omnes actus, et quidquid in jamdicto honore et in omnibus suis pertinentibus habemus, totum illud damus Deo et monasterio prædicto in perpetuum absque omni retentione, pro redemptione et salute animarum nostrarum, parentum et fidelium nostrorum, ut possimus evadere gehennæ incendii flammas, et pœnas et infernorum claustra, atque conjungi sanctorum agmini, et sine fine obtinere cum illis sempiterna gaudia, et cum Christo et fidelibus suis feliciter regnare sine fine per æterna sæcula. De repetitione vero, quod fieri minime credimus, si nos immutata voluntate nostra, aut ullus de hæredibus nostris, aut ulla emissa persona quæ contra hanc nostram donationem ullam calumniam generare conatus fuerit, iram Dei incurrat et contra se testem et judicem habeat, et sanctos ejus exactores omnes et rei defensores, et sua repetitio nullum effectum obtineat, sed hæc præsens donatio firma et inconvulsa permaneat omni tempore cum stipulatione subnixa.

Facta donatio ista mense Novembris anno D. CCCC. XXXVI. divinæ Incarnationis, primo anno Ludovico rege sedem regni ejus gubernante.

Signum PONTII MARCHIONIS qui hanc donationem fieri aut

affirmare rogavit. S. Garsindis uxoris ejus consentientis.
S. Ragauberti, S. Vidimi, S. Attoni, S. Matfredi, S. Rai-
mundi, S. de Agberto, S. Aimerici, S. Odonis, S. Atrio,
S. Guillelmus qui hanc cartam scripsit rogatus.

Appendice IV.

—

An. 937. — Dédicace de l'église de Saint-Pons-de-
Thomières.

*(Cartulaire de l'église de Saint-Pons, aux archives du roi
à Carcassonne. —* Catel. Comites. p. 90). — *H. G. L.,*
T. II. Pr. lxv, col. 77 et s.)

In nomine Domini Dei summi. — Notum sit omnibus
tam regibus quam pontificibus et quibuslibet primariorum
ordinibus videlicet præsentibus atque futuris, quod anno secundo regnante domno Ludovico rege, ego Raimundus qui
et Pontius *primarchio et dux Aquitanorum* et uxor mea Garsindis quoddam nostri juris prædium Christo Domino et
sanctæ Genitricis ejus Mariæ, necnon et sancto Pontio glo-
riosissimo martyri, *ob cujus nomen sic et ipse vocor*, ea devotione obtulimus, ut ibidem cœnobium fieret in quo monachi
secundum regulam sancti Benedicti conversarentur. Qua
de causa etiam de Aureliaco beati Geraldi cœnobio *quosdam
fratres* sub manu venerandi abbatis Arnulphi venire feci,
ex quibus et ibidem à pluribus episcopis abbas Otgarius,
equidem nolens, ordinatus est. Facto autem solemni testamento prædictum locum Romanæ Apostolicæ Sedi ita sub-

jectum esse decrevimus, ut *per quinquennium* decem solidi pro recognitione ibidem persolvantur. De cætero sit locus ipse à dominatu omnium hominum liber et absolutus, et neque rex, neque princeps, neque episcopus, neque ullus ex propinquis nostris, neque ulla quælibet unquam persona dominatum exercere sub aliqua occasione, vel in loco, vel in rebus ad ipsum pertinentibus præsumat. Ad hoc autem plenius inculcandum et quorumlibet audaciam reprimendam, omnes episcopi qui a l dedicandam ecclesiam convenerunt, illum qui forte (quod absit) vel monachis, vel rebus eorum contrarius extiterit sub anathematis vinculo enodarunt. Sunt autem hi AIMERICUS metropolitanus ecclesiæ *Narbonensis*, WISANDUS *Carcassonensis*, RODOALDUS *Biterrensis*, THEODORICUS *Lodovensis*. In terminationem vero istam quam prædicti episcopi, ut dictum est, præfixerunt, omnes episcopi qui dehinc ad AUSIDIENSE consilium convenerunt, videlicet isti: *Aimericius, Rainaldus, Wisandus, Rodoaldus, Daybertus, Pontius, Theodoricus, Wadaldus* communi nihilominus decreto firmaverunt, et ut nostram constitutionem pro amore Christi et sanctæ Genitricis ejus, atque beati PONTII factam nullus infringere aut inquietare audeat; comminationem Dei per Moysem illatam imprimis dicentem : *Maledictus qui transfert terminos parentum suorum* (al. *proximi sui*), id est qui mutat hoc quod à quolibet proximo pie sancitum est, et ubicumque per orbem terrarum LXXXII. Psalmus canitur, omnis multitudo psallentium illam imprecationem quæ medio Psalmo continetur, contra illum quisquis ille est qui sanctuarium (*al.* res servorum) Dei possidere præsumpserit intorqueat, ut scilicet *ponat illum Deus sicut rotam quæ instabiliter volvitur et sicut stipulam ante faciem venti et cætera*, quousque impleat Deus faciem ejus ignominia ut quærat nomen ipsius, et sicut Heliodorus qui ejusdem Dei sanctuarium temerare præsumpsit coërcitus resipiscat· Cæterum si alius aliquis, cui forte de rebus juris mei partem tribuero, rem sibi traditam possidere quietius voluerit, et

videre quam nefarium est si id quod Deo et sanctæ Genitrici
ejus Mariæ traditum et consecratum fuerit, immissa quælibet persona inquietare præsumpserit : si ergo aliquis hoc
fecerit, videat Deus et judicet ad cujus injuriam et despec-
tum res ei traditas temerate præsumpserit, se ergo lædebit
non me. Nam quantum ex me est, ego donationem hanc
sicut pro me, et conjuge mea, nostrisque parentibus et meis
fidelibus facio ; sic pro illis qui loco, et monachis, vel rebus
eorum adjutores extiterint. Qui vero resistere voluerint,
Deus illis resistat etiam in præsenti, et in futuro socientur
illis (nisi resipuerint) qui dixerint Domino Deo, recede à
nobis, et quorum cervices in nihilum redactæ sunt.

« Tu vero, ô episcoporum episcope universalis Papa Leo
vel quicumque in Sancta (*Al.* ista) Sede tibi successurus est,
apud te causam istam depono, ut sicut per Apostolicam au-
thoritatem habes potestatem ligandi atque solvendi, quæso
per reverentiam Apostolorum, ut prædicto loco ac monachis
nec non et adjutoribus eorum foveas et eos absolvas : con-
tradictoribus eorum obsistas et eos condemnes ubicumque
hæc testamentaria auctoritas coram principibus prolata
fuerit. Quisque benevolus hanc inconvulsam esse voluerit et
monachis adjutorium impenderit, Dominus omnipotens,
bonorum omnium distributor, det illi gratiam pro amore
Genitricis suæ, et hæc ipsa oblatio pro ipso sit sicut pro me.
E contra vero quicumque ·anctuarium hoc, contempto
Christi nomine ac sanctæ Genitricis ejus, inquietare præsumpserit, omnes maledictiones quæ in divina lege continentur in eum jaculentur et quia noluit benedictionem
elongetur ab eo; sicut Judas proditor, Datan quoque et
Abiron qui viventes descenderunt in infernum, ita et isti
cumulum æternæ damnationis præcipites incurrant. »

Ut autem hæc donatio firma et stabilis permaneat omni
tempore, manu propria subterfirmavimus, et comprovin-
cialibus nostris episcopis et primariorum ordinibus adfir-
mare rogavimus.

Signum **R**aimundi excellentissimi ducis. S. **G**arsindis conjugis ejus. *Aimericus* archipræsul, *Rodoaldus* episcopus, *Docbertus* episcopus, *Ugo* episcopus, *Pontius* episcopus. *Rainaldus* episcopus, *Theodoricus* episcopus, *Wadaldus* episcopus, *Wisandus* episcopus, *Dorbertus* abba, S. *Odonus* indignus abba, S. *Arnulfi* indigni abbatis, *Suniarius* abba indignus, *Robertus* abba, *Guido* abba.

Appendice V.

—

An. 939. — **C**harte du roi **L**ouis-d'**O**utre-mer en faveur de l'abbaye de **S**aint-**P**ons-de-**T**homières.

(Cartulaire de l'abbaye de Saint-Pons-de-Thomières. — Catel, *Comites*, p. 81. — *H. G. L.* Pr. lxviii, col. 80 et s.)

In nomine Sanctæ et Individuæ Trinitatis, Ludovicus divina propitiante clementia rex.

Si erga loca sanctorum divinis cultibus mancipata beneficia opportuna largimur, præmium nobis apud Deum æternæ remunerationis non diffidimus rependi. Idcirco notum esse volumus sanctæ Dei Ecclesiæ fidelibus et nostris tam præsentibus quam futuris, quod quidam illustris vir ac dilectus comes seu marchio **R**aimundus præsentiæ sublimitatis nostræ suos dirigens legatos atque monachos, humillimis precibus per eos nostram deprecatus est celsitudinem, ut suum monasterium quod in pago Narbonensi situm, nomine *Tomerias*, in honore sanctæ Dei Genitricis Mariæ,

sive sanctorum apostolorum Petri et Pauli ac beati Pontii
martyris fundatum, ubi præest domnus Oddo abba una
cum norma monachorum ibidem Deo famulantium, et res
ejusdem monasterii quas iidem abbas et monachi tenent,
et prædia quæ præfatus marchio jam dicto loco delegavit,
et prædia seu vineas et mansos cum omnibus suis pertinentiis tam in rebus quam in mancipiis, sub immunitatis
tuitione suscipere dignaremus ; et ut precibus sanctæ Dei
Genitricis fulciri mereamur, ad augmentum ipsius loci infra
fines regni nostri in comitatu Bitterrensi, cedimus curtem
nostram Jerra (Al. Tenero) cum omnibus suis pertinentibus
cum servis et ancillis. Cujus petitiones ratas esse cognos-
centes animæque nostræ salutem nihilominus perpendentes
libenter ei assensum præbuimus, et hanc nostram autho-
ritatem erga prædictum monasterium vel rectores illius sub
plenissima immunitatis nostræ defensione fieri decrevimus,
per quam præcipimus atque jubemus ut ipse abbas ac monachi ibidem degentes sint (Al. sint ullius) sub nullius judicis potestate, nisi ipsius Raimundi et abbatis ejusdem loci ;
sub nostro mundiburno tuti permaneant, et nullus judex
publicus, vel quislibet ex judiciaria potestate, in ecclesias
aut loca, vel agros seu reliquas possessiones præfati monasterii, quas in moderno tempore in quibuslibet pagis seu
territoriis infra ditionem regni nostri juste et legaliter possidet, atque deinceps in jure ipsius sancti loci divina pietas
augere voluerit ; ad causas audiendas, vel freda exegenda,
aut mansionaticos vel paratas faciendas, aut fidejussores
tollendos, seu homines ipsius monasterii tam ingenuos
quam alios super terram commanentes distringendos, nec
ullas redhibitiones aut illicitas occasiones quæ supra me-
morata sunt penitus exigere præsumat ; sed liceat præfato
abbati ejusque successoribus et monachis res supradicti
monasterii sub nostra immunitatis tuitione quieto ordine
possidere, quatenus ipsis servis Dei Domino famulantibus,
pro nobis ac regni nostri statu Omnipotentis Dei miseri-
cordiam suis precibus exorare valeant.

Ut autem hujus iuununitatis atque confirmationis nostræ authoritas majorem in Dei nomine obtineat vigorem, manu propria subterfirmavimus et annuli nostri impressione sigillari jussimus.

Ginsiabertus (*Al.* Vinsubius) comes recognovit.

Sigum Lᴜᴅᴏᴠɪᴄɪ gloriosissimi (*Al.* serenissimi) regis, *Bonealus* episcopus, *Ruanus* notarius.

Datum IV (*Al.* ante Nonas April.) Nonas Augusti, anno quarto regnante Ludovico serenissimo rege.

Actum apud Lugdunum in Dei nomine feliciter. Amen.

Appendice VI.

—

An. 940.— Dᴏɴᴀᴛɪᴏɴ ᴅ'Aʏᴍᴇʀɪᴄ, ᴀʀᴄʜᴇᴠᴇ̂ǫᴜᴇ ᴅᴇ Nᴀʀʙᴏɴɴᴇ, ᴀ ʟ'ᴀʙʙᴀʏᴇ ᴅᴇ Sᴀɪɴᴛ-Pᴏɴs-ᴅᴇ-Tʜᴏᴍɪᴇ̀ʀᴇs.

(Arch. de S. Pons de T.—Mabilon, T. III, *Annal. p.* 711. — *H. G. L.* T. II, Pr. xɪx. col. 81 et s.)

In nomine Domini nostri Jesu-Christi.

Ego Aymericus Dei gratia Narbonensis archiepiscopus, notificare volumus cunctis hæc audientibus quod multum gaudemus et exultamus de ædificatione monasterii *Sancti Pontii Tomeriensis,* quod dominus Pᴏɴᴛɪᴜs dux Aquitanorum et comes Tolosanus ædificavit et dotavit, abbatem et monachos ibi constituens, ut regulariter vivant secundum regulam sancti Benedicti : et quia in diebus nostris tam venerabilis religiosusque locus ædificatus est; volumus et cupimus cum magno desiderio, monasterium prædictum dotari ad sustentationem monachorum qui ibi Deo serviunt et in futurum servituri sunt, ut tantæ eleemosinæ participes esse mereamur. Igitur ego Aymericus archiepiscopus prædictus, et nos canonici prædictæ sedis, bono animo et bona voluntate damus, laudamus et concedimus, ac præsenti carta in perpetuum tradimus Domino Deo et Sautæ Mariæ et monasterio sancti PONTII martyris Christi Tomeriensis et domno abbati Otgerio, et monachis ejusdem monasterii præsentibus et futuris ibidem Deo servientibus, videlicet ecclesiam *S. Martini de Jaur* cum capella *S. Martini de Cussas* de ipsa porochia, et ecclesiam *S. Garcini de Bisons* et ecclesiam *S. Stephani de Cavall* cum capella *S. Martini de Uscadellas* de ipsa parrochia, et ecclesiam *S. Joannis de Frayssa*, et ecclesiam, *S. Petri de Combour,* et ecclesiam *S. Petri de Riols* cum capella *Sanctæ Eulaliæ* de ipsa parrochia, et ecclesiam *S. Sebastiani de Promiane* cum capella *Sanctæ Mariæ de Tresors,* et ecclesiam *S. Stephani* et *S. Amantii de Albania,* et ecclesiam *Sanctæ Mariæ de Feircras,* et ecclesiam *S. Joannis de Divoliola,* et ecclesiam *S. Petri de Fiigueiras,* et ecclesiam *S. Baudelii de Monte-Olerio* cum capellis *S. Petri de Bisano,* et ecclesiam *Santæ Mariæ* et *S. Julium de Malliaco,* et ecclesiam *S. Jacobi de Corts.* Has omnes prædictas ecclesias ego prædictus Aymericus archiepiscopus et ego Petrus archidiaconus et cæteri canonici Narbonensis sedis damus, laudamus et concedimus Deo, monasterio S. PONTII supradicto, et abbati et monachis prædictis et eorum successoribus in perpetuum absque omni retentu, libere et absolute, et absque omni usatico; salvis tamen synodis de ecclesiis prædictis, exceptis capellis omnibus, et excepta ecclesia *S. Baudilii de Monte-Olerio,* et exceptis ecclesiis prædictis de *Malliaco.* Si quis autem sciens contra hanc donationem nostram venire tentaverit, etc.

Factum est hoc donum anno Domini ab Incarnatione DCCCC.XL. mense **A**ugusto, anno III regnante Ludovico rege Francorum.

Signum *Aymerici* arch iepiscopi Narbonensis, qui hanc
cartam fieri jussit, et factam laudavit, et testes firmare rogavit et hoc signum facit †. Sign. *Petri* archidiaconi et ce-
terorum canonicorum Narbonensis sedis qui hanc cartam
fieri jusserunt, et factam laudaverunt et testes firmaverunt.
Sign. *Rodoaldi* episcopi Biterrensis, † Sign. *Guisandi* Carcassonensis episcopi, † Sign. *Théodorici* episcopi Lutevensis, † Sign. *Pontii* episcopi, † Sign. *Raynardi* episcopi, †
Sign. *Datberti* episcopi, † Sign. *Hugonis* episcopi, † Sign.
Guadaldi episcopi, † Sign. *Wisandi* episcopi, † Sign. *Dal-
berti* abbatis, † Sign. *Odoni* abbatis, † Sign. Arnulfi abbatis, † Sign. *Suniarii* abbatis, † Sign. *Rotberti* abbatis,
† Sign. *Guidonis* abbatis, † Sign. Domni Pontii ducis Aquitanorum et comitis Tolosani, † Sign. Guarsindis uxoris ejus,
Sign. *Hugonis* comitis, Sign. *Arnaudi* vicecomitis, Sign.
Sicardi vicecomitis, Sign. *Atonis*, Sign. Pontii qui hànc
cartam scripsit jussu prædictorum anno et die quibus supra.

·

Appendice VII.

—

An. 940. — Donation de Rodaldus (Raoul), évêque de
Béziers a l'abbaye de S.-Pons-de-Thomières. *(Ibid.)*

In nomine Domini nostri Jesu Christi.

Noscant præsentes pariter et futuri, quod nos Rodaldus
Dei gratia Biterrensis episcopus, et nos canonici Biterrensis
sedis, bono animo et bona voluntate et intuitu pietatis
damus, laudamus et concedimus Deo Sanctæ Mariæ et monas-

terio Sancti Pontii Tomeriarum, et domno abbati Otgerio,
et monachis ejusdem monasterii præsentibus et futuris, videlicet ecclesiam *Sanctæ Eulaliæ de Tomeriis* et ecclesiam
Sanctæ Mariæ de Betiano, et ecclesiam *Sanctæ Mariæde Geminiano* et ecclesiam *S. Pontii de Barausam*. Has omnes prædictas ecclesias nos Rodaldus episcopus et canonici præfatæ
sedis damus et concedimus Deo et monasterio prædicto,
cum omnibus decimis et præmitiis et oblationibus et cum
omni ecclesiastico jure tam decimarum quam aliarum
rerum, sicut unquam prædictæ ecclesiæ habuerunt vel
habere debuerunt, et sicut possident et possidere debent ;
sic damus Deo et monasterio prædicto in perpetuum absque
omni usatico vel servitio, salvis tamen synodis de ecclesia
Sanctæ Mariæ de Tomeriis, et de ecclesia *Sanctæ Mariæ de
Betiano*. Si quis vero contra hanc nostram donationem
venire tentaverit non hoc valeat vindicare quod requirit,
sed insuper admonitus, nisi resipuerit et Deo et sanctis ejus
et monasterio prædicto satisfecerit, iram Dei Omnipotentis
nimis tremendam incurrat, et cum diabolo et ejus ministris
depereat, et anathema maranata efficiatur, et cum Datan
et Abiron qui viventes in infernum descenderunt subjunga-
tur, et cum Juda Iscariot qui deum et Dominum tradidit
societur subiturus pœnas perpetuas.

Factum est hoc donum anno ab Incarnatione Domini
D. CCCC. XL. mense Augusti anno quarto regnante Ludovico rege.

S. *Rodaldi* episcopi Biterrensis et canonicorum Biterrensis
sedis qui hanc cartam donationis fieri jusserunt et actam
laudaverunt. S. Domni *Aymerici* Narbonensis archiepiscopi
qui hoc donum de omnibus ecclesiis prædictis, sicut supra
dictum est, et Deo et monasterio Sancti Pontii in perpetuum
laudavit, concessit et hoc signum fecit. † S. *Eusandi* (*Lege
Gisandi*) Carcassensis episcopi. † S. *Theoderici* episcopi Lutevensis. † S. *Pontii* episcopi. † Sign. *Eldoni* abbatis. † S. D.
Pontii comitis Tolosani et ducis Aquitanorum. S. *Hugonis*

comitis. S. Attonis, Sign. Pontii qui hanc chartam scripsit
jussu prædictorum.

Appendice VIII.

—

An. 955. — Plaid tenu a Narbonne.

*(Cartulaire de l'abbaye de Saint-Pons, qui était autrefois
aux archives du domaine du roi à Carcassonne. —
H. G. L.,* T. II, Pr. lxxxv, col. 97 et s.)

Notitia professionis seu securitatis sive guarpitoriæ quæ
fuit facta Narbone civitate sub die Kal. Maii, anno Incarnationis Dominicæ DCCCCLV et anno I quo Lotharius rex
cœpit regnare.

Qualiter ipso tempore venit Udalgarius hic et interpellavit
medietatem de ipso alode qui comitatu Narbonense, in
locum quem vocant *Genestar...* ad monachos Sancti Pontii.
Illi vero respondentes dixerunt : ipsum alodem Alfarius ad
diem mortis suæ nobis donavit, et scripturam inde fecit,
et habemus testes et authores de ipsa medietate de ipsum
alodem uxorem suam et filios suos et eleemosinarios suos.
Ad constitutam vero diem convenerunt in Narbona civitate
ante Aymericum archipræsulem et Richildem vicecomi-
tissam ; et venerunt eleemosinarii quondam Alpharii defuncti, ipsa medietate de ipsum alodem contra Udalgarium,
ut quando mortuus fuerit Alfarius ipsum alodem retinebat
per scripturam genitricis, sed et legalem potestatem exinde
habebant. Et ut vidit et audivit Udalgarius, propter hono-

rem Dei et pro beati Poncii amore et cuncta congregatione monachorum loci illius, exinde reliquit, sed et confirmavit istam scripturam guarpitoriæ et securitatis contra ipsum famulum et contra ipsos famulos Deo ibidem servientes, qui de hoc die in antea n.,n requisisset, nec interpellasset amplius ipsam medietatem de ipsum alodem, nec ipso... placito nec in alio, nec in territorio, nec hodie, nec ullo unquam tempore, neque per legem, neque per justitiam, neque per ingenium. Et si quis est qui hoc fecerit, aut istam scripturam irrumpere voluerit, maledictionem Ananiæ et uxoris ejus Saphiræ subjaceat, et quod petit vendicare non valeat et insuper adimpleat ipsius loci monachis auri libras.... et in antea ista scriptura semper in omnibus firmis et stabilis permaneat.

Actum Narbonæ feliciter. Amen.

S. *Udalguerii* qui hanc guarpitoriam firmavit et firmare rogavit. S. *Richildis* vicecomitissæ. S. Arnulphi. S. *Pontioni* S. *Aymerici* archipræsulis. *Alguerius* notarius scripsit.

Appendice IX.

—

An. 961. — Testament de Raimond I, comte de Rouergue et marquis de Gothie. — (Extraits.)

(*Mabillon. Diplom.* p. 252 et s. — *H. G. L.*, T. II, Pr. xcvii, col. 107 et s.)

In nomine Domini. Breve codicillo quod fecit Raymundus comes pro remedium animæ suæ, et pro genitore suo et pro genitrice sua et pro omnibus fidelibus suis. Inprimis dono... Illo allode de Caucio quod a Raymundo acquisivi remaneat illa medietas Sancta Maria et sancti Poncii ad Tomerias, alia medietas sancti Petri ad Caunas.... Ista eleemosina suprascripta fiat Domino Deo, et ad istos sanctos superscriptos pro remedium animæ meæ et pro omnibus peccatis meis, et pro genitore meo, et genitrice mea, et pro fratres meos, et pro omnibus consanguineis meis et pro omnibus fidelibus meis : in ea ratione quod nullus clericus, nec nullus laïcus, nec nulla fæmina non tollat, nec vendat, nec abstrahat ad illos sanctos suprascriptos, nec ista convenientia per quod unus de istos sanctos suum drictum perdat, omni tempore firma et stabilis permaneat. Amen.

Omnes res mea mobiles donent eleemosinarii mei Domino Deo, et ad sanctos, et ad presbyteros, et ad pauperes pro anima mea.

Signum *Raymundo* qui breve isto scribere vel firmare rogavit. Signum *Jalberto*. Signum *Genesio*. Signum *Bernardo*. Signum *Willelmo*. Signum *Aymerico*. Signum *Givaldo*.

Appendice X.

—

An. 966. — Testament de Matfret, vicomte de Narbonne, et d'Adélaïde, sa femme.— (Extraits.)

(Martène, *Anecdot.*, T. I, p. 85. — *G. H. L.* T. II, Pr. cl. — *Arch. de l'abbaye de St-Paul de Narbonne.*)

Hic est brevis divisionalis quem fecit Matfredus vicecomes et uxor sua Adalaïz, ad diem quo cupiunt pergere Romam, de omnibus rebus illorum mobilibus et immobilibus, propter remedium animæ eorum, seu inter filiis eorum.

Cupiunt ut.......... Ad Sancti Pontii monasterium remaneat ipse alodes de *Volva* et de *Rovilianicis*. Hæc omnia superius scripta quandiu vivimus pariter teneamus et possideamus, et si uxor mea me supervixerit, ipsa omnia teneat et possideat, si virum non accepit. Post nostros quoque discessos, sicut superius resonat, sic permaneat filiis nostris ; in tali ratione, ut si Raymundus sine legitimo mortuus fuerit, Ermengandum fratrem suum remanere faciat, et si ille mortuus fuerit sine honore episcopali, similiter Raymundo remaneat. Quantum vero in hac scriptura sicut superius resonat, sic diviserunt ac commendaverunt ad suos eleemosinarios his nominibus: *Aymerico*, archipræsule, et *Bernardo*, episcopo, et *Gisalfredo*, et *Ermenyaudo*, quæ vocant Vasadello et *Matfredo* Seniorello, ut si in ipso itinere mortui fuissent, sic omnia adimplessent; et si quis contra hanc scripturam venerit pro irrumpendum aut inquietare præsumpserit, quicumque hoc fecerit inferant vel inferat partibus nostris quantum superius insertum est, duplum eis perpetim habitura, et in antea hæc nostra divisionalis firmis et stabilis permaneat omni tempore.

Factam hanc divisionalem sub die XIII Kal. septembris anno XIII, regnante Loterio rege.

S. *Matfredi* vicecomitis et *Adalaiz* uxoris meæ qui simul hanc nostram divisionalem fecimus et firmare rogavimus. S. *Geraldi*, S. *Salamone*, S. *Atone*, S. *Durando*, S. *Romanus*. *Deus det* presbyter rogitus scripsit hæc verba sub die et anno quod supra.

Appendice XI.

—

Au. 969. — Accord entre les religieux de Saint-Pons
de Thomières et Aiméri, archevêque de Narbonne.

(Cartulaire de la cathédrale de Narbonne. — H. G. L.,
T. II, Pr. CIII, col. 118 et s.)

In nomine summi Dei patris altissimi conditoris mundi.
Ego *Gaufredus* pater sanctorum monachorum cœnobii
sancti Salvatoris, et sanctæ Dei Genitricis Mariæ, et SANCTI
PONTII martyris, nec non et cœterorum sanctorum quorum
hic reliquæ continentur ; placuit animis nostris et placet,
nullo cogente imperio nec suadente ingenio, sed propria
atque spontanea hoc elegit nostra bona voluntas, ut cum
venissemus in synodo patris nostri prænominati *Aimerici*
cum consilio GERSINDÆ COMITISSÆ et *Adalaïs* vicecomitissæ et
cunctis satellitibus civitatis Narbonæ : sic convenit inter nos,
ut ipsam vineam quam *quondam* PONCIUS *comes* prædestinavit
ad ipsum locum nostrum, qui est infra insulam Licii infra
terminos de villa *Trenciano*, sive ipsas salinas quæ sunt ad
ipso Pradello qui fuerunt quondam Eldricii, sic donamus
atque concedimus ad ecclesiam sanctorum *Justi* et *Pastoris*
et ad ipsum Aymericum antistitem et canoneis suis, propter
ipsum synodum et titulum quæ nobis requirebant ad ecclesias nostras, videlicet de ecclesia *Sancti Martini* de TOMEIRAS,
sive *Sancti Petri de Riolos*, juxta fluvium quæ vocant *Jauro*,
ut amplius exinde nullum censum nec ullum servicium non
solvamus, nec nos nec nullis successores nostri, nisi tantum
consecrationes, et curam animarum quæ in honorem ipsius
ecclesiæ observamus de ipsos sacerdotes quæ nos ibidem

miserimus, sine alium servicium, nisi quod in nostras scripturas superius resonat. Et si quis contra hanc nostram scripturam venerit pro irrumpendum, maledictioni Ananiœ et uxoris ejus subjaceat, et quod petit invenire non valeat nullumque tempore.

Facta carta conventione ista anno D.CCCC.LXIX indictione XII, et anno XV, quod Lotarius rex cepit regnare.

Signum domni *Gaufredi* abbatis qui scribere vel fi; mare rogavit. S. *Rainoris Decani*, S. *Fulmonis,* S. *Salomonis,* S. *Ragambatos,* S. *Sicfredi,* S. *Witardi,* S. *Amalfredo,* S. *Gaufredo,* S. *Grimardo,* S. *Folcrado,* S. *Galeno,* S. *Ermengaudo,* S. *Teulbardi, Petri, Gausberti,*Ebrardi, Benjamin, Poncii,Vincentii, Suniarii *Ermengaudi* Autberti, Bertgaudi,Folcramni, Ingelramni, Aimonii, Dalmandi, Godini, Majamfredus presbyter qui hanc commutationem scripsi et subscripsi die et anno quo supra.

———

Appendice XII.

—

Vers l'an 973. — Donation faite a l'abbaye de Saint-Pons de Thomières par Garsinde, comtesse de Toulouse.

(*Cartul. de l'abbaye de Saint-Pons-de-Thomières,* autrefois aux archives du roi à Carcassonne.— Etiennot : *Antiquit. Benedictin. Occitan.* msc., part. I., p. 504 et s.— *H. G. L.,* T. II, Pr. col. 125 et s.)

Sacro sanctœ basilicœ de Tomeriis quœ est fundata in honore Sanctœ (Dei) Genitricis Virginis Mariœ, et sancti Petri apostoli, sanctique ac gloriosissimi Christi martyris Pontii aliorumque sanctorum quam plurimorum. Ego domina *Garcendis* comitissa quæ fui uxor domni Pontii comitis Tolosani, pro amore Dei, in remissionnem peccatorum meorum et pro remedio animæ dicti mariti mei *Pontii* comitis omniumque fidelium christianorum tam vivorum quam etiam defunctorum, dono, laudo et concedo Omnipotenti Deo, et sanctis prædictis et Tomeriensi *monasterio*, et abbati et monachis tam præsentibus quam futuris ibidem Deo servientibus in perpetuum, videlicet totum alodium de castro de Cenceno cum omnibus suis terminis. Dono similiter ecclesiam sancti Petri de Fideriis cum omnio suo ecclesiastico, cum decimis, primitiis et oblationibus, armigeriis et rebus aliis quas prædicta ecclesia possidere videtur, cum capella sancti Petri ejusdem castri de Cenceno et cum aliis ecclesiis ad prædictam ecclesiam de Fideriis pertinentibus in prædicto terminio de Averano constitutis, scilicet ecclesiam sancti Aniani, et ecclesiam sancti Juliani, et ecclesiam sancti Martini de Donza, cum decimis et primitiis et rebus aliis quas prædictæ ecclesiæ possidere videntur. Dono similiter ecclesiam *Sancti Pontii* de Geniniano cum omni suo ecclesiastico, cum decimis et primitiis et rebus aliis quas prædicta ecclesia possidere videtur, cum toto alodio de ipsa parochia sancti *Pontii* de Geniniano. Dono similiter ecclesiam *Sancti Joannis de Frays* cum omni suo ecclesiastico, cum decimis, primitiis etc. Dono similiter totum alodium de villa mea quæ vocatur *Espars* et totum alodium de manso ubi Guadaldus visus est manere, et totum alodium de villa quæ vocatur *Trissals*, et totum alodium de *Campum-album* et de *Braixis* et totum alodium de omni territorio quod vocatur *Vilare* et alodium de vineis quas habeo in *Aranno.* Dono similiter capellam de *Gennerono sancti Petri*, totum alodium de vineis quas acquisivi de Stephano in *Joyano*, et omnia quæ ibi acquisivi de honore et uxore ejus. Prædictus honor est in episcopatu Narbonensi, excepto honore de

Gora qui est in episcopatu Biterrensi. Damus similiter in alio loco in episcopatu Albiensi Deo et sanctis prædictis, *Bruas*, et in parrochia *Sanctæ Mariæ* de *Baro* totum alodium de omni territorio de *Cautriets*, et de omnibus suis pertinentiis cum ipsa ecclesia *Sanctæ Mariæ* de *Bar*, cum omni suo ecclesiastico, cum decimis et primitiis et rebus aliis quas prædicta ecclesia possidere videtur. Hæc omnia prædicta ego D. Guarsindis comitissa jam dicta dono, laudo et concedo Omnipotenti Deo, et sanctæ Mariæ, et SANCTO PONTIO *Thomeriensi monasterii*, et abbati et monachis ejusdem tam præsentibus quam futuris in perpetuum, scilicet castrum prædictum de *Cenceno* cum omnibus suis terminis et ecclesias prædictas cum omni prædicto honore, videlicet totum alodium et totam potestatem et dominium de omnibus parochiis jam dictis de honore omni prædicto, cum domibus et curtibus, cum terris cultis et incultis, cum vineis et cum hortibus, cum arboribus fructiferis et infructiferis, cum silvis et forestis, cum venationibus, et furnis, aquarum cursus et recursus, cum molendinis et paxeriis, cum rivis et fontibus, montes, colles et valles, cum pratis et herbis et pasturalibus et mineriis, cum omnibus terminalibus et vicariis, et cum hominibus et fœminabus inde naturalibus, et omnes usaticos, et tallias, et albergas, et servientias, et omnes actus, et quidquid in prædicto honore et in omnibus pertinentiis habeo, totum illud dono Domino et monasterio prædicto in perpetuum absque omni retentu ; excepto quod Adalydis et filius ejus Ermengaudus et Raymundus teneant prædictum castrum de Cenceno cum omnibus suis terminis et ecclesias sibi pertinentes, tantum dum vixerint : post mortem illorum prædictus honor libere et absolute revertatur ad prædictum *monasterium* SANCTI PONTII DE TOMERAS in perpetuum. Si quis vero contra hanc cartam donationis venerit ad irrumpendum, nisi pœnitentiam dignæ satisfactionis egerit, iram Dei Omnipotentis incurrat, et à liminibus sanctæ Dei ecclesiæ extraneus et excommunicatus cum

Datan et Abiron, et cum Juda traditore in inferno semper ardeat.

Facta est carta hujus donationis sub die feria III in mense Julii, regnante Loterio rege.

S. Guarsindis comitissæ quæ istam cartam donationis manibus suis firmavit et testes firmare rogavit. S. *Frotarii* episcopi, S. *Ugonis* abbatis, S. *Arnaldi*, S. *Bonfilii*, S. *Raymundi*, S. *Lotarii* presbyteri, S. *Bernardi* qui hanc cartam scripsit rogatus.

Appendice XIII.

—

Vers 974. — Testament de Garcinde, comtesse
de Toulouse

(*Archives de l'église d'Albi.*— Voir Marten. *Anecd.* T. I,
p. 126.—*H. G. L.*, T. II, Pr. cxi, p. 126 et s.)

In nomine Domini Nostri Jesu Christi.

Placuit mihi Gersindæ comitissæ facere codicellum breve, prompto animo, bona voluntate pro remedium animæ viri mei Pontii, et remedium animæ meæ, et parentum meorum, omnium fidelium christianorum tam vivorum quam et defunctorum. Imprimis dono Deo et sanctæ Dei ecclesiæ, insequenter ad amicos meos, vel ad homines qui in meo servitio desudaverunt. Dono igitur..... Et illum alodem meum quem vocant Cencinnonem, dono Adalaïs vicecomitissæ et filiis ejus Ermengaudo et Regimundo, excepto illum alodem de *Fenoleddo*, quem ego dedi Sanctioni ut.. teneant

3*

cum castello et ecclesias ibidem pertinentes ; post illorum vero mortem remaneat jamdictus *Cencenonus*, Domino Deo, et Sanctæ Mariæ et Sancto Pontio in monasterio *Tomerias*. Illos vero mansos, videlicet alode de *Porcilis* et alodem de *Palazool* et illum mansum de *Saviniaco* et de *Tesano*, remaneat post mortem Alazaïs et filiis ejus, Domino Deo, et *Sancto Aniano*. Quantum in istis locis visa sum habere, et ecclesiam *Sanctæ Mariæ* cum omnia quæ ibi visa sum habere vel possidere, dono Deo et Sanctæ Mariæ et Sancto Pontio Tomerias, quæ vocant *Geminiano*.... Et meam ecclesiam *Sancti Salvatoris de Salai* cum medietate de ipsum alodem dono Deo et Sancto Pontio *castrensis* (lege *Tomeriensis*) *ubi vir meus requiescit, et sancto Vincento (Castrensis ?)*... Illum alodem meum quem vocant *Vilarem* dono Froterio et post obitum ejus remaneat *Sanctæ Mariæ* et Sancto Pontio Tomerias.... Alodem meum quem vocant *Cantullum*, dono Bernardo vicecomiti et post ejus discessum Sanctæ Mariæ et Sancti Pontii Tomerias.... Ecclesiam meam de *Bar* quem vocant *Sanctam Mariam* et illum fevum quem retinet Isarnus vicecomes, teneat ipse Isarnus dum vivit, excepto Mansum de Agrifolia; post vero mortem ipsius Isarni, remaneat Sanctæ Mariæ et Sancto Pontis Tomerias, in honore Sanctæ Mariæ de *Initio* : in tali ratione, ut monachi de Tomerias donent ad ipsam Sanctam Mariam de *Initio*, posteaquam ipsam ecclesiam et ipsum alodem acceperint, omni anno, X solidos ; et ipse Isarnus quandiu vivit omni anno donet paratam V solidos ad *Sanctam Mariam de* Tomerias, et ad monachos ; et si non fecerint, statim recipiant monachi de Tomerias ipsam ecclesiam et ipsum alodem.... Sicardo, filio Deusde, dono *spars*, villa mea, dum vivit ; post mortem ejus remaneat sanctis de Tomerias. Mansum ubi Godalbertus visus est manere dono Scifredo : post mortem ejus filio suo Rainardo, et post ejus obitum ad ipsos sanctos Tomerias... Illam villam quem vocant *Trebellas* dono Ingilberto clerico ; post mortem ejus, sanctis Tomeriis remaneat.

Campum-album et Bragos dono Bernardo filio Regimundo; et post mortem ejus, sanctis Tomerias.... Illum vero alodem de Fraxino et de ipsam ecclesiam, medietatem dono Domino Deo et Sanctæ Mariæ et Sancto Pontio ; aliam medietatem dono Arnaldo filio Bernardi ; post mortem ejus sanctis de Tomerias remaneat.... Vineas quas habeo in *Aziniano* dono Sancto Pontio Tomerias.... Omnes servi mei et ancillæ meæ sint liberi propter animam viri mei, et propter animam meam, omniumque fidelium christianorum, tam vivorum quam defunctorum. Ista superius scripta quæ ad sanctos dimitto, teneant ea clerici vel monachi in communia. Si quis vero malevolus tollere præsumpserit, vel monachis, vel clericis, hoc quod ego laxo Domino Deo et sanctis ejus, tollat ei Deus omne bonum, et det ei omne malum, et habeat partem cum Datan et Abiron in infernum, in præsenti sæculo et futuro. Fiat, fiat. Amen.

Appendice XIV

—

An. 977. — Exécution du testament d'Aimeri, archevêque de Narbonne.

(*Cartulaire de la cathédrale de Narbonne. — H. G. L.* T. II, Pr. cxii, col. 130). — (Extraits).

In Altitonantis nomine, convenit unicuique mortali...
Igitur in Dei nomine nos pariter eleemosynarii venerabilis bonæ memoriæ quondam Aymerici sanctæ Narbonensis ecclesiæ archipræsulis, cujus memoria ethereo descri-

batur in albo, scilicet Adalaidis vice-comitissa Narbonæ, filiique mei consentientes Ermengaudus venerabilis archipræsul suus successor, et Raymundus vicecomes; verumtamen et alii eleemosynarii Udalgerius princeps frater suus, et Ermengaudus qui vocatur Vassadellus, et Bernardus grammaticus nepos archipræsulis defuncti, verum etiam et Geiro honorabilis princeps nepos præfati defuncti, atque Walterius abbas Sanctæ Mariæ, et David levita, sive Nantigisus indignus sacerdos; ex exiguis facultatibus memorabilis Aymerici quondam archiepiscopi adquisitis, Deo omnipotenti et canonicis sanctorum Justi et Pastoris quotidie famulantibus præsentibus et futuris, propter remedium ipsius animæ Poncioni *comitis* defuncti, sive Matfredi vicecomitis, sive Odoni, vicecomitis, Richildis vicecomitissæ, alodem suum quem vocant Crexanum cum suis ecclesiis... Quicumque ergo fuerit filius benedictionis observator et affirmator hanc donationem, veniant super eum omnes benedictiones... Et quicumque fuerit filius maledictionis, dissipator et destructor hanc donationem... veniant super eum omnes maledictiones...

Facta carta donationis istius sub die Idus junii anno Incarnationis Dominicæ DcccLxxvii, Indictione v, regnante Lothario anno xxiii.

S. Adalicis vicecomitissæ, S. Udalgerii, S. Ermengaudi qui vocatur Vassadello, S. Geiro pariter eleemosynarii, qui hanc donationem fecimus et firmare rogavimus. S. Bernardus Filogramus, S. Aymerici testamentarii, S. David levita eleemosynarius, S. Pontioni, S. Ajalberti Romani, qui Bonus filius vocatur, S. Franco episcopus, S. Geraldi Romani, S. Miloni fratris ejus, Nantigisus præsbyter eleemosynarius qui hanc donationem scripsit.

Appendice XV.

—

An. 977. — Premier testament d'Adelaïde, vicomtesse de Narbonne.

(*Archives de l'église de Saint-Paul de Narbonne.* — Voir Marten. *Anecdot.* T. i, p. 95. — *H.G.L.*, T. ii, Pr. cxiv col. 131 et s.) — (Extraits.)

In nomine sanctæ et individuæ Trinitatis. Unusquisque homo, dum conversatur in hac mortali peregrinatione, sursum oculos debet erigere ad contemplationem divinæ majestatis, ut cum in judicio venerit, inveniat(ur) justificatus.

Quapropter ego in Dei nomine Adalaïs dum diem hunc valde pertimesco, fieri præcipio in quo eligo elecmosynarios meos, ut quemadmodum cognoverint meam voluntatem ita perficiant; sunt hæc nomina eorum, Ermengaudus archipræsul, et Raymundus, et Vassadellus, Seniorellus, Bernardus, Albertus, Sigardus de Petrulio.... Ipse alodes de villa Boraxo remaneat cœnobio Sancti Pontii, exceptis ipsam turrim. Ipsam turrim cum ipsis mansionibus quæ ei sunt junctæ teneat Auricius dum vixerit, post ea vero ad ipsum cœnobium Sancti Pontii remaneat.... Ipsum mansum quem adquisivi intus Narbona de Sancto Pontio, ad ipsum remaneat.... Raimundo remaneat catinum unum argenteum, et candelabra duo de argento, unum cum rotis et succinctam, unum cum auro cublismonario et det pro eis solidos L Sancto Pontio et Sancto Aniano solidos L....

Facto testamento isto IIII Nonas octobris, anno XXIIII regnante Lotario rege.

Signum Adalaïs, quæhunc testamentum fieri jussit et firmavit, Sig † Aldonis, qui Baroncellus vocatur, S.†Arlabaldi Sig. † Guadaldi, Sig. † Isimberti, Sig. Raymundi. Deusde, notarius, hæc verba scripsit.

Appendice XVI.

—

Aɴ. 990. — Sᴇᴄᴏɴᴅ ᴛᴇsᴛᴀᴍᴇɴᴛ ᴅ'Aᴅᴇ́ʟᴀïᴅᴇ, ᴠɪᴄᴏᴍᴛᴇssᴇ ᴅᴇ Nᴀʀʙᴏɴɴᴇ.

(Archiv. de Saint-Paul de Narbonne. — Voir Martène, Anecdot., T. I., 101. — H. G. L. T. II, Pr. cxxix, col. 147). — (Extraits.)

Quantum intellectus humanæ mentis sensusque capere potest, hoc sagaci studio providere unusquisque debet, cursum vitæ hujus sæculi, et quæ felici consummare studeat, nec diuturnitas huic sæculo imparatum inveniat.

Igitur ego in Dei nomine, Adelaïdis vicecomitissa, dum in spe vitæ hujus consisto, pertimesco casum humanæ fragilitatis, ne mihi mors inopinata subripiat. Ideo tractavi in animo meo, propter amorem Dei, ut de rebus propriis meis vel facultatibus, disponere vel definire deberem ; quod ita et facio. Propterea per hunc titulum fideicommissum injungo vobis dilectissimis et amicis meis, id est, Ermengaudo, archiepiscopo, filio meo, et Raymundo, vicecomiti fratri ejus, et Aboni fideli meo quem vocant Seniorellum, et Gero et Raymundo, et ostendi preces ad jam præfatos eleemosynarios meos, ut sicut a me ordinatum viderint per hunc fideicommissum, ita disponant omnibus rebus meis in ecclesiis, in sacerdotibus, in pauperibus, vel unicuicumque Deus elecmosynam dederit....

....A Domino Deo et Sanctæ Mariæ, et SANCTI PONTII cœnobium dono omnem alodem quæ vocant *Tolmianum* cum ipsam ecclesiam parochialem de villa *Munioni,* cum decimis et primitiis et omni suo ecclesiastico, et cum ecclesiis quæ in ipsum alodem sunt fundatæ, et cum omnibus suis terminiis quantum ibidem habeo, cum silvis et garricis, pratis, pascuisque....

Facto testamento sub die IIII Calendas Aprilis, annoque tertio regnante Ugoni regis.

S. Adalaïdis, vicecomitissa, qui hunc testamentum fieri jussi, firmavi, et firmare rogavi. S. † Raymundi, vicecomitis, S. † Gero, S. † Aboni, quem vocant Seniorellum, S. Raymundi Adaïs, Benedictus presbyter hæc verba pleniter exaravit sub die et anno quod superius insertum est.

Appendice XVII.

—

Vers l'an 1005. — TESTAMENT D'ERMENGAUD, ARCHEVÊQUE DE NARBONNE. — (Extraits.)

(Archives de l'église de Narbonne. — H. G. L., T. II, Pr. CXL, col. 162 et s.)

In nomine sanctæ et individuæ Trinitatis.

Ego Ermengaudus, archipræsul, benememoratus, pertimescens casum mortis, jubeo fieri testamentum meum, et eligo meos eleemosynarios quorum ista sunt nomina : *Bernardus* comes, *Ricardis* vicecomitissa, *Deusde* abbas, *Franco* præpositus, *Aimericus* camerarius, Teudmarus, Ibrinus, Petrus, Arnaldus, quibus trado omnem substantiam meam distribuendi secundum voluntatem meam *similiter* acciderit deesse hujus vitæ. Dono.... Ad Sanctum Poncium alias cupas duas majores (argenteas-leonatas)....

Appendice XVIII.

—

An, 1046. — Abandon fait par Garcinde, vicomtesse de Narbonne, a Pierre, comte de Carcassonne, de plusieurs domaines au diocèse d'Agde.

(Château de Foix, *Cartulaire*, caisse 15. — *H. G. L.*, T. II, Pr. cxcii, col. 213.)

In Dei nomine, ego Garsendis guirpisco ad Petrum comitem ipsos alodes et fevos quæ fuerunt Willelmi vicecomitis et Garsendis filiæ ejus, præter ipsum castellum de Mesoa, et ipsum alodem, et præter tertiam partem de ipso alode de Florenciaco et de Roviniaco, et præter.... et de Granoleirias et de Gaschiniolas, et præter partem tertiam de *Castello* Sancti Pontii et de parrochia de Maloscanos et de ipsum alodem, et præter tertiam partem de Vairaco cum suo terminio *siguire* potero ante sanctam fidem per alodem. Omnes alios alodes et fevos qui fuerunt Guillelmi vicecomitis et filiæ ejus Garsindis, guirpisco ad Petrum comitem sine ulla reservatione, et de meo jure in suo trado dominio et potestate, ad faciendum inde quidquid voluerit. De repetitione vero dico quod si ego Garsindis aut unus de hæredibus vel de propinquis meis, aut quilibet homo aut subrogata persona evenerit qui hanc meam guirpitionem infringere voluerit, non liceat hoc facere, sed componat in vinculo ipsum alodem et ipsum fevum superius scriptum duplum et melioratum, et in antea hæc mea guirpitio firma et stabilis permaneat omni tempore.

Facta cartæ guirpitionis istæ XVI Kalendas Aprilis, anno Verbi Incarnati M. XLVI, regnante Henrico rege.

S. Garsendis qui hanc guirpitionen fecit et firmavit, et firmare rogavit. S. Gaucelini. S. Berengarii. S. Pontii. S. Alberti. S. Matfredi. S. Rostagni. S. Pontii-Petri. S. Petri Sigarii. Sicfredus presbyter scripsit.

Appendice XIX.

—

An. 1059.— PROMESSE FAITE A GUILLEM IV, SEIGNEUR DE MONTPELLIER.

(Gariel, *Idée de Montpellier*, 2ᵐᵉ partie, p. 84.—*H.G.L.* T. II. Pr. ccix, col. 230.— M. d. N., Doc. ccccLxxxi, pag. 667.)

I.— De aquesta hora adenant, non tolra Berengarius lo fil de Guidinel lo castel del Pojet que fo den Golen à Guillen lo fil de Beliarde, ni li devedera, ni l'en decebra d'aquella forzaque ez, ni adenant sera ier, ni el, ni hom, ni femna ab ou son art, ni ab son ganni, ab son consel. Et si homs ès que o fera, ni femna, Berengars lou fil de Guidi-

nel, ab aquel ni ab aquelle societat no aura, fors quant pe
Castel a recoubrar, fors quant Guillem lo fil de Beliard l'en
sollicitera ; et si recobrar lo pot en la sua potestat de Guillem la tournara sans deception et sans coger d'aver.

Facta est hæc carta regnante Henrico et ejus filio Philippo.

II. — (Mss. d'Aubays, N° 82. — H. G. L. Ibid.
col. 231).

Deista hora in antea Raymundus filius Guideneldæ lo
castel de Sancto Pontio non Tolra a Guillelmo filio Beliardis,
ni n'el li vedara ni non l'en decebra, etc

(Le même serment en entier. — M. d. N., Doc. dxxix,
p. 708.)

De ista hora in antea Raimundus, filius Guidenelde, lo
castello de Sancto Poncio non tolra a Guillelmo, filio Beliardis, ni nol li vedara, ni non l'en decebra ; de illas forcias
quo factas hii sunt, et que factas in antea ii erunt in ipso
pogio, nec homo, neque femina, apud suam artem, neque
apud suum ingenium, neque apud suum consilium. Et si
est homo aut femina, aut homines aut feminas, que hoc facient, finem nec societatem non habuero ad illos si pro
amore de ispso castello non habuero ad recobrar. Et si ego
recobrar ipsum potuero, et tu illum michi queris per te, o
per tuo misso, ego tibi reddam, sine lucro et sine enganno,
si tu illum recipere volueris.

III. — M. d. N. Doc. cccclxxx, p. 666.

D'aquesta hora in antea non tolra Guilelms, lo filz Gui-
dinildis, lo Castel de Podio que fo d'en Gelen, a Guilelm
fill Beliarz, ni li devedara, ni l'en decebra, d'aquella forteza
que i es, ni adenant facta i er, ni el, ni hom, ni femena,

ab son art, ni ab son genio, ni ab son consel. E si hom es
que o fasa, ni femena, Guilelm, lo filz Guidinilz, ab aquel,
ni ab aquelz, fin ni societat non aura, fors quant pel castel
a recobrar, fors (quant) Guilelms, filz Beliarz, ab sos gra-
diens armes (l') en solvera. Et si recobrar lo pod, en la sua
postad de Guillelm, filz Belliart, lo tornara, sanes la sua
deception, e sanes logre d'aver.

Appendice XX.

Vers 1059. — Promesse de Raymond, comte de Razès
a Rangarde, comtesse de Carcassonne.

(Château de Foix, *Cartulaire*, caisse 15. — *H. G. L.*,
T. II. Pr. ccx, col. 231 et s.)

De ista hora in antea non decebra Raymundus comes filius
Beliard, Rangard comitissam filiam Ameliæ de vita sua, ne
de sua membra quæ in corpus suum portat, et in corpus
suum se tenent, ne ab forfactum, neque sine forfacto. Nec
ego Raymundus superscriptus, nec homines, nec fæmina,
nec fæminas, per meum consilium, nec per meum ingenium ; et si homo est, aut homines, fæmina aut fæminas qui
hoc fecissent, ego Raymundus finem *(lege* fidem), nec societatem, nec amicitiam non aurai, ni tenrai, ni prendrai ab
illum, aut ab illos, ab illam, aut ab illas, qui ad te Rangardam suprascriptam tua vita, aut de tuis membris tollere
voluissent aut tulissent. Et si homo est aut fæmina qui hoc
facere voluissent, ego Raymundus suprascriptus, saber to

farai, si o sai senes ton engan, antea que dams venga. Non tolra Raymondus suprascriptus ad Rangardam suprascriptam ipsam civitatem Biterris, neque ipsam quam vocant Agathen, neque ipsam civitatem de Carcassona, neque ipsos muros, neque ipsas turres, neque ipsas fortitias quæ in ipsas civitates suprascriptas sunt, et in antea ibi erunt factas, no las te tolrai, ni t'en tolrai, ne malament non t'en menarai, ni no t'en decebrai, ne ipsos castellos quæ in ipsas civitates suprascriptas sunt neque ipsos episcopatos quæ in ipsas civitates suprascriptas sunt, neque ipsas turres, neque ipsos muros, neque ipsas fortitias suprascriptas, no las ti tolrei, ni t'en tolrei ego Raymundus suprascriptus, ad Rangardam, ni no t'en decebrai, ni mal no t'en menarei, nec ego Raymundus suprascriptus nec ullus homo aut fœmina per meum consilium vel ingenium, finem nec societatem, neque ullam amicitiam non aurei, ni no tenrei, ni no prendrei, ab illos aut ab illas qui hoc facient, et adjutor te serei ego Raymundus suprascriptus ad te Rangardam suprascriptam sine tua deception, aut de ipso adjutorio non t'enganerai per nulla guisa, usque dum Rengardis suprascripta recuperatas habeas ipsas civitates suprascriptas, et ipsos episcopatos, et ipsos castellos suprascriptos, et ipsas turres, et ipsas fortitias suprascriptas et in antea istud sacramentum tenrai. Et si ego Raymundus prædictus recuperare potuero ipsas civitates, et episcopatos, et castellos, et turres, et fortitias prædictas, in potestate Rangardæ las reddrei sine sua deceptione et sine lucro. Et ego Raymundus non decebrai Rengardem de ipso castello de Pedenatis, nec de castello de Sancto Tyberio, nec de castello de Sancto Poncio de Maloscanos, nec de castello de Mesoa, nec de castello de Pojetto Ingeleno, nec de castello de Paulio, nec de castello de Murezes, nec de castello de Madernis, nec de castello de Nifianis, nec de castello de Royano, nec de castello de Mercoirol, nec de castello de Cariis, nec de castello de Vilzano, nec de castello de Rocabrun, nec de castello de Abelino,

neque de fortitiis quæ sunt in prædictis castellis et in antea
ibi erunt factas, ne li o tolrai, ni l'en tolrai, ni lo li o vedarai, ni hom, ni femna, homes, ni femnas per meum consilium, vel per meum ingenium. Et si homo est, aut homines,
fæmina aut fæminas qui tollant aut vetent ipsos castellos,
aut de ipsis aliquid ad Rangardam prædictam, ego Raymundus prædictus finem vel societatem cum illis non aurai ;
donec recuperatos habeat ipsos castellos, et abjutor t'en
serai per fidem sine engann enganno et sine lucro. Sicut
superius scriptum est, sic ego Raymundus tenrai et atendrai
tibi Rengardi ab forfactum et sine forfacto, si comprobatum
non te videbam de mea vita aut de mea membra, aut de
ipsas civitates, aut de ipsos castellos, quæ tollere me voluis-
ses, aut tollisses, aut recreditum per batalla. Sicut superius
scriptum est, si o tenrei et o attendrei ego Raymundus ad
te Rengard, fors quantum tu m'en absolveras tuo gra-
diente animo sine forcia tuo sciente.

Appendice XXI.

—

An. 1061 (1062). — Donation faite a l'abbaye de Saint-
Pons par Rangarde, comtesse de Carcassonne.

(*Arch. de l'église de Saint-Pons.—H. G. L.*, T. II. Pr. ccxvi,
col. 240.)

In nomine Domini. Ego Raingardis comitissa et gener
meus Raymundus et uxor ejus filia mea nomine Ermengardis, et soror ejus Adalaïs, donamus insimul Domino Deo et

SANCTO PONTIO TOMERIACENSIS monasterii et Frotardo abbati, ac monachis ibidem Deo servientibus, tam præsentibus quam futuris, alodem qui vocatur *Tonneus*, et quantum ibi habuerunt juste vel injuste Willelmus vicecomes Biterrensis et Raymundus Rotgerii, et Garcindis vicecomitissa et filius ejus Petrus et Willelmus. Est autem ille alodus in pago Biterrensi super fluvium *Orbi* juxta *Villam-novam* et habet affrontationes de uno latus......

Facta carta cessionis hujus anno MLXI, regnante Philippo rege, III Non. Januarii, in præsentia bonorum hominum, id est domini Frotarii, Nemausensis episcopi, et domini Guillelmi, abbatis Caunensis, etc.

Appendice XXII.

—

Vers l'an 1068. — ACCÒRD ENTRE RAYMOND-RÉRENGER DE NARBONNE ET RAYMOND-BERNARD, VICOMTE D'ALBI ET DE NIMES.

(Château de Foix, cartulaire, caisse 15. — *G. H. L.*, T. II, Pr. CCXLI, col. 265 et s.)

Breve commemoratio de placito et dono quod fecit Raymundus-Berengarius et infantes sui, id est Berengarius *clericus*, et Bernardus-Peletus, et filia sua Richarda, ad Raymundum-Bernardum, vicecomitem et ad uxorem suam Hermengardam et ad infantes illorum quos modo habent et in antea habebunt. Donat Raymundus-Berengarius et

infantes sui suprascripti ipsum castrum quod est in comitatu
Agathensi, quod vocat *Mesoa,* cum ipsa villa et cum ipsis
terminis, et ipsis polmentis de piscibus, et lebdas, et usos,
et quantumcumque pertinet ad ipsum castrum jam dictum et
ad villam jam dictam, quantum Raymundus-Berengarius
habet in ipso castro et in ipsa villa jam dicta, vel homo vel
fæmina per illum. Et similiter donat in *Florenciaco* et in
ipsis terminis, quantum ipse habet et advenire debet, nec
homo nec fæmina per illum. Et similiter donat villam de
Vairaco cum ipsa ecclesia et ejus terminio, et quantum
habet vel habere debet, vel homo vel fæmina nec aliquis
per eum , et quantum advenire debet ei. Et similiter
donat ipsum castrum de Sancto Poncio quem vocat Malos-
canes cum ejus terminis et quantum habet vel habere debet
aliquis per eum, et quantum ei advenire debet, et quantumcumque habet in jamdicto comitatu et in jamdicto episcopatu
Agathensi, et quantumcumque habet hodie vel aliquis per
eum, totum ad integrum; in tali ratione quod si Raymundus-
Berengarii, vel ejus filii, aut filii vel filiæ filiorum suorum
vel filiarum suarum partem habuerint in Narbona civitate,
aut aliquis de posteritate eorum, hæc omnia suprascripta
de Raymundo-Bernardo vicecomite et de Ermengarda uxore
sua, et de filiorum filiarum suarum ad proprium alodem de
profundam possessionem, ut habeant potestatem quidquid
facere voluerint. Et si Raymundus-Berengarius aut infantes
sui suprascripti, jam Narbonam civitatem laxaverint, vel guir-
piverint, vel finiverint ad Bernardum-Berengarium, aut ad
infantes suos, donet Raymundus-Berengarius aut filii sui
suprascripti ad Raymundum-Bernardum aut ad uxorem
suam, vel infantes suos CC. uncias de auro fino et purissimo ;
et ipsi qui dederint supradictas uncias ad Raymundum-
Bernardum aut ad uxorem suam, vel ad infantes suos,
recuperent supradictam honorem totum ab integrum, per
talem convenientiam quod ipsi qui hunc honorem redeme-
rint, nec aliqui de potestate eorum non donent, neque ven-

dant, neque impignorent ad ullum hominem, neque ad ullam fœminam, neque ad sanctum neque ad sanctam, nisi tantum ad Raymundum-Bernardum vicecomitem suprascriptum et ad uxorem suam, vel infantes suos, vel ad propinquos eorum. Et si Raymundus-Berengarii aut filii jam dicti recuperaverint partem in Narbona donet Raymundus-Bernardus, aut uxor sua Hermengarda, aut infantes sui, aut aliquis de propinquis eorum CC. uncias de auro fino et puro ad Raymundum-Berengarium, aut ad infantes suos, vel ad aliquem de posteritate eorum et recuperent supradictum honorem totum ab integrum. Et cum ista carta dedit omnia suprascripta Raymundus-Berengarius et Berengarius *clericus*, et Bernardus-Peletus, et filia sua Richarda, ad Raymundum-Bernardum et ad uxorem suam suprascriptam et ad infantes suos, et facere fecerunt hanc cartam, et manu propria firmaverunt, et Guillelmus-Poncius firmavit, et Bernardus de Rivo firmavit, et istud placitum, et istud donum, et istas conventiones fuerunt factæ in præsentia Raymundi-Stephani, et Isarni archidiaconi, et Bernardi sacriscrinii Nemausensis, et Sigarii Salomonis, et Arnaldi-Willelmi, et Isardi de Lupiano, et Guitardi-Luponis, et Guilhaberti de Sancto Paulo, et Aldeberto de Ginnaco, et aliorum plurimorum personatorum bonorum. Et si Raymundus-Bernardus obierit, ille maritus qui habuerit Hermengard et civitatem Biterris, sit adjutorio ad Raymundum-Berengarium et ad infantes suos suprascriptos. Et si Raymundus-Bernardus et uxor ejus Ermengardis obierint sine hæredibus, revertatur iste honor prædictus ad infantes suprascriptos de Raymundo-Berengario supracrispto. Bernardus presbyter scripsit.

Nota. — Cet accord fut suivi du serment fait par Raymond-Bérenger de Narbonne à Raymond-Bernard, vicomte d'Albi et de Nimes, et à Ermengarde sa femme. (Voir *ibidem.*)

Appendice XXIII.

—

An. 1071. — Union de l'abbaye de Saint-Martin-de-Lez
a celle de Saint-Pons-de-Thomières.

*(Archives de l'archevêché de Narbonne. — H. G. L., T. II,
Pr. CCXLVI, col. 269 et s.)*

Si famulantium meritis juste cogimur debita compensare
lucra mercedis, quanto jam copiosius debemus impendere
pro sempiternis; sed quia jam, annuente Deo, cernimus
simoniacam hæresim a finibus nostræ patriæ stimulis sanc-
tarum sententiarum appellere, et ecclesiam Christi in qui-
busdam locis de religionis restauratione gaudere, equum
est, ut nos Dei adjutores existentes, in virtute Dei hostes
ejus aggrediamur confidenter, consulamus viriliter, perse-
veremus instanter, quousque sancta Dei Ecclesia nobis in
hoc laborantibus gaudeat de augmento sanctæ religionis, et
nos de præmio divinæ retributionis. Igitur ego Bernardus,
gratia Dei Bisuldinensium comes, videns quoddam monasterium in territorio Feniolensi, loco dicto *Lenis* juxta *Aditum*
flumen sub nomine Sancti Martini consecratum, aliquando
simoniache distractum, aliquando a pravis hominibus sua
possessione privatum, et ab omni honestate sanctæ regulæ
seclusum et pene ad nihilum perductum, et omnibus modis
desertum et ad heremum redactum, pia consideratione cupio
illud restaurare in bonum.

Igitur ego præfatus Bernardus comes, propter amorem
Dei et propter remedium animæ meæ et animæ patris mei
et cunctorum progenitorum et propinquorum meorum, ut
Deus sua pietate et amplissimo sinu suæ misericordiæ nos

colligere dignetur, jamdictum monasterium Sancti Martini trado et dono Omnipotenti Deo, *Tomeriensi* monasterio in honorem Dei et Sanctæ Mariæ et SANCTI PONCII consecrato, in manu et potestate domni Frotardi abbatis et successoris ejus ipsum monasterium Sancti Martini jamdictum, et omnis ejus possessio quæ possedit et possidet vel quandocumque possessurum est, sint cum omnibus sibi pertinentibus sic in potestate et possessione jamdicti monasterii Sanctæ Mariæ et SANCTI PONCII, perpetualiter et irrevocabiliter monasterio ad suum proprium et liberum et francum alodem, et in potestate et dominatione præfati abbatis Frotardi et successorum ejus, non sit alicui licitum præfatum destruere monasterium, vel cuilibet laïco vel clerico dare, vel sine monachis qui ibi regulam teneant retinere ; sed semper sit monasterium in servitium Omnipotentis Dei, sub regula et ordinatione S. Benedicti, et nullus abbas neque possessor, monachus, clericus aut laïcus, à me prælibato Bernardo comite, vel aliquo alio homine vel fæmina in prælibato monasterio S. Martini constituatur, ordinetur aut eligatur, nisi ab abbate monasterii Sanctæ Mariæ et SANCTI PONCII, et semper sit sub prioribus et monachis ibi positis et ordinatis per voluntatem et ordinationem præscripti abbatis Sanctæ Mariæ et SANCTI PONCII *Tomeriensis.* Dum ego autem Bernardus comes vivus sum, habeat abbas jamdictus Tomeriensis præscriptam abbatiam S. Martini, in mea fidelitate et meum donum, ita ut ego non possim mutare nec minuere ipsam donationem suprascriptam, sed semper integra maneat. Post mortem vero meam ullus comes, neque ullus abbas, alius quilibet homo vel fæmina ullam habeat potestatem, neque ullam dominationem in jamdicto monasterio S. Martini, neque in villis vel possessionibus quæ pertinent ad dictum monasterium S. Martini justitiam habeat in adulteriis et homicidiis, vel in omnibus rebus, nisi abbas *Tomeriensis,* sicut suprascriptum est, et ipsi qui per voluntatem ejus et ordinationem ibi fuerint constituti. Prædictum vero monasterium S. Martini trado et dono Deo et Sanctæ Mariæ SANCTI PONCII jamdicto et abbati Frotardo et successoribus ejus, per proprium et francum alodem et liberum jamdicti monasterii *Tomeriensis,* propter Deum et remedium animæ meæ, et animæ fratris mei Guillelmi, et omnium parentum meorum et propinquorum meorum. Quod si ego prædictus comes, vel alius quilibet utriusque sexus homo prædictum monasterium S. Martini, vel ullam rem et possessionem ipsius monasterii, a jure vel potestate præscripti monasterii *Tomeriensis* auferre præsumpsero vel præsumpserit, aut in aliquo suprascriptam donationem violare, hoc quod abstulero vel abstulerit jamdicto monasterio *Tomeriensi* duplum persolvant, vel persolvat, et insuper ipse præsumptor ut sacrilegus satisfaciat.

Facta hæc donatio VIII Kalendas die Februarti, anno MLXX, à Nativitate Christi, anno X regni Philippi regis.

Signum † Bernardi, gratia Dei comitis, qui hanc donationem feci et testes firmare rogavi. S. † Udalardi-Bernardi de Melan. S. † Udalgerii de Frenoled. S. † Petri filii ejus. S. † Ermengaudi de Trin.... ag. S. Raymundus monachus, qui hanc donationem scripsit die et anno quo supra.

Appendice XXIV.

—

Vers l'an 1074. — DONATIONS DE ROGER I, COMTE DE FOIX A L'ABBAYE DE SAINT-PONS-DE-THOMIÈRES.

(Copie au château de Foix, caisse 20. — *H. G. L.* T. II, Pr. CCLX, col. 285 et s.)

I. — In nomine sanctæ et Individuæ Trinitatis, Patris, et Filii, et Spiritus Sancti. Ego Rogerius comes Fuxensis et genitrix mea cognomento Ledgardis, donamus Domino Deo et almæ Genitrici Dei Mariæ Sanctoque martyri PONTII *Tho-meriensis* cœnobii, et abbati Frotardo suisque successoribus, et monachis tam præsentibus quam futuris ibidem in perpetuo commanentibus, quidquid ab hac die et deinceps domini præstante misericordia, abbas vel monachi jamdicti cœnobii in omnibus episcopatibus, comitatibus, terrisque nobis a Deo committendis acquirere vel obtinere, et eleemosinarum largitionem aliquo dono misericordiæ ab omnibus hominibus utriusque sexus cujuscumque dignitatis vel ordinis potuerint aut hactenus acquisierint, etiamsi de fevis quos per nos tenent donaverint. Ego prænominatus comes, et genitrix mea superius nominata laudamus et confirmamus eis, et omnibus successoribus eorum in præfato monasterio habitantibus ad proprium alodium perhabendum et possidendum, absque ulla inquietatione, libere et absolute in perpetuum remota omnium dominatione, jugo ac potestate, præter abbatis et monachorum jamdicti cœnobii. Sane si quis dux, vel comes, aut aliqua persona qui nostram dominationem irrumpere præsumpserit, nequaquam hoc vel hæc obtinere valeat, sed nisi resipuerit et digne satisfecerit, cum Caypha et Juda traditore, etc. Et ut in antea ista carta firma et stabilis permaneat omni tempore.

Facta carta hujus nostræ donatiouis anno millesimo, etc.

II. — Vers l'an 1075. *(Ibidem.)*

In nomine Patris, et Filii, et Spiritus Sancti.

Ego Rogerius comes et conjux mea Sicardis comitissa, cupientes adquirere remissionem peccatorum nostrorum et vitam æternam, donamus Domino Deo et Sanctæ Dei Genitrici Virgini Mariæ SANCTOQUE PONTIO martyri, ac domno abbati Frotardo, omnibusque monachis *Thomeriensis* cœnobii, alodem nostrum qui mihi Rogerio advenit per alodem, sive per aprisionem, vel condirectionem parentorum

nostrorum vel meorum, qui est in pago Tolosano, in suburbio Fossensi, in ministerio Potamiensi, in parochia Schotiæ,
id est ipsam ecclesiam parrochialem Sancti Petri, et Sancti
Johannis, et Sancti Saturnini, in qua beatus Asnerius abbas
sepultus quiescit, cum suis decimis et primitiis, et oblationibus, et cimiteriis atque alodiis suis, et condirectis et
heremis, et cum toto ecclesiastico suo, et cum omnibus
juribus sibi pertinentibus, cum villis, etc. Et cum omnibus
quæ ad ipsam pertinent parrochiam et pertinere debent,
quæ nunc videtur habere et habere debet, quæ antiquitus
dicitur abbatia fuisse, unde adhuc nomen habet, propterea
quia ibi reperiuntur defunctorum corpora cucullis involuta,
ad proprium alodem perhabendum. Idcirco hoc facimus,
ut Deus omnipotens nobis et parentibus nostris ac propinquis et fidelibus nostris vivis et defunctis sit clemens et pro-
pitius atque defensor, et ea quæ malefecimus dimittat, et
a malis omnibus nos defendat. Insuper nos prædicti do-
natores, donamus sanctis et monachis cœnobii prædicti in
prædicta parochia, ut redimant illa omnia pignora quæ
ego prædictus comes Rogerius aliis hominibus ibi misi, et
habeant ipsi monachi in suo dominio in perpetuum, et si
potuerint acquirere ipsi monachi ab ipsis hominibus qui in
ipsa parochia per me habent fevos, de ipsis fevis tantum
vel quantum aut omnino totos similiter habeant semper. Et
insuper dono, ego Rogerius comes sanctis et monachis cœnobii prædicti, ut in toto honore vel in parochia Schotiæ prædictæ non donem neque impignorem, neque per ullum ingenium consentiam terram vel possessionem aliquam alicui homini vel fæminæ, quamdiu Deus vitam in hoc corpore mihi
concesserit, nisi sanctis et monachis cœnobii prædicti; quod
si fecissem habuissent ipsi monachi hoc vel hæc quæ aliis
datum vel data fuissent in suo dominio semper habendum et
quantum ego Rogerius prædictus homo, habeo vel habere
debeo, et homines et fæminæ habent ac tenent per me, pro
qualicumque voce in parochia et in ejus terminis, cum suis

omnibus ajacentiis et pertinentiis, totum ab integro dono Deo et sanctis et monachis prædicti cœnobii, et de meo jure in eorum potestate cedo et trado ad alodium babendum in æternum, sine ulla reservatione. Affrontat autem hic honor ex parte Orientis in rivulo Argentiæ, vel in gutta crossa et in malo Sancti Arnallo, et inde vadit usque ad Beceriam, ab Occidente vero affrontat ad crucem in serra super Rubuer, et inde vadit per ipsum Rubuer usque in Stricam, et ascendit per Tropinos usque 'ad Argentiam. Quantum infra istas affrontationes includitur, sicut suprascriptum est, sic dono ego Rogerius prædictus comes sanctis et monachis cœnobii prædicti, sine ulla reservatione; et non liceat abbatibus vel monachis hæc prædicta de communia cœnobii prædicti abstrahere : quod si fecissent accipiant hoc quod illi dedissent ad damnum cœnobii prædicti propinqui mei in suo dominio, usquequo ipsi monachi deliberassent illud quod male datum habuissent. Si quis vero contra hanc donationem nostram ad irrumpendum vel contradicendum venerit, in primis judicium Dei incurrat et ut sacrilegus confundatur, et·.

Factum est hoc in præsentia bonorum hominum, scilicet domni Isarni Tolosæ episcopi et B. Carcassonæ episcopi, et domni G. comitis Tolosani et domni Raymundi fratris ejus comitis Rhutenæ et aliorum multorum qui aderant.

Facta ista carta anno, etc.

Appendice XXV.

—

An. 1079. — Donnation faite a l'abbaye de Thomières par Raymond et Bérenger, comtes de Barcelone.

(Château de Foix, *Cartulaire* caisse 4. — *H. G. L.*, Pr. cclxxvii, 2 col. 303.)

Ego Raymundus nec ne Berengarius frater meus pariter gratia Dei comites Barchinonæ et serenissimi marchionitæ, donamus monasterio Sancti Pontii *Tomeriensis*, et abbati Frotardo, in Minerbensi suburbio, medietatem castri de Periaco et medietatem ecclesiæ parochialis Sancti Stephani, etc....

Actum XII Kal. Julii anno XIX regni Philippi regis.

—

Appendice XXVI.

—

An. 1082. — Donation de Saint-Martin de Cazelle ou Balaruc, par le comte Pierre de Mauguio et la comtesse Almodis de Toulouse, son épouse, a l'abbaye de Saint-Pons de Thomières.

(Estien. *Antiq. Bened. Occ.* Mss. Part. 1, p. 511 et s.— *H. G. L.*, T. II, Pr. cclxxxvii, 2 col. 314.)

In nomine.... Ego Petrus Dei gratia comes Melgoriensis una cum uxore mea Almodis et filiis meis, inspirante divina miseratione, etc... dono Omnipotenti Deo et Sanctæ Dei Genitrici Mariæ et Sancto Petro Romæ et Sancto martyri Pontio *Tomeriensi* monasterio et domno abbati Frotardo et monachis ibidem degentibus in perpetuo, aliquid de rebus meæ proprietatis, ecclesiam scilicet Sancti Martini de Casello quod vocatur Balaruc, cum omnibus suis pertinentiis quas ibi ego habeo, vel habere debeo, vel alii homines habent per me ; omnia et in omnibus quantum ad ipsam ecclesiam parochialem pertinet vel pertinere ulla ratione debet, ad perpetuum alodem per habendum et possidendum ad Dei servitium, etc.

Facta carta donationis anno M.LXXXII, IV Kal. Martii, anno XXII regni regis Philippi.

S. Petri comitis, S. Raymundi-Stephani de Cornas, S. Sigerii-Salomonis, S. Petri Ericulphi, S. Berengarii Valoche, S. Guillelmi Bernardi, S. Raymundus monachus qui hanc cartam jussus scripsit die et anno quo supra.

Appendice XXVII.

—

An. 1083. — Donation de Raymond, vicomte de Minerve, a l'abbaye de Saint-Pons.

(Château de Foix, caisse 20. — *H. G. L.*, T. II, Pr. ccxci, col. 316 et s.)

In Christi nomine ego Raymundus Minervensis vicomes dono, cedo, atque dimittendo guarpisco Domino Deo, et Sanctæ Mariæ, Sancto que martyri Pontio *Tomeriensis* cœnobii et domno abbati Frotardo, et monachis omnibus ejusdem loci præsentibus ac futuris ipsum totum honorem atque alodem quem Petrus Raymundi comes Bitterrensis habuit vel habere debuit in villa quem vocant Piriachum, sive in ipso castello, vel in omnibus finibus et terminis et ajacentiis suis ; videlicet in ecclesiis vel in pertinentiis suis, in hominibus, in terris, vineis, mansis, mansionibus, curtis, curtinalibus, ortis, ortalibus, arboribus omnis generis, pratis, pascuis, aquis, etc.... Et quidquid prædictus comes Petrus habuit vel habere debuit in omnibus prædictis locis vel rebus sive comites Barchinonenses, scilicet Raymundus-Bérengarii et filii ejus, id est Raymundus et Berengarius, habuerunt vel habere debuerunt, et prædicto monasterio ad alodem et honorem dederunt, ac dimittentes firmaverunt, ego jam dictus Raymundus dono, dimitto, cedo atque confirmo in potestate Dei et sanctorum prædictorum præfati monasterii et omnium monachorum præsentium et futurorum hujus loci ; ita ut ab hodierna die et deinceps nec ego nec aliquis ex hæredibus vel posteris meis, vel ulla admissa vel subrogata persona possim vel possit ullo modo interpellare, repetere, etc....

A me facta carta hujus guarpitionis III. Non. Febr. anno M.LXXXIII, ab Incarnatione Domini, regnante Philippo rege.

S. Raymundi qui hanc cessionem fieri et scribi jussit, et firmavit, et testes firmare rogavit.

Factum est in præsentia domni Matfredi gratia Dei Biterrensis episcopi, et Isarni abbatis Caunensis, et Guillelmi abbatis Rodensis, et Petri abbatis Vallis Sicharii, et Allidulphi de Muratione.

S. Adalberti Olargensis, S. Geraldi Trasoarn, S. Rogerii Guarini, S. Deusdet Borsellini. Pontius monachus scripsit etc. S. Bernardi Tolosani, S. Bernardi de Riolis.

Appendice XXVIII

Vers l'an 1079. — Chartes de Guillem IV, duc et comte de Toulouse, en faveur de l'abbaye de Saint-Pons.

(Château de Foix, caisse 20. — *H. G. L.*. T. II, Pr. cclxxviii, col. 304 et s.)

I. Vers 1079.— In nomine Patris et Filii et spiritus sancti. Ob reverentiam et honorem ejusdem Omnipotentis Dei, ego Guillelmus Tolosanensis, Albiensis, seu Cadurcensis, ac Lutevensis, nec ne Carcassonæ, ordinante Deo, comes et dux, videns cœnobium dicti Dei ædificatum ab antiquo duce et comite Aquitanensium nomine Pontio sub nomine Santæ Mariæ et Sancti Pontii jure hæreditario datum Apostolorum principi Sancto Petro, et Romanæ Ecclesiæ censualiter subditum, veniens Romæ cænobioque jamdicto *Thomeriensi* hospitans, cernensque inibi cultum religionis valere, decrevi, auxilio Dei fultus, locum illum et habitatores ejus ex his quæ michi Dominus donavit, dono, adjutorio et consilio accrescere et ditari. In primis S. Petri Scotiæ cum omnibus villis et mansis, et ajacentiis ac pertinenciis quæ Rogerius comes Fossensis dedit prædicto cœnobio in episcopatu Tolosano, in suburbio Fossensi, in ministerio Potamiensi, sicut prædictus Rogerius dedit monasterio *Thomeriensi*, Frotardo abbati et monachis ejus; ita ego prædictus comes Guillelmus dono, laudo et confirmo; et quidquid ab hac die et deinceps, auxiliante Deo, abbas et monachi prædicti cœnobii acquirere potuerint ab omnibus hominibus utriusque sexus in omnibus episcopatibus et comitatibus, terrisque mihi a Domino commissis, et hac-

tenus acquisierunt, dono, laudo et confirmo eis et successoribus eorum monasterii prædicti habitantium, ad habendum et possidendum absque ulla inquietatione, libere et
absolute in perpetuum, remota omni dominatione, etc.,
præter abbatem et monachos prædicti cœnobii. Similiter
in Petragorio et in Agennensi, et in Astairaco, et in finibus
eorum quiquid acquirere potuerint prædicti cœnobii monachi, laudo et confirmo et promitto Deo, et Sanctæ Mariæ
et Sancto Poncio me esse deinceps in omnibus adjutorem
et defensorem monachorum et omnium rerum pertinentium prædicti cœnobii. Si quis vero comes vel dux, vel aliqua
opposita persona qui contra hanc donationem venerit ad
irrumpendum, confusus et exterminatus, etc.

Facta scriptura hæc donationis et confirmationis Idus
Madii anno, etc... Regnante, etc...

Sign. Guillelmi prædicti comitis et ducis qui hanc scripturam donationis fieri jussi, et coram Ermengarda vicecomitissa Biterrensi, et ipsi qui cum ea aderant in januis
ecclesiæ prædicti cœnobii firmavi, et testes firmare rogavi,
et manu propria super altare Sancti Salvatoris et Sanctæ
Mariæ ante Sanctum Pontium et aliorum martyrum et con-
fessorum corpora quæ ibi adsunt, posui meipsum et filium
meum Pontium eis commendavi. Sign. Eraclii, etc...

II. — An. 1080. — Donation semblable. — (Origin. l.
Trésor des chartes du roi, Toulouse, sac 8, N. 1. —
H. G. L., T. II, Pr. *ibid.*)

Omnipotentis Domini gratia et misericordia disponente,
ego Wilelmus Tolosanensium, Albiensium, seu Caturcen-
sium, Lutevensium, Petragorensium, Carcassonensium,
Aginnensium, necne Astarachensium comes et dux ; ex rebus a Deo omnipotente mihi meæque potestati traditis,
adjuvante et cooporante ejus benignissima pietate, monas-

terium *Thomeriense* eidem a progenitoribus meis, A PROAVO VIDELICET MEO PONTIO AQUITANORUM DUCE VEL PRINCIPE MAGNO noscitur a primis ædificiis fundatum et constructum, ac in honore S. Salvatoris, S. Mariæ et S. PONTII martyris consecratum, et ab ipso duce Beato Petro principi videlicet Apostolorum Romæ suisque successoribus subditum. Ego jam dictus comes et dux, ob amorem et reverentiam Omnipotentis Domini et sanctorum prædictorum, necnon ob amorem jamdicti proavi mei PONTII ducis ut ejus tantæ eleemosinæ meritis merear sociari et esse particeps, ob remissionem quoque omnium peccatorum meorum, patris videlicet et matris meæ; et ut pius et misericors Dominus me simul cum uxore mea nomine Emma clementer conservet et dirigat in isto sæculo, et in suo sancto servitio nos ambo per longa dierum tempora communiter custodiat, et post hanc vitam nobis cœleste regnum misericorditer concedat. Nos quoque simul in unum cupimus, imo et facimus, jam memoratum locum ex rebus quæ sunt nostri juris accrescere et honorare, et eamdem munificentiam et liberalitatem quæ a proavo meo jam memorato donata et confirmata est illi loco, eodem modo quo et ipse nos confirmare et corroborare admodum delectat. In primis donamus jam dicto *Thomeriensi* monasterio, et Sanctis et præsenti domino Frotardo abbati suisque in perpetuum successoribus, et omnibus monachis ibidem in perpetuum commorantibus quiquid ab hac die et deinceps, Domini misericordia præocurante, abbas et monachi jam dicti cœnobii in omnibus episcopatibus, comitatibus, terrisque nobis a Deo commissis, vel sua misericordia deinceps committendis acquirere, vel obtinere eleemosinarum largitione, aut aliquo dono misericordiæ, ab omnibus hominibus utriusque sexus cujuscumque dignitatis aut ordinis potuerint, aut hactenus acquisierint, etiamsi de fevis quos per nos tenent donando prærogaverint.

Nos prænominati comes et conjux donamus, laudamus

et confirmamus eis, et omnibus successoribus eorum in præfato monasterio habitantium, ad proprium alodem per-habendum et possidendum, absque ulla inquietatione libere et absolute in perpetuum, remota omni dominatione, jugo, et potestate, præter abbatem et monachos jamdicti cœnobii. Donamus insuper prænominato loco et sanctis, abbati et monachis inibi habitantibus, in comitatu Tolosæ in loco vocitato Orzvals, ipsum boschum cum omnibus terminiis, affrontationibus, adjacentiis, exiis et regressis suis; omnia et in omnibus, cultum et eremum sine ulla reservatione. Et est iste alodis sive affrontatio in terminio de Venercha et in terminio de Ricovilla et Despanese et de Exiis et de Loarret. Insuper etiam sub intransgressibili convenientia donamus et promittimus, ut nos vel filii nostri, aut poste-ritas nostra, de omnibus rebus proprietatis nostræ quas ego habeo de omni honore de Venercha, vel habere ullatenus debeo, nulli homini vendam, donem, aut conveniam, excepto filio aut filiæ meæ, nisi prænominato monasterio SANCTI PONCII, abbati et monachis ejus. Et si quid, Deo donante, de omnibus fevalibus meis de honore omni, vel de ecclesiis supradicti honoris Venercha acquirere potuerint, ego omnia et in omnibus laudo et dono ad proprium alodem perha-bendum, pro remedio animarum nostrarum et parentum nostrorum. Promittimus etiam Domino Deo et Sanctæ Ma-riæ et SANCTO PONTIO, nos deinceps esse in omnibus adju-tores, defensores monachorum et omnium rerum superius nominato cœnobio pertinentium. Sane si quis comes vel dux, aut aliqua opposita persona qui hanc nostram donationem irrumpere aut inquietare præsumpserit audacter, quod te-mere attemplaverit nequaquam optinere prævaleat, et nisi digne resipuerit, et Deo et Sanctis satisfecerit, et prælibato monasterio et habitatoribus suis emendaverit, ab Omnipo-tente Deo et ab omni cetu fidelium reus et extraneus judi-cetur, et insuper dupla et meliorata sanctis et monachis prælibati loci. Quæ omnia, sicut superius declaratur, de

---

nostro jure in vestro tradimus dominio et potestate propter remedium animarum nostrarum et parentum nostrorum.

Facta carta hujus donationis, anno **M.LXXX.** Incarnationis Christi, regnante Philippo rege.

Sign. † Guillelmi comitis, S. † Emma comitissa, qui hanc cartam donationis fecimus et fieri jussimus et testes firmare rogavimus, et nos propria manu firmavimus XVI kal. Julii. Raymundus comes, frater ejus, firmavit et hoc signum fecit †. Bertrandus comes nepos Willelmi et filius Raymundi laudavit et manu sua firmavit †. S. † Guillelmi de Rebenti· S. † Adhemari vicecomitis. S. † Bernardi Pontii de Granoled. S. † Bernardi Raymundi de Tolosa. S. † Americi de Rocafort. S. † Bernardi Raymundi. S. Arnalli Pontii de Clarmunt. S. † Christofori. S. † Arnalli Atonis. S. † Gauzelini capellani.

III. — An. 1080. — (*Ancien cartulaire de l'abbaye de de* Saint-Pons. — *H. G. L.*, ibid. col. 306 et s.)

In nomine Domini Nostri Jesu Christi.— Omnibus cognoscatur quod ego Guillelmus Dei gratia Tolosanorum, Carcassonensium, et Albigentium comes et dux, et ego Emma uxor ejus, considerantes ultimum diei finem, etc... propter remedium animarum nostrarum, specialiter pro anima Pontii comitis patris mei,.... Guillelmi et matris meæ Adelmundis, ut Deum sentiamus placatum in angustiis nostris cum venerit judicare vivos et mortuos, damus, laudamus et concedimus, et cum hac præsenti carta in perpetuum tradimus Domino Deo et gloriosæ Dei Genitrici Mariæ et monasterio gloriosi martyris Christi Sancti Pontii *Tomeriensis*, et domno abbati Frotardo, et monachis ejusdem monasterii præsentibus et futuris ibidem Deo servientibus, videlicet in episcopatu Albiensi totum alodium de omni parochia Sancti Joannis de Primago. Damus similiter in ipso episcopatu Albiensi totum alodium de omni parochia Sancti Martini et Sancti Victoris de Hevara. Damus similiter in ipso episcopatu Albiensi totum alodium de omni parochia Sancti Joannis de Pradas; et prædicta parochia de Pradas affrontat ab Oriente cum parochia Sancti Amansii de Garils, ab Aquilone cum parochia Sancti Amantii de Berlas, ab Occidente affrontat cum parochia Sancti Joannis de Frays, a Meridie cum parochia Sancti Laurentii de Soleyre. Damus similiter in ipso episcopatu in parochia de Ferrans totum alodium de omni territorio d'Estodillac. Damus similiter in ipso episcopatu Albiensi totum alodium de villa et de omni parochia Sancti Salvii de Corrancls. Hæc omnia prædicta de omnibus prædictis parochiis ego prædictus Guillelmus comes et dux, et ego Emma uxor ejus damus, laudamus et concedimus omnipotenti Deo, et Sanctæ Mariæ, et monasterio SANCTI PONTII *Tomeriensis*, et abbati et monachis ejusdem loci præsentibus et futuris in perpetuum, scilicet totum alodium et potestatem et totum dominium de omnibus prædictis parochiis, cum mansis, cum bordariis, cum domibus, curtibus, aquis, ripariis, confrontationibus, vallibus et nemoribus ; cum forestis et silvis, cum mineris et cum arboribus fructiferis et infructiferis, cum hortis et herbis, et cum molendinis et paxeriis, cum furnis et pratis, et cum hominibus et fæminabus in prædictis honoribus habitantibus, cum usaticis, et talliis, et albergis, et firmantiis et justiciis, et lignis et leydas, cum fevalibus, cum vicariis, cum sirventagiis, cum venationibus, et omnes actus, et omne quod habemus et habere debemus in omnibus prædictis honoribus, totum illud damus Deo et monasterio prædicto in perpetuum absque omni retentu. Sane si quis comes vel dux, aut aliqua persona, etc...

Facta carta donationis hujus anno Incarn. Domini M.LXXX regnante Philippo rege Francorum, feria II, XVI Kal. Julii.

S. Guillelmi comitis atque ducis, et Emmæ conjugis qui hanc cartam donationis fecimus et fieri jussimus et testes

firmare rogavimus. S. Raymundus comes et frater Guillelmi
comitis prædicti qui hoc concessit et laudavit et hoc signum
fecit †. S. Bertrandus comes nepos Guillelmi comitis prædicti et filius Raymundi comitis qui hoc donum concessit et
laudavit, et hoc signum fecit †. S. Guillelmi de Rebenti.
S. Ademari vicecomitis. S. Bernardi-Pontii de Granoilet.
S. Bernardi-Raymundi de Tolosa. S. Aymerici de Roquefort.
S. Bernardi-Raymundi.   S. Arnaldi-Pontii de Clermont.
S. Christophori. S. Arnaldi-Attonis. S. Jausselini sacerdotis,
qui hanc cartam scripsit, ex utraquæ parte rogatus, die et
anno quo supra.

Appendice XXIX.

—

Aii. 1085. — Confirmation par Raymond de Saint-Gilles
de la fondation de l'abbaye de Thomières.

(Cartulaire de l'église de Saint-Pons. — H. G. L., T. II,
Pr. ccxcviii, col. 323 et s.)

Omnipotentis Dei gratia et misericordia ordinante, ego
Raymundus Ruthenensis, Gabalitanus [Uce ?] tiensis, Nemausensis, Agathensis, Bitterrensis, nec non Narbonensis
comes, de rebus a Domino omnipotente mihi meæque
potestate traditis, adjuvante atque cooperante ejus benignissima pietate, monasterium *tomeriense* quod a progenitoribus meis a *proavo videlicet meo* Pontio *Aquitanorum
magno duce vel principe* est a primis ædificiis fundatum et
constructum, ac in honorem *Sancti Salvatoris*, et Sanctæ
Mariæ, et Sancti Pontii martyris consecratum, et ab ipso
duce Beato Petro principi videlicet Apostolorum Romæ

suisque successoribus subditum. Ego jamdictus comes ob amorem et reverentiam Omnipotentis Domini et Sanctorum prædictorum, nec non ob amorem *proavi mei jamdicti* PONTII ducis, ut ejus tantæ eleemosinæ meritis merear sociari et esse particeps, et ob remissionem omnium peccatorum meorum, et genitorum meorum, patris videlicet et matris meæ, ego quoque cupio jam nominatum locum ex rebus quæ sunt juris nostri augere et honorare, et eamdem magnificentiam et liberalitatem, quæ a proavo meo jam nominato illi loco donata est et confirmata eodem modo, quo ipse, confirmare et corroborare. In primis dono jamdicto monasterio, et Sanctis ejus, ac domno Frotardo abbati suisque in perpetuum successoribus, et omnibus monachis ibidem perpetuo commanentibus, quidquid ab hac die et deinceps, Domini misericordia præparante et auxiliante, abbas et monachi jam dicti cœnobii in omnibus episcopatibus terrisque mihi a Deo commissis vel sua misericordia deinceps committendis adquirere vel obtinere, eleemosynarum largitione aut aliquo dono, nec non ab omnibus hominibus utriusque sexus cujuscumque dignitatis et ordinis.... verint, aut hactenus adquisierint. Et si de fevis quos per me tenent donando prærogaverunt, ego præfatus comes dono, laudo et confirmo, et omnibus successoribus eorum in præfato monasterio habitantibus, ad proprium alodium perhabendum et possidendum, absque ulla inquietatione libere et absolute in perpetuum, remota omni dominatione, et jugo, et potestate, præter abbatem et monachos jam dicti cœnobii. Dono insuper prænominato loco et Sanctis ejus, et abbati et monachis inibi habitantibus, ac promitto etiam Domino Deo, Sanctæ Mariæ, et SANCTO PONTIO, me esse deinceps adjutorem et defensorem monachorum, et omnium rerum superius nominato cœnobio pertinentium. Si quis vero comes vel dux aut aliqua interposita persona, qui contra hanc donationem venerit ad irrumpendum vel inquietandum, confusus et exterminatus ab Omnipotente Deo, et ab omni cœtu fidelium

judicetur extraneus, nisi resipuerit et digne satisfecerit prælibato monasterio et habitatoribus suis, et quod quæ sunt
presumptuose usurpare, non valeat judicare ; sed dupla et
meliorata Sanctis et monachis prælibati loci componat.

Facta scriptione ista hujus donationis et confirmationis
anno **M.LXXXV** Incarnationis Christi, regnante Philippo
rege.

Signum Raymundi præfati comitis qui hanc cartam fieri
jussit et firmare rogavit, etc...

Appendice XXX.

I. — An. 1102. — CHARTES DE BERTRAND, ARCHEVÊQUE DE
NARBONNE EN FAVEUR DE L'ABBAYE DE SAINT-PONS.

(Archives de l'église de Saint-Pons. — H. G. L., T. II,
Pr. CCCXXXII, col. 356 et s.)

In nomine Domini Nostri Jesu Christi, ego Bertrandus,
Dei gratia Narbonensis archiepiscopus, consilio et consensu canonicorum nostrorum, bono animo et spontanea
voluntate, pro amore Dei et ad preces Berengarii, monachi
SANCTI PONTII, et pro amore patris sui, domini Haymerici,
vicecomitis Narbonensis, et uxoris ejus nomine Matta, filio-
rumque eorum nomine Aymericus, Giscardus et Bernardus,
dono, laudo et concedo SANCTO PONTIO et abbati Petro *Tomeriensis* monasterii, et monachis ibidem Deo servientibus
tam præsentibus quam futuris ecclesiam Sancti Stephani
de Cella-Vinaria cum sua capella ejusdem castri Sancti
Salvatoris, et ecclesiam Sanctæ Eulaliæ de Serclas cum
ecclesia Sancti Juliani. Dono similiter præfato monasterio

ecclesiam Sancti Joannis de Unione cum suis ecclesiis et decimis ad suam parochiam pertinentibus, videlicet ecclesiam Sancti Baudilii et ecclesiam Sancti Celsi. Dono similiter ecclesiam Sancti Martialis de Seisseria, et omnes ecclesiæ prædictæ sunt in territorio Minerbensi. Dono similiter ecclesiam Sancti Petri de Clar et in valle Jauri ecclesiam Sancti Sebastiani de Præmiano, ecclesiam Sancti Stephani, et ecclesiam Sancti Amantii de Albina, ecclesiam Sancti Petri de Ferreriis ; et in parochia Sancti Petri de Riols capellam Sanctæ Eulaliæ de ipso castro Sanctæ Eulaliæ. Dono similiter ecclesiam Sancti Stephani de Salvetas cum omnibus terris suis, et aliis pertinentiis, etc....

Factum fuit hoc donum VII Id. Febr. anno Dom. M. C. I. regnante Philippo rege.

S. Bertrandi archiepiscopi, etc.

II. — An. 1102. — Union de l'abbaye de Saint-Chinian a l'abbaye de Thomières.

(Archiv. de l'abbaye de Saint-Chinian.— H. G. L., Ibid.)

In nomine Domini, ego Bertrandus Dei gratia Narbonensis archipiscopus et cæteri canonici Narbonensis sedis, videntes monasterium *Sancti Aniani* quod est juxta fluvium Vernazoubro à pravis hominibus suis possessionibus privatum et ab omni honestate seclusum sanctæ regulæ, pia consideratione cupientes illud restaurare in bonum. Igitur ego præfatus Bertrandus archiepiscopus et nos præfati canonici Narbonensis sedis, per nos et successores nostros, etc., donamus, laudamus, et concedimus, et cum hac præsenti carta in perpetuum tradimus Omnipotenti Deo, et monasterio Sancti Pontii Thomeriarum et tibi domno abbati Petro et monachis ejusdem monasterii præsentibus et futuris ibidem Deo servientibus, videlicet abbatiam monasterii prædicti *Sancti Aniani* cum omnibus ecclesiis et capellis quæ ad monasterium prædictum *Sancti Aniani* pertinent ; videlicet ecclesiam Sancti Laurentii, ecclesiam Sancti Celsi cum sua capella Beatæ Mariæ de ipsa villa *Sancti Aniani*, etc... Hoc dominium, sicut suprascriptum est, ego prædictus Bertrandus archiepiscopus et nos prædicti canonici Narbonensis sedis damus, laudamus et concedimus Deo et monasterio SANCTI PONTII jamdicto et abbati et monachis prædictis et eorum successoribus in perpetuum ; videlicet monasterium *Sancti Aniani* prædictum cum ipsa villata, cum omnibus juribus suis et servitiis et pertinentiis, etc., absque omni prætentione libere et absolute ab omni usatico, et ab omni servitio, excepta synodo prædictæ ecclesiæ Sancti Celsi et excepto quod abbas de prædicto monasterio *Sancti Aniani* debet venire ad synodum pro duabus ecclesiis prædictis, videlicet ecclesia Sancti Nazarii de Gabia, et pro ecclesia Sancti Juliani de Lapoza, et ultra non tenebitur pro duabus ecclesiis prædictis alium usaticum persolvere. Chrisma vero et oleum ab archiepiscopo Narbonensi accipient. De cætero abbas et monachi SANCTI PONTII teneant et possideant et dominationem habeant in abbatia *Sancti Aniani* et omnibus membris ejus, et nullus abbas aut monachus vel aliqua ecclesiastica sæcularisve persona habeat licentiam aut potestatem mittendi abbatem aut monachos, nisi supradictus SANCTI PONTII aut successores ejus. Si quis vero sciens contra hanc cartam nostræ dominationis hujusmodi venire præsumpserit ad irrumpendum, etc.

Factum est hoc donum anno ab Incartionne M. C. I. regnante Philippo rege Francorum, XIV Kal. Aprilis.

Signum domni † Bertrandi archiepiscopi et prædictorum canonicorum Narbonensis sedis, qui hanc cartam donationis fecerunt et factam laudaverunt et testes firmaverunt.

S. † Petri episcopi Carcassonensis qui hoc donum laudavit et concessit. S. † Isarni episcopi Tolosanensis. S. † Arnaldi episcopi Biterrensis. S. Godefredi episcopi Magalonensis. S. Aymerici vicecomitis Narbonensis. S. Bernardi de Nar-

bona. S. Guillelmi Rollandi de Bizano. S. Bernardi de
Mailhac. S. Pontii Berengarii, anno et mense quo supra.

Appendice XXXI.

—

An. 1114. — TESTAMENT DE GUILLEM V, SEIGNEUR DE
MONTPELLIER. — (Extraits).

(*Mss. d'Aubays*, n° 82. — *H. G. L.*, T. II, Pr. CCCLXV,
col. 390 et s.)

In nomine Domini ego Guillelmus Montispessulani pergens
contra paganos ad expugnandam Majoricam insulam, anno
Dominicæ Incarnationis M.C.XIIII, tale facio testamentum ;
quod videlicet testamentum facio in præsentia Galterii Magalonensis episcopi, Petri Gaufredi archidiaconi, Pontii de
Monlaur, Petri Guillelmi Ebrardi, Guillelmi Rostani, Ar-
manni Aumelas, Berengarii Lamberti et Girberti qui scripsit
hæc.

Si forte contigerit me mori in hoc itinere........ Dimitto
quoque et Dono Bernardo de Andusia fratri meo et infantibus suis, castellum d'Omelas et totum illud allodium quod
habeo in toto terminio de Mazernes et *castellum de* SANCTO
PONTIO et castellum de Poïcto, et totum fiscum quem habeo
de vicecomite Biterrensi ubicumque sit, et totum fiscum
quem habeo de vicecomite Narbonensi ; et reddo et solvo et
guirpisco eidem fratri meo Bernardo et infantibus suis
totum fiscum quem habeo de ipso eodem Bernardo de Andusia....

Hoc testamentum, sicut suprascriptum est, laudo et confirmo, ego Guillelmus Montispessulani, et præcipio ut ita

fiat si moriar in hac expeditione præscripta. Et sciendum est quod de hoc testamento tres habentur cartæ, et in unaquaque carta integrum est testamentum hoc, quarum una præsens est hæc quam custodit Berengarius Lamberti; aliam similem Pontius de Montlaur, aliam vero similem Galterius Magalonensis episcopus.

Appendice XXXII.

—

An. 1221. — Testament de Guillem V, seigneur de Montpellier. — (Extraits).

(*Mss. d'Aubays*, n° 82. — *H. G. L.*, T. II, Pr. ccclxxxvi, col. 414 et s. — *M. d. N.*, Doc. XCIV, p. 172 et s.)

In nomine Domini Nostri Jhesu Christi.

Anno Dominicæ Incarnationis M° C° XXI°. Ego Guillelmus de Monte pessulano tale facio meum testamentum.

In primis jubeo dari, pro Dei amore, et redemptione anime me, omnia vasa argentea que habeo.

Dimitto Guillelmo, filio meo majori...... Dimitto autem Guillelmo, filio meo minori, castrum Omellaz cum omni suo terminio, et totum quod ad idem castellum pertinet; et castrum de Mont Arnald, et totum quod ibi habeo, vel aliquis per me et castrum de Popiano et totum quod ibi habeo, vel aliquis per me; et castrum de Poget et totum quod ibi habeo vel aliquis per me; et *castrum* de Sancto Poncio et totum quod ibi habeo, vel aliquis per me....

Hoc testamentum fuit datum in presentia Petri Guillelmi Ebrardi, Guillelmi de Valle mala, Guillelmi Rostagni, Bernardi Frotardi, Bernardi Berengarii, Poncii Berengarii,

Petri de Fleis, Faidi, Berengarii Lamberti et Lamberti de la Pallada.

Et jussit dominus Guillelmus de Montepessulano ut isti testes prescripti de hoc testamento fuissent crediti, et non fuissent ejecti de hoc testamento, pro ullo crimine quod factum vel dictum haberent ; et, si aliqua contentio exierit ad irrumpendum hoc testamentum, tanquam idonei testes solo sacramento fuissent inde crediti, qui vivi fuerint tunc temporis.

Et sciendum est quod de hoc testamento carte quatuor habentur, et in unaquaque testamentum integrum est.

Appendice XXXIII.

—

An. 1149 (1150). — CONTRAT DE MARIAGE ENTRE TIBUR-GETTE D'AUMELAS ET ADÉMAR DE MURVIEL. — (Extraits.)

(*Mss. d'Aubais,* n° 82. — *H. G. L.,* T. II, Pr. CCCCLXXX, col. 528 et s.— *M. d. N.,* Doc. DLI, p. 732 et s.)

In nomine Domini Nostri Jhesu Christi.

Anno Incarnationis ejusdem M° C° XL° VIIII°, mense Februarii. Ego Guillelmus de Omellacio, tradens filiam meam Tiburguetam in matrimonium tibi, Ademare de Muro veteri, dono tibi pro ea in dotem totum quod habeo, vel homo vel femina per me, in villa Sancti Jorii, et in ejus terminio, et in mansos de Carascausas, et de Fossa, et de Fano ; et totum quod habeo, vel homo vel femina per me, in castro de Maderns et in ejus terminio ; et totum quod habeo, vel homo vel femina per me in castris de Montadi, et in eorum terminiis et totum quod habeo, vel habere debeo, vel homo vel femina per me in Narbona et in Narbones. Totum istum honorem jam dictum, et preterea M solidos melgorienses, quos in eamdem dotem tibi numero, tali tenore, nomine dotis, tibi Ademaro de Muro veteri dono quod habeas et teneas, et utaris, fruaris, in vita tua ; et post mortem tuam, si filiam meam, uxorem scilicet tuam, Tiburguetam supervixeris, ad infantem, seu infantes quos ex ea habueris, totum revertatur, sin autem ad me, vel ad meos propinquos.

Et ego Ademarus....

Acta sunt hec, anno quo supra, VII Idus Fabruarii, apud Omellacium, in ecclesia Sancti Salvatoris sub præsentia et testimonio Guillelmi Montispessulani, etc.

Appendice XXXIV.

—

An. 1155 (1156). — Testament de Guillem de Montpellier, seigneur d'Aumelas. — (Extraits.)

(*Mss. d'Aubays*, n° 82. — *H. G. L.*, T. II, Pr. di, col. 258 et s. — *M. d. N.*, Doc. DLII, p. 734).

In nomine Domini.

Anno Incarnationis ejusdem M° C° L° V°. Ego Guillelmus de Omellacio sic facio testamentum meum per nuncupationem, presentibus testibus rogatis.

In primis.... — Raimbaldum, filium menm, in aliis bonis meis heredem michi facio, scilicet de castro Omellaz, cum suis pertinenciis et seniorivis, villis, mansis, bailliis et de castro Montis Arnaldi, et de castro de Popiano, et de castro de Pojet, et de *castro* SANCTI PONCII, et de castro de Frontiniano, et de castro de Villanova, et de forcia et honore de Valle, et de castro de Piniano, cum omnibus que in predictorum terminiis et pertinenciis et appendiciis habeo, vel habere debeo, vel homo vel femina per me ; et relinquo eidem Raimbaldo omnia alia bona mea et jura que supra non sunt comprehensa... — Volo etiam inter liberos meos hunc fidei commissarie substitucionis ordinem servari, ut, si Raimbaldus, filius meus, sine herede ex uxore decesserit, restituatur ejus hereditas Sicardo, nepoti meo predicto, vel, si ille fuerit premortuus, Raimundo Atoni fratri suo; et si isti fuerint premortui, filiis masculis prioribus per ordinem nascituris a Tiburgi predicta et Ademaro de Muro veteri ; dein filiabus, si que fuerint. Et si filie mee, vel nepotes jam dicti premoriantur sine herede ex uxore, restituatur eorum hereditas Raimbaldo, filio meo. — Dimitto filium meum Raimbaldum sub defensione et custodia Guillelmi de Montepessulano, carissimi nepotis mei, et consobrini germani filii mei.... — Volo etiam ut, si predicti filius et nepotes et filie et eorum posteritas, sine herede ex uxore decesserint, postremo loco predictorum hereditas devolvatur Guillelmo de Montepessulano, vel Montispessulani domino.

Testes rogati sunt hujus testamenti Guillelmus de Montepessulano, Petrus Raimundi de Montepetroso, Raimundus Rostagni, Raimundus de Popiano, Berengarius de Omellacio, Ugo de Albaiga, Gaucelmus de Montepetroso, magister Durantus, Petrus de Bolanicis, Petrus de Podols, Guillelmus Porcelli et Deodatus qui hoc testamentum cum subscriptione superioris quinte linee ad memoriam scripsit anno quo supra, VIII Idus Marcii.

Hoc testamentum recitatum, anno Dominice Incarnationis Mº Cº Lº VIº, nonis Junii sic esse verum, tactis sacrosanctis Dei Evangeliis, juraverunt apud Montempessulanum, in domo Ermesendis, matris *quondam* Guillelmi de Omellatio, Petrus.,...

Appendice XXXV.

—

An. 1171 (1172). — ENGAGEMENT DE DIVERS DOMAINES FAIT PAR RAMBAUD D'ORANGE A SON BEAU-FRÈRE ADÉMAR DE MURVIEL. — (Extraits.)

(H. G. L., T. II, Pr. DI, col. 559. — M. d. N. Doc. DLV, p. 739 et s.)

In nomine Domini. Anno Incarnationis ejusdem M°C°LXX°I° mense januarii. Ego Raimbaldus de Aurenca, filius quondam Guillelmi de Omellacio et Tiburgis de Aurenca, ejus uxoris, per me et per meos, bona fide, et sine dolo, cum hac carta obligo et pignori suppono, pro decem millibus et ducentis solidis melgoriensibus, tibi Ademaro de Muro veteri, cognato meo, et infantibus quos de Tiburga sorore mea habes, et vestris, et quibuscumque dimiseritis, vel pro pecunia vestra pignori supposueritis, scilicet totum castellum de Omellacio, cum tota sua tenezone et cum universis suis pertinentibus, et quecumque pertinere debent, cum hominibus et feminis, cum serviciis et usaticis, et cum omnibus suis adjacentiis et pertinenciis, et totum hoc, quidquid sit, quod habeo, vel aliquo modo habere possum, vel debeo, in toto castello de Monte Arnaldo, et in toto castello de Piniano, et in toto castello de Fiontiniano, et in toto castello de SANCTO PONCIO, et in toto castello de Popiano et de Pojeto, et in villa sancti Baudilii, et in tota villa Sancti Amantii et in tota villa de Pozols, et in tota villa de Plaisano, et in tota villa de La Costa et in tota villa de Adellano, et in tota villa de Abonaneges, et in tota villa de Vindimiano, et in tota villa de La Mota, et in tota villa de Carcares, et in tota villa de Vallemala ; dominia, usatica..... et totum hoc, quicquid, vel aliquo modo esse possit, quod habeo vel aliquo modo habere possum, vel debeo a flumine Lesi usque ad flumen Erauri, excepta forcia Vallis, cum suis pertinentibus....

De toto isto prenominato pignore, sicut prescriptum est, sunt fidejussores et hostatici, quisque in solidum, sine enganno, ad noticiam Ademari de Muro veteri et suorum, Guido, frater Guillelmi, domini Montispessulani, Petrus de La Veruna, Rostagnus de Popiano, Berengarius de Omellacio, Raimundus Fornerius.

Hujus rei testes sunt Guillelmus, ecclesie Agathensis episcopus, magister Ricardus, Ecclesie ejusdem canonicus, Guillelmus Martini, causidicus, Bernardus de Muro veteri, Artaldus, Petrus de Roca ficha, Bernardus de Insula, Raimundus de Periniaro, Bernadus Mascaron, Petrus de Limetgas, Guillelmus Gisbern, Vilelmus Caput bovis et Fulco, qui hec scripsit.

Appendice XXXVI.

—

An. 1177 (1178). — Testament de Gui Guerrejat, cinquième fils du B. Guillem VI, seigneur de Montpellier. — (Extraits.)

(*H. G. L.*, T. III, Pr. xix, col. 133 et s. — M. d. N., Doc. XCVII, p. 190 et s.)

Anno ab Incarnatione Domini M° C° LXXVII°, mense februarii. Ego Guido Guerregiatus, in mea bona existens memoria, sic ultimam voluntatem meam facio, et rebus meis dispono.

Reddo et dono me ipsum Deo, et beatæ Mariæ Vallis magne in ordine Cisterciensi.

In primis dono et laudo molendinos de Paollano et terram de Vallautre et terram de Cocone, vivam aut moriar, monasterio Vallis magne in sempiternum.....

Dimitto filiis Raimundi de Castriis hoc, quod habeo in castello de Sancto Poncio et in castello de Lopiano....

....Factum est atque completum in castello de Armazanicis in estari quod fuit R. de Armazanicis....

Appendice XXXVII.

—

An. 1202. — Testament de Guillem VIII, seigneur de Montpellier. — (Extraits.)

Gariel, ser. præsul. Magal. T. I, p. 271. — Spicilegium IX, p. 154, in 4°, et III, 561, in f°. — M. d. N., Doc. XCIX, p. 195.)

In nomine Domini. Anno Incarnationis ejusdem M° CC° II°, pridie nonas novembris. Ego Guillelmus, Dei gratia Montispessulani dominus, filius quondam Mathildis ducisse, in mea bona memoria, et ultima voluntate mea, sic dispono et ordino testamentum et ultimam voluntatem meam.

In primis volo et jubeo, ut heres meus Montispessulani dominus omnes injurias meas restituat et emendet, et querelis que fient in nomine meo racionabiliter satisfaciat et debita mea persolvat. Et volo et jubeo heredi meo domino Montispessulani, ut faciat corpus meum defferri et sepeliri in cimiterio Grandis silve, cui monasterio Grandis silve dimitto C libras inter opus et mensam dominorum.

Ecclesie Magalonensi dimitto....

Guillelmum, filium meum primogenitum, heredem institituo, et jure institutionis dimitto ei villam Montispessulani, cum omnibus suis adjacentibus, et castrum de Palude, et castrum de Monteferrario, et Castrum novum, et castrum de Castriis, et Lupianum et Omellacium, et Poietum, et Popianum, et Montem Arnaldum, et Vindemianum, Tressanum, villam Sancti Paragorii et SANCTUM PONCIUM, et Cornonemsiccum, et Montembasenum, et Frontinianum, et Miravallem, et Pinianum, et Villam Sancti Georgii et villam de Muro veteri, et Moiolanum cum omnibus eorum adjacentiis et quicquid habeo et habere debeo à flumine Eravi usque ad flumen Viturli, vel alius per me.

Filios meos et uxorem, et totam terram meam, et potestativum, et bailiam, et administrationem omnium rerum ad me pertinentium et fructuum, et obventionum et districtionum, et justiciarum, et omnium aliarum rerum quovismodo ad me pertinentium, committo, dimitto et relinquo predictis XV probis viris, hominibus meis, donec filius meus Guillelmus perveniat ad XXV annum etatis sue, et ita de aliis substitutis ; ipsosque XV probos homines, cum infantibus meis et uxore, et tota terra mea, et omnes alios homines meos, dimitto in protectione et custodia et defensione domini Raimundi, *fratris mei, Agathensis episcopi,* et domini Guillelmi, Magalonensis episcopi, et Guidonis, Magalonensis prepositi, ita quod et isti tres jamdicti nullam habeant administrationem, nec ullum participium in administracione sed quando opus fuerit, et ipsi supradicti XV cognoverint expedire, veniant in adjutorium dictorum XV virorum, ad negocia explicanda et expedienda ville Montispessulani ; sed consilium dictorum trium nullo modo, vel tempore aliquam habeat necessitatem. Et si labor vel guerra evenerit rebus, vel hominibus meis, vel terre mee, volo et jubeo quod dominus *Bernardus de Anduzia* et Stephanus de Cerviano manuteneant et defendant terram meam et liberos meos ; vel si unus eorum noluerit vel nequiverit interesse, alter nichilominus solas manuteneat et defendat, concilio alterius.

Hujus ultime voluntatis et horum omnium supradictorum sunt testes rogati et vocati, dominus Raimundus, *Agatensis* episcopus, Guido *Magalonensis prepositus*, G. de Mesoa, etc., etc...

Appendice **XXXVIII**.

—

Divers Extraits de l'Office de Saint-Pons de Cimiez.

1. — Ancien Diocèse de Saint-Pons de Thomières.

Proprium Sanctorum Ecclesiæ-Cathedralis et Diœcesis Sancti Pontii Thomeriarum. M.DCXCII.

Leçons du 2me Nocturne du jour de la Fête de Saint-Pons. — 11 mai.

IV. — *Ex variis Monimentis probatiss. apud Mombrit. et alios.*

Pontius ex Marco Senatore Romano et Julia uxore, cum jam de prole consequenda desperarent, vigesimo conjugii anno natus est. Memoriæ verò proditum est, Juliâ prægnante templum Jovis cum viro suo aliquandò ingressâ, Sacerdotem velato capite infulatum ad aram stantem et sacrificio operam dantem, mox à dœmone arreptum, velum et infulam descindendo ejulasse, voceque lugubri sæpiùs exclamasse hunc, quem in utero gestabat Julia, Deorum hostem infensissimum fore, eorumque Templa, aras et simulacra subversurum. Juliam etiam sibi abortum procurare omnimodis deinceps tentasse ; sed Marci vigilantiâ et exhortatione, puerum incolumem servasse et peperisse. Dicebat enim Marcus : Qui sunt isti Dii, qui puerum nundum natum formidant ? Ipsi se ab hoste suo tueantur. Hinc denique factum ut Pontius ad idolorum Templa nusquam induceretur. Adolescens factus omni litterarum genere decentissime eruditus est. Cùm autem quadam die de more diluculò ad scholam pergens, etjuxta domum, ubi Christiani erant congregati pertransiens, audivisset illos psallentes et illos Davidis versus concinentes : Deus autem noster in cœlo, omnia quæcumque voluit fecit. Simulacra gentium argentum et aurum ; opera manuum hominum ; et quæ sequuntur, stupefactus flevit, et divino spiritu afflatus, serio cogitans quænam esset hæc modulatio, compunctus corde erupit in lachrimas, et ad Deum verum, quo ipsum notitiâ suâ illuminare dignaretur , impensè oravit. Mox accedenti ad ostium et pulsanti, fores, jubente beato Pontiano divinitùs admonito, continuo patefactæ sunt. De fide autem christiana diligenter edoctus, sacris mysteriis tandem initiatus est.

V. — Ætate grandior et in fide vir factus Pontius, primum patrem, mox que per ipsum totam familiam Christo genuit. Imo vetustissima eaque gravissima monumenta testantur ipsum senatoriâ patris defuncti dignitate atque etiam Præfecturâ quandoque auctum, et omnibus atque imprimis Imperatoribus, Philippo ejusque ejusdem nominis filio, ob egregias animi dotes, singularem eruditionem ac morum puritatem gratissimum, prædicatione et industriâ multos ex Romanis ipsos que Imperatores ad veri Dei notitiam et cultum perduxisse ; adeo ut annum conditæ urbis millesimum Imperator ita celebravit, ut nec ascensum ab eo fuerit Capitolium, nec immolatæ de more hostiæ, sed hujus magnificentiæ et devotionis gratiam et honorem ad

Christum et ad Ecclesiam reportavit, leges denique Principis Christiani pietatem spirantes tulerit; et præsertim *exoletos*, turpissimum et flagitiosissimum hominum genus, sustulerit, et Poëtas adolescentum animos arte suâ corrumpentes antiquis privaverit privilegiis. Verum utroque Philippo à militibus occiso et imperio ad Decium Principem Paganum Christiano nomini infensissimum transmisso, Pontius, relictis dignitatibus, omnes facultates suas pauperibus distribuit, et à beato Fabiano beati Pontiani post Antherum in cathedra sancti Petri successore consecratus episcopus, in Gallias prædicandæ fidei christianæ causâ venit.

VI. — Erat tunc temporis Cemelium in Galliis celeberrima civitas, Alpium maritimarum caput, Proconsulari, Senatoriâ et Prætoria dignitatibus ornata. Illuc aliquandò appellens Pontius, magnumque in illa Evangelico ostium apertum videns, Christum et pœnitentiam prædicare cœpit: Et ibi adductâ ad veritatis evangeliæ notitiam numerosâ hominum multitudine, sedem Episcopalem erexit, fixit. Ingravescente autem persecutione sub Imperatoribus Valeriano et Gallieno, ejus filio, Pontius coram Claudio præside sistere cogitur ; à quo cum ut idolis sacrificaret, compelli nunquam potuisset, equuleo torqueri jubetur, ac deinde variis tormentorum generibus, ipsis etiam flammis superatis, tandem capitis obtruncatione gloriosum martyrium complevit, anno Christi ducentesimo sexagesimo secundo. Ejus corpus postquam triduum insepultum jacuisset, à Christianis eo loco reconditum est, ubi deinde nobilis Abbatia in ejus memoriam Deo dicata à Carolo magno extructa et magnifice dotata fuit, quæ adhuc extat. Sepulchrum autem Sancti Martyris miraculis gloriosum fuisse ac fidelium undique gentium illuc affluentium frequentiâ celebratum, testis locupletissimus est Sanctus Valerianus in sede Cemeliensi post ducentos fere annos successor, scilicet circa annum quinquagesimum supra quadringentesimum, in Homiliis quas habuit in honorem illius.

LEÇON DU 2me NOCTURNE DU JOUR DE LA TRANSLATION DES RELIQUES DE SAINT PONS. — 15 JUIN.

IV. — *Ex Archivio Ecclesiæ-Cathedr. S. Pontii.*

Postquam piissimus Pontius Tolosæ Comes, et Aquitaniæ Primarchio atque Dux, cum religiogissima conjuge Garsinde, monasterium Thomeriense inter Pesenates et Carcassonam construxisset, illuc sacra nonnullorum Martyrum et imprimis beati Pontii Episcopi Cemelii pignora transferri procuravit, et in Basilica collocari, quam eodem ipso tempore, hoc est, anno salutis tricesimo septimo supra nongentesimum, Leonis vero septimi Romani Pontificis secundo, ab extructo Monasterio, primo, Aimericus, Narbonensis Archiepiscopus, assistentibus et cooperantibus Wisando Carcassonensi, Reginaldo Biterrensi, Wabaldo Magalonensi et Theodorico Lutevensi Episcopis, gloriosissimi Martyris nomine consecravit. Hæc verò Ecclesia, mox amplissimis redditibus dotata, successu temporis à Joanne vigesimo secundo Pontifice Maximo in venerandam tanti Martyris memoriam, sub titulo Sancti Pontii Thomeriarum Episcopali infula donatur, anno millesimo trecentesimo decimo septimo. Verum tam ipsâ Basilicâ quam Monasterio à Calvinianis decimo sexto labente sæculo dirutis, sacræ etiam beati Pontii reliquiæ cum aliis direptæ sunt.

ORAISON DE LA FÊTE.

Deus, tuorum corona fidelium, et gloria Sacerdotum; beati Pontii, Martyris tui atque Pontificis, indefessum tribue patrocinium; ut quem terreni ordinis curia habuit prædicatorem, ipsum apud te continuum sentiamus intercessorem. P. D. N. J.-C.

Oraison de la Translation.

Propitiare, quæsumus, Domine, huic Ecclesiæ tuæ per Sancti Martyris tui atque Pontificis Pontii, cujus translationem colimus, merita gloriosa, ut, ejus munita reliquiis et precibus, ab omnibus semper protegatur adversis. P. D. N. J.-C.

—

Hymnes spéciales a Saint Pons.

11 mai. — 1ʳᵉˢ Vêpres.

Martyrum Princeps, Deus atque robur,
Hic tuos læti canimus triumphos,
Rite dùm fortes celebramus almi
    Præsulis actus.
Edit abstrusus genitricis alvo
Grande virtutis specimen futuræ :
Sentit hunc demon, furit et Deorum
    Nuntiat hostem.
Quem dii nondum genitum timebant,
Horret et mater, premit et fatigat,
Huic tamen verbis gravibus mariti
    Victa pepercit.
Fonte vix sacro puer hic renatus
Impiam, verum resonare Numen,
Edocet gentem, nova templa Christo
    Ponere certat.
Pontio sensim fera corda cedunt,
Cum domo tota pater ipse cedit,
Subdit et sese docilis Philippus
    Cæsar uterque.
Qui polo regnas, venerande Martyr,

Dum jugo carnis gemimus gravati,
Nostra divinis modo fac liquescant
      Pectora flammis.
Summa laus Patri, genitoque Verbo,
Et tibi compar utriusque nexus,
Qui sacros replens pugiles superno
      Robore firmas. Amen.

A Matines.

Vos, ô qui superas incolitis domos,
Æternumque Deo conci itis melos
Vestris unanimes nos decet hâc die
      Cantus jungere cantibus.
Custodem patriæ dicimus æmuli,
Qui post vincla, faces, post varias neces,
Signavit proprio sanguine strenuus
      Quam Christo dederat fidem.
Ut sacras tetigit Pontius infulas,
Grandes lætus opes protinùs eruit :
Factus sicque gravi liberior jugo
      Alpes transvolat ocyus.
Hîc ritus abolet sacrilegos Deùm,
Errores retegit, crimina dedocet,
Ac unum resonans altius inserit
      Christum pectoribus novis.
Hinc sævit rabies judicis invida
Contemni superos mentis inops furit,
Flammas, flagra, cruces et gladios parat:
      Gestit magnanimus pugil.
Instanti propius funere lætior,
Feralem properat Pontius ad locum,
Illic, supposito vertice, nobilem
      Pro Christo patitur necem.
O tu, Christe Deus, gloria Martyrum,

Fac nunc quem canimus, quem colimus simul
Patronum patriæ, fac, pius, integris
    Hanc nos moribus assequi.
Patri maxima laus, maxima Filio,
Amborumque sacro maxima flamini,
Quorum præsidio prælia sustinent
    Fuso sanguine Martyres. Amen.

A *Laudes*.

Lux de luce, Deus, fons quoque luminum,
 Quo stat perpetuus cœlitibus dies,
Tristem sub misera nocte Cimeliam
    Quanto lumine recreas.
Hucde sede Petri fervidus advolat ;
Aras, fana, Deos funditùs eruit :
Et, Christum resonans, edocet impios
    Verbo Pontius arduo.
Non frustrà resonat, tum rudibus pia
Committit fidei semina mentibus,
Sacris barbara gens, jam docilis Deo,
    Christum gentibus induit.
Crescit sancta fides, fit nova civitas :
Hinc sævit rabies in tenerum gregem,
Intentumque operi, nec timidum mori,
    Pastorem furor impetit.
O invicte pugil qui, meritis potens,
Sacrato cœlitum vivis in agmine,
Nunc si nostra satis te mala commovent,
    Afflictos bonus aspice.
Sit laus summa Patri, summaque Filio,
Sit par, Sancte, tibi, laus quoque, Spiritus,
Cujus præsidio prælia sustulit
    Spreto funere Pontius. Amen.

2. — *Diocèses de Nice et de Montpellier*.

Leçons du 2mo Nocturne du jour de la fête de Saint
Pons, 11 mai.

Nota. — Ces leçons sont exactement les mêmes dans
les deux diocèses. — *Mot-à-mot — de verbo ad
verbum*.

IV. — **Marcus**, nobilis Senator Romanus, cum de prole
consequenda desperaret, vigesimo secundo conjugii sui anno
ex Julia uxore Pontium divinitùs accepit. Cujus ortus
magnam admirationem parentibus concitavit. Cum adole-
visset, bonis disciplinis imbutus est. Quadam die, suum
invisens præceptorem, juxta Christianorum congregationem
pertransiens, cum ipsos illa Davidis verba decantantes audivisset : Simulacra gentium argentum et aurum, et quæ
sequuntur, illico stetit, et secum cogitans quænam esset ista
modulatio, statim Spiritu Sancto afflatus, lacrymas effudit
et facta oratione, postquam fores propulsasset, jussuque
Pontiani Papæ divinitùs admoniti patuissent, in cœtum
Christianorum introductus, fidem Christianam professus est.

V. — Cum in locum Marci Senatoris patris, licet invitus,
suffectus esset, omnium senatorum benevolentiam sibi con-
ciliavit, sed potissimum Philippi imperatoris, ejusque filii
Philippi, ob suam admirabilem doctrinam, vitæque simpli-
citatem, gratiam inivit. Quibus cum familiarissime uteretur,
sua prædicatione et industria eosdem, copiosamque Romanorum multitudinem ad fidem Christi perduxit. Verum cum,
relicta senatoria dignitate, in Galliam *prædicationis causa*
venisset, ingravescente in Christianos persecutione, ad Clau-
dium præsidem adductus est, à quo cum ut idolis sacrificaret
compelli non potuisset, sed graviter eum objurgasset, ab

impio præside excandescente equuleo torqueri jubetur ; tandemque variis tormentorum generibus superatis, capitis obtruncatione Cemellæ, sub principibus Valeriano et Gallieno gloriosissimi martyrii triumphum obtinuit.

VI. — Sancti Pontii Martyris sepulcrum variis clarum fuisse miraculis, ac fidelium undique illuc confluentium frequentia celebratum, testis est sanctus Valerianus Cemellensis episcopus in tribus homiliis quas ad populum die festo Sancti Pontii circa medium quinti sæculi habuisse fertur. Postmodum sæculo decimo, constructo in provincia Narbonensi à Pontio, comite Tolosano, celebri monasterio Tomeriensi, illuc sacra Martyris pignora magna ex parte translata sunt. Hujus monasterii basilicam anno salutis nongentesimo trigesimo septimo solemniter dedicavit Almericus, Narbonensis archiepiscopus, assistentibus et cooperantibus Theodorico Lodovensi, Wisando Carcassonensi, Reginaldo Biterrensi et Wabaldo Magalonensi episcopis. Hæc ecclesia, mox amplissimis redditibus dotata, ineunte sæculo decimo quarto, à Joanne, Papa vigesimo secundo, episcopali sede decorata fuit. Verum hinc Sanctæ reliquiæ a Calvinianis sæculo decimo sexto impie ablatæ sunt et projectæ.

Appendice XXXIX.

—

Délivrées par l'Évêché de Nice en 1868 et en 1887.

I. — 1868. — Joannes-Petrus Sola, Dei et S. Sedis Apostolicæ gratia episcopus Niciensis, Pontificio solio assistens, Eques-Commendator SS. Mauricii et Lazari, atque Ordinis S. Caroli Principatûs Monæci, Officialis Legionis honoris atque Comes Drappi.

Universis et singulis præsentes litteras inspecturis fidem facimus et testamur quod Nos, ad majorem Omnipotentis Dei gloriam, suorumque Sanctorum venerationem, recognovimus sacram particulam ex *Ossibus* Sancti Pontii, *Ep. et Mart.*, quam ex authenticis locis extractam reverenter collocavimus in theca ex auricalco, ovalis figuræ, uno cristallo munita, bene clausa et filo serico coloris rubri colligata, ac sigillo nostro signata, cum facultate in quacumque ecclesia, oratorio ac capella publicæ fidelium venerationi intrà diœcesis nostræ fines illam exponendi.

In quorum fidem has Litteras testimoniales nostro sigillo firmatas dedimus.

Dat. Nicææ in Palatio Nostro Episcopali, die 11 mensis septembris 1868.

Locus   Orengo, *v. g.*
Sigilli.

    Gratis.   J. Lubonis, *secr.*

II. — 1887. — Mathæus-Victor Balaim, etc.

Universis et singulis præsentes Litteras inspecturis fidem facimus et testamur quod Nos, ad majorem Omnipotentis Dei gloriam, suorumque Sanctorum venerationem, recognovimus sacram particulam ex Ossibus Sancti Pontii Nicæni quam ex authenticis locis extractam reverenter collocavimus in theca deaurata ovalis figuræ, unico cristallo munita, bene clausa et filo serico coloris rubri colligata ac sigillo nostro signata, cum facultate, in quacumque ecclesia, oratorio ac capella publicæ fidelium venerationi intra Diœcesis nostræ fines illam exponendi.

In quorum fidem has Litteras testimoniales nostro sigillo firmatas dedimus.

Dat. Nicetæ in ædibus nostris Episcopalibus die 14 mensis septembris 1887.

Locus   Guaud, *vic. gén.*
Sigilli.

Christifidelium publicæ venerationi exponatur.

Montepessulano, die 28 oct. 1887.

Locus   F. An. de CABRIÈRES,

Sigilli.   Eppus Montisp.

Nota. — Ce reliquaire porte les mots : « S. PONS, M. »

Appendice XL.

—

An. 990. — TESTAMENT DE GUILLEM, VICOMTE DE BÉZIERS
ET D'AGDE. — (Extraits.) *H. G. L.*, T. II, Pr. CXVIII,
col. 145 et s.). *Martenne Anecd.* T. I, p. 179.

Hic est brevis testamenti quem destinavi, vel ordinavi seu
manumissores. Ego Guillelmus vicecomes ad manumissores
suos his nominibus, Matfredus episcopus, Stephanus episcopus, Arsindis vicecomitissa, Pontius, Sicfredus, Ermengaudus, ut post obitum meum donare faciant omnes res meas
mobiles et immobiles, quem ego eis dicebam, vel alias quæ
dicere non potebam, et ipsi invenire potuissent pro timore
Dei Patris omnipotentis, et Filii et Spiritus-Sancti, et pro
peccatis et facinoribus atque delictis et remedium animæ
meæ, in ecclesiis, in sacerdotibus, vel in pauperibus Dei.

Dono et offero ego Guillelmus supra scriptus in...... Et
ordinavit Guillelmus vicecomes à filia sua Garcindis...... Et
ordinavit Willelmus vicecomes ad uxori suæ Arsindis vicecomitissa...... Et ordinavi tibi, Arsindis,...... Et dono tibi,
Arsindis, ecclesia quæ vocant SANCTI PONTII, et ipsa villa quæ
vocant MALOS-CANOS, cum ipsa ecclesia, et alium alodem

quantum ibidem habeo...... Et ordinavi tibi, Arsindis......
alodem suprascriptum, in tale pactum deliberationis, quod
...... et in viduitate manseris, teneas ista omnia quæ superius resonat in vita tua...... revertat a filia mea Garcindis et
ad infantes suos......

Appendice XLI.

1144.— SERMENT DE FIDÉLITÉ POUR LE CHATEAU DE SAINT-
PONS-DE-MAUCHIENS PAR PIERRE DE COURNON A GUILLEM
DE MONTPELLIER, SEIGNEUR D'AUMELAS.

(*M. d. N.*, Doc. DXX, p. 709).

Ego Petrus de Cornone, filz de Adalaiz, a te Guillelm de
Omellacio, fil de Hermesens. D'aquesta hora adenant, del
castel de SAN PONZ que ai de te, de las forzas que ara i son,
ni adenan faitas i seran, not deeebrai, nilz te tolrai, ni t'en
tolrai, nilz te vedarai eu, ni hom, ni femena, ab ma art, ni
ab mun engen, ni ab mon consentimen. Et si hom era, ni
femena, quel li tolgues, ni t'en tolgues, eu ab aquel, ni ab
aquella, fin ni societat non aurai, si pel castel et per las
forzas a recobrar non o avia: e la on recobrat l'auria, ni
podria, en ton poder lo tornaria, sans logre, e sans deception; e des aquella hora en avant, en eis sagramen te ista-
rai. Et aquest castel ti redrai, et nol ti vedarai, per quantas
ves m'en somonras, per te, o per to mesatge, efra quatorze
jorns pos lo somonement; e d'aquel somonement nom
vedarai, ni m'en sostrairai. En aissi con en aquesta carta
es escrit, e clerges, e altre om legir o i pot, aisi per bona fe

et sans engan, o tenrai et o atendrai, meun escient per ista sancta quatuor Evangelia.

Factum est hoc, anno ab incarnatione Domini M° C° XL° IIII°, apud Montempessulanum, mense septembris, sub presentia et testimonio Guillelmi, domini Montispessulani . . . . et Durandi, domini Guillelmi Montispessulani notarii, qui hec scripsit.

Appendice XLII.

—

1144.— Inféodation de la chatellenie de Saint-Pons-de-Mauchiens faite par Guillem d'Aumelas a Pierre de Cournon.

(*M. d. N.*, Doc. DXXXI, p. 710).

In nomine Domini nostri Jhesu Christi.

Anno ab incarnatione ejusdem M° C° XL° IIII°. mense septembris.

Ego Guillelmus de Omellacio, bona fide et bono animo, sine fraude et dolo, cum hac presenti carta dono et trado ad feudum, et ad totos honores, ad meum tamen servicium, tibi Petro de Cornone, et infantibus ac universis successoribus tuis, ad dandum, vendendum, et relinquendum cui volueris, videlicet quicquid habeo, vel habere debeo, vel homo vel femina per me, in castro de Sancto Poncio et in ejus terminio; et quidquid habeo vel habere debeo, in podio de Monte Rotundo, et in ejus terminio; et totum quod habeo, vel habere debeo, vel homo, vel femina per me a Rivo Torto in ultra, versus castrum de Sancto Poncio ; et homines et feuales quos pro isto honore habeo, preter hoc

quod pertinet et est ibi de manso de Campanna, et homines de Campanna ibi infra istum terminum habent, et
preter feudum Deodati de Moreze.

Factum est hoc totum apud Montempessulanum, anno
supradicto sub presentia et testimonio Guillelmi de Montepessulano.........et Duranti, domini Guillelmi Montispessulani notarii, qui hec scripsit mandato utriusque Guillelmi de Omellacio et Petri de Cornone.

Appendice XLIII.

—

1144.— Convention entre Guillem d'Aumelas et Pierre
de Cournon au sujet du chateau de Saint-Pons-de
Mauchiens

(M. d. N., Doc. DXXXII, p. 711.)

Ego Guillelmus de Omellacio convenio, ac per fidem
meam plivisco tibi Petro de Cornone, quod, cum reddideris
michi, vel mandatario meo, castellum de Sancto Poncio,
quod habes et tenes de me, ego non destruam, nec diruam,
nec fieri faciam illud aliud castrum quod est ibi, quod tu
tenes et habes; et hoc tenebo et attendam tibi et tuis sine
enganno.

Factum est hoc, anno ab incarnatione Domini M° C° XL°
IIII°, mense septembris, sub presentia et testimonio Guillelmi, domini Montispessulani............et Durandi, domini Guillelmi Montispessulani notarii, qui hec scripsit,
mandato Guillelmi de Omellacio.

Appendice XLIV.

—

1187. — Donation en franc-alleu faite a Guillem VIII, seigneur de Montpellier, du chateau d'Aumelas et de ses dépendances, par Raymond-Aton de Murviel.

(H. G. L., T. III, Pr. xlii, col. 161. — *M. d. N.*, Doc. DLVI, p. 741 et s.)

In nomine Domini. Anno incarnationis ejusdem M° C° LXXX° VII°, Kalendis julii.

Ego Raimundus Ato, recognoscens me esse majorem XXV annis, per me et per meos, bona fide, et sine omni dolo, cum hac carta, inter vivos dono, trado, et titulo perfecto donationis, in perpetuum derelinquo tibi domino Guillelmo Montispessulani, filio quondam Mathildis duccisse, pro alodio libero, et tuis, et quibuscumque dimiseritis, ad omnes voluntates vestras et vestrorum plenarie in vita et in morte faciendas, sine omni mea meorumque inquietudine et appellatione, videlicet illis dominis, vel dominabus, qui Montempessulanum habebunt, et domini vel domine inde fuerint, scilicet totum castrum de Omellacio, cum omnibus suis pertinenciis et cum forciis, municionibus quecumque ibi sunt, vel in antea fuerint; et...... et totum hoc, quicquid sit, quodcumque habeo, vel in posterum habebo, vel acquirere potero, in castro de Sancto Poncio, et in ejus terminio, et in omnibus suis pertinenciis sive in forciis vel in quibuslibet aliis rebus......

Totum hunc honorem prenominatum ego Raimundus Ato de Muro veteri dono et laudo et concedo vobis et vestris qui domini vel domine erunt Montispessulani, in perpetuum pro alodio libero ; et ita faciam vos et vestros hunc honorem et hec omnia semper habere et tenere quiete pro alodio libero, et ab omni contradicente jure defendam ; et me devestio et vos investio et in possessionem corporaliter vos mitto, nec contra hec omnia, vel aliquid horum, ullo jure, vel ratione veniam, sed ita totum firmum et stabile semper manere faciam. Sic Deus me adjuvet et hec sancta Dei Evangelia.

Et ego Guillelmus, dominus Montispessulani, hanc donationem recipiens, totum predictum honorem, eum omnibus castris et omnibus suis pertinenciis et que pertinere debent, reddo, laudo et concedo ad feudum honoratum in perpetuum tibi Raimundo Atoni, et tuis. Insuper etiam.....

Hec omnia, sicut superius scripta sunt, vel melius intelligi possunt, vel dici, ego Guillelmus, dominus Montispessulani, et ego Raimundus Ato in bona fide tenebimus et observabimus. Sic Deus nos adjuvet, et hec Sancta Dei Evangelia.

Testes sunt R. Guillelmi, abbas Anianensis, P. de Vabre, prepositus Magalonensis, Guido de Ventador, prior Sancti Firmini, etc.

Appendice XLV.

—

An. 1191. — Conventions entre Guillem VIII, seigneur de Montpellier, et Adhémar de Murviel relativement au mariage du fils du premier avec l'une des petites-filles du second. — (Extraits.)

(Louis de la Barre, *Spicilegium*, III, 555. — Luc d'A-chery, VIII, 205. — *M. d. N.*, Doc. DLIX, p. 751 et s.)

Anno Dominice incarnationis Mᵒ Cᵒ LXXXXᵒ Iᵒ, mense junio.

Ego Ademarus de Muro veteri, per stipulationem cum hac carta promitto tibi Guillelmo, domino Montispessulani, filio quondam Mathildis duccisse, quod ego collocabo in matrimonium Guillelmo, filio tuo, domino Montispessulani, neptem meam Titburgam, filiam quondam majorem Raimundi Atonis, olim filii mei ; et cum ea do et trado tibi Guillelmo, domino Montispessulani, nomine filii tui, in dotem omnia omnino quecumque Raimbaldus de Aurenga, vel pater ejus Guillelmus de Omellacio, per se, vel per alios, habuerunt et tenuerunt, vel habere debuerunt vel potuerunt, in toto episcopatu Biterrensi et in toto episcopatu Ludovensi, et in toto episcopatu Agathensi, et in toto episcopatu Magalonensi ; scilicet...... et in toto castro de Sancto Pontio, et in ejus terminio......

Appendice XLVI.

—

1199. — Renonciation faite par Tiburge, fille de Raymond-Aton de Murviel, a la convention matrimoniale de juin 1191.

(*Spicilegium* de Louis de la Barre, III, p. 360. *M. d. N.*, Doc. DLXII, p. 762.)

Anno Dominice incarnationis M° C° XC° VIIII°, mense augusto.

Ego Titburga, filia quondam Raimundi Atonis, scio et in veritate cum hoc carta cognosco quod tu Guillelmus, dominus Montispessulani, cum multis et probis hominibus, promisisti et jurasti et penam spopondisti quod Guillelmum, filium tuum primogenitum, vel alium filium tuum sequentis gradus, primo mortuo, cum pubes factus foret, michi nuptui copulares, scilicet eum qui dominus esset Montispessulani ; et hoc nomine meo, firmiter promisisti et jurasti Ademaro de Muro veteri, avo meo. Quorum omnium noticia ad me puberem factam plenarie pervenit. Et quoniam parentela certa et indubitata est inter me Titburgam et te dominum Guillelmum Montispessulani, et filios tuos, que nullatenus inter nos matrimonium existere patitur, participato propinquorum et amicorum meorum consilio, visum est mea interesse et utilius expedire matrimonium non contrahere quam contra fas matrimonium dissolvere. Quapropter quoniam sacramentum illicitum non potest nec debet esse vinculum iniquitatis, bona fide, et sine dolo, et absque ulla arte et malo ingenio, omnibus cessantibus que solent impedire liberationes, spontaneo voluntatis arbitrio, te dominum Guillelmum, filium quondam Mathildis duccisse, et tuos et res tuas et hominum tuorum et omnes fidejussores et juratores inde obligatos, perpetuo jure, et absque ulla retencione, libero et absolvo ab omnibus pactionibus, conventionibus et sacramentis, penis, promissionibus, factis occasione matrimonii inter me et filium tuum contrahendi. Et hec omnia supradicta et singula sub eisdem pactis et tenoribus, et sacramentis et renunciationibus, iterum de novo, cum sacramento corporaliter prestito, quot locis et temporibus volueritis, et me commonueritis, per vos, vel per interpositas personas, solvam et iterum laudabo et confirmabo vobis, vel successoribus vestris, vel heredibus, gratis, et sine omni precio et exactione pecunie et alterius rei. Hec omnia et singula supradicta firmiter me observaturam, et contra non venturam, ego Titburga, corporaliter tactis sacrosanctis Evangeliis, juro ; sub eodem sacramento expressim renuncians beneficio minoris etatis, et omnibus aliis auxiliis, in jure, vel extra jus, michi competentibus, et competituris.

Horum omnium testes sunt dominus G. Biterrensis, et dominus [R.] Agathensis episcopi, Guido, Magalonensis prepositus....... B. de Muro veteri, canonicus Agathensis, G. de Altiniaco, canonicus Magalonensis, Poncius de Olargue, et Poncius et Frotardus filii ejus...... et Guillelmus Raimundi, notarius publicus Montispessulani qui hec scripsit, et omnia vidit, in riparia Eravi, prope Agathen.

Appendice XLVII.

—

1199. — Contrat de mariage de Frotard d'Olargues avec Tiburge de Murviel.

(*M. d. N.* — Doc. DLXI, p. 759.)

Cum masculi et femine conjunctio a jure naturali et ex divino precepto descendat, et ob hanc rem donationes a muliere, vel ex parte mulieris, intervenire soleant ad matrimonium observandum, et propter honera matrimonii levius sustinenda, ideo, in Dei nomine, ego Frotardus, filius Poncii de Olargue, profiteor, et in veritate cum hac carta agnosco quod ego accepi in dotem tecum Titburga, uxore mea, filia quondam Raimundi Atonis, XX millia solidorum melgoriensium, quos re ipsa et memoratione ita in solidum recepi, quod nichil ex his ad solvendum remansit, et in quibus exeptioni non numerate dotis et non numerate pecunie, sine ulla retencione, penitus abrenuncio ; et hos XX millia solidos laudo et concedo tibi Titburgue, titulo pignoris, fructibus in sortem non computandis, super totum honorem et omnia jura que pater meus Pontius de Olargue, michi donavit, vel in testamento suo reliquit, vel alio modo transtulit, vel transferet.

Et ego Poncius de Olargue et ego Poncius, filius ejus, hec omnia vera esse cognoscimus, et laudamus et approbamus et de istis XX millibus solid., quisque in solidum, nos tibi Titburgue et tuis debitoribus constituimus, et eos tibi et tuis laudamus et concedimus, titulo pignoris, fructibus in sortem non computatis, super totum honorem et omnia jura nostra ubique sint.

Et ego Sibilda, filia quondam Raimundi Atonis, de istis

XX millibus solidis melgoriensibus me tibi Titburgue, sorori
mee, et tuis obliguo et debitricem constituo, et etiam hos
XX millia solidos, fructibus in sortem non computatis, laudo
et concedo tibi, sorori mee, et tuis, super totum honorem
meum, qui fuit avi mei Ademari de Muro veteri, et super
omnia bona et jura mea, ubicumque sint.

Insuper etiam ego Poncius de Olargue, et ego Poncius,
filius ejus, et ego Sibilda, uxor dicti Poncii junioris, specialiter et nominatim laudamus et concedimus, titulo pignoris, fructibus in sortem non computatis, tibi Titburgue, et
tuis, V millia solidorum melgoriensium de dicta dote super
castro de Podio Mizon, cum suis omnibus pertinenciis et
super molendina de Olargue, cum suis pertinenciis, que
liberavimus et redemimus a pignore in quo erant obligata
pro istis V millibus solidorum. Totum hoc, ut superius scriptum est, nos firmiter observaturos, et contra hec, vel aliquid
horum, nullo jure, loco, vel tempore venturos, ego Frotardus, et ego Poncius de Olargue, ejus pater, et ego Poncius,
ejusdem Poncii filius, et ego Sybilda, nos omnes, tactis
sacrosanctis Evangeliis corporaliter juramus tibi Titburgue.
Sub quo eodem sacramento ego Frotardus promitto et
convenio tibi Titburgue, uxori mee, et etiam recipio te in
Dei fide et mea, quod de toto hoc te, vel tuos, nullo modo
decipiam.

Acta sunt hec omnia et laudata in riperia Eravi, prope
Agathen, anno ah incarnatione Domini M° C° XC° VIII°,
mense augusto.

Horum omnium testes sunt dominus G. Biterrensis, et dominus R. Agathensis episcopi ; Guido, Magalonensis prepositus.....

Appendice XLVIII.

—

1199. — Vente faite par Tiburge et Isabelle de Murviel du chateau d'Aumelas et de quelques autres
biens a Guillem VIII, seigneur de Montpellier.

(Analyse dans *Ser. Præs. Magal. et Monspel.* I, 261. —
M. d. N., Doc. DLX, p. 754 et s.)

Anno ab incarnatione Domini M° C° X C° VIIII°, mense
augusto,

Ego Tithurga et ego Sibilda, filie quondam Raimundi
Atonis, per nos et per doctrinam et instructionem aliarum
personarum, scimus et in veritate profitemur quod nos su-
mus facte puberes et excessimus XII annos nostre etatis, et
amplius, et hec esse vera cum jurejurando, corporaliter
prestito, cum hac carta publica cognoscimus. Ea propter,
quoniam jam ad nubiles annos pervenimus, cum providentia
et consilio amicorum et propinquorum nostrorum.. elegimus
in maritos nobis Poncium et Frotardum, filios Poncii de
Orlargue ; et quoniam nomine nostro, contemplatione
nostrarum dotium, prefati mariti pecuniam voluerunt accipere, nos autem non habentes nummos, pro utilitate nostrorum matrimoniorum, ex paternis honoribus necesse fuit
nobis, solutis et computatis paternis debitis, et hedificatio-
nibus et constructionibus, quas omnes ratas et firmas habuimus, et etiam usuris computatis magnis et solutis, nomine
paternorum debitorum, et dotis matris nostre Fide, quarum
usurarum solutionem ratam habuimus, et habemus, et
semper habebimus, precia accipere : quamobrem, amicorum et propinquorum nostrorum communi consilio, plenam
venditionem, et alienationem, translationem, cessionem et

solucionem horum omnium que inferius nominabuntur, tibi Guillelmo, domino Montispessulani filio quondam Mathildis duccisse, et tuis, per nos et per successores nostros, absque ulla retencione, facimus in hunc modum.

Ego Tilburga et ego Sibilda predicte, filie quondam Raimundi Atonis, per nos et per nostros, bona fide et sine omni dolo, cum hac carta, et absque ulla retencione, vendimus, tradimus, cedimus, donamus, solvimus, et titulo perfecte venditionis in perpetuum derelinquimus et desamparamus tibi Guillelmo Montispessulani, filio quondam Mathildis duccisse, et tuis, et quibus volueris, vel dimiseris, ad omnes voluntates vestras et vestrorum plenarie faciendas, sine omni retencione et appellatione, videlicet totum castrum de Omellacio, cum omnibus castris et villis, mansis et dominationibus et districtionibus suis et specialiter castrum de........... et castrum Sancti Poncii et..... et generaliter totum honorem et omnia jura que habemus vel habere debemus de Garzaco usque ad *Rocam Ermengardam*, et castrum de Paollano cum omnibus villis et mansis ad eum pertinentibus...........

Propter hanc autem venditionem, traditionem, cessionem donationem et solutionem, firmam et in perpetuum stabilem, dedistis nobis et numerastis, nomine precii, LXXVII millia solid. et cccc solid. plus melgor. bonorum, et bene percurribilium, quos omnes bene a vobis habuimus et recepimus ita quod nichil remansit in debitum in hunc videlicet modum, scilicet................ et ita sunt LXXVII millia solid. melgor. quos omnes bene a vobis habuimus et recepimus.......

Acta sunt hec omnia et laudata in riperia Eravi, prope Agathensem.

Horum omnium testes sunt dominus G. Biterrensis et dominus R. Agathensis episcopi, Guido Magalonensis, prepositus, G. de Altiniaco, canonicus Magalonensis............ et Guillelmus Raimundi, notarius publicus Montispessulani, qui hec scripsit, et hec omnia vidit.

Appendice XLIX.

—

1199.— Inféodation par Guillem VIII, seigneur de Montpellier, a Pierre de Roquefiche, de la chatellenie de Saint-Pons-de-Mauchiens.

(*M. d. N.*, Doc. DXXXIII, p. 711.)

In nomine Domini. — Anno ejusdem incarnationis- Mᵒ Cᵉ LXXXXᵒ VIIIᵒ, mense septembris.

Sit omnibus hec audientibus manifestum, quod ego Guillelmus, Dei gratia Montispessulani dominus, filius quondam Mathildis duccisse, per me et per omnes successores meos dominos Montispessulani, cum hac carta dono, et in presenti trado tibi Petro de Rocafixa, et omnibus heredibus tuis in *perpetuum*, ad feudum per hominiscum, videlicet totum castlarem et totum podium, cum toto plano quod est ante ecclesiam *Sante Marie* Beati Poncii, cum omnibus introitibus et exitibus et cum omnibus suis undique pertinenciis, ad habendum, tenendum, et possidendum tibi et heredibus tuis in perpetuum, ad faciendum ibi et inde castrum et forciam et forcias, turrem, turres et bisturres, et quicquid ibi tibi, vel tuis, placuerit perhenniter. Et sciendum est, quod infra istud predictum castlar est predicta ecclesia *Sante Marie* et Beati Poncii, et amplius de predicto castlar est ultra predictam ecclesiam, a parte aquilonis, de ultra in ultra, totum locale usque ad parietem Petri de Fleis. Tali tamen convencione dono tibi predictum feudum, et predictas forcias presentes et futuras, ut a me et ab herede meo, qui sit dominus Montispessulani, et non ab alio, teneatis et habeatis, tu et successores tui, castrum cum omnibus suis forciis ad feudum per hominiscum, sine reddicione,

que non debet fieri michi, vel futuro domino Montispessulani; et licet inde michi facere et successoribus meis dominis Montispessulani, placitum et guerram de predicto
castro, quando voluerimus.

Item scio et recognosco, quod de predicto feudo, et de suis
pertinenciis est totus podius Navital et totus Mons Roton-
dus cum omnibus suis pertinentiis indique, preter illud
quod ibi habet *Sancta Maria* et *Sanctus Guillelmus*, sicut
Guillelmus de Homellaz terminavit et concessit Raimundo
de Rocafixa, patri quondam tui Petri de Rocafixa.

Et ego Petrus de Rocafixa, supradicta lege et pacto, a te
domino Guillelmo Montispessulani, cum futuro herede tuo
domino Montispessulani, supradictum castrum et forcias,
presentes et futuras, a vobis suscipio : et omnia supradicta
et singula vera esse cognoscens, per stipulationem, per me
et per heredes meos, firmiter expromitto tibi Guillelmo
Montispessulani, et futuro heredi tuo domino Montispessulani, quod ita tenebo et observabo, fide bona, et sine malo
ingenio et arte et contra non veniam, ullo loco, vel tempore.

Testes sunt Bernardus Lanberti, bajulus Montispessulani,
...... et Ugo Laurencii, notarius qui hec scripsit.

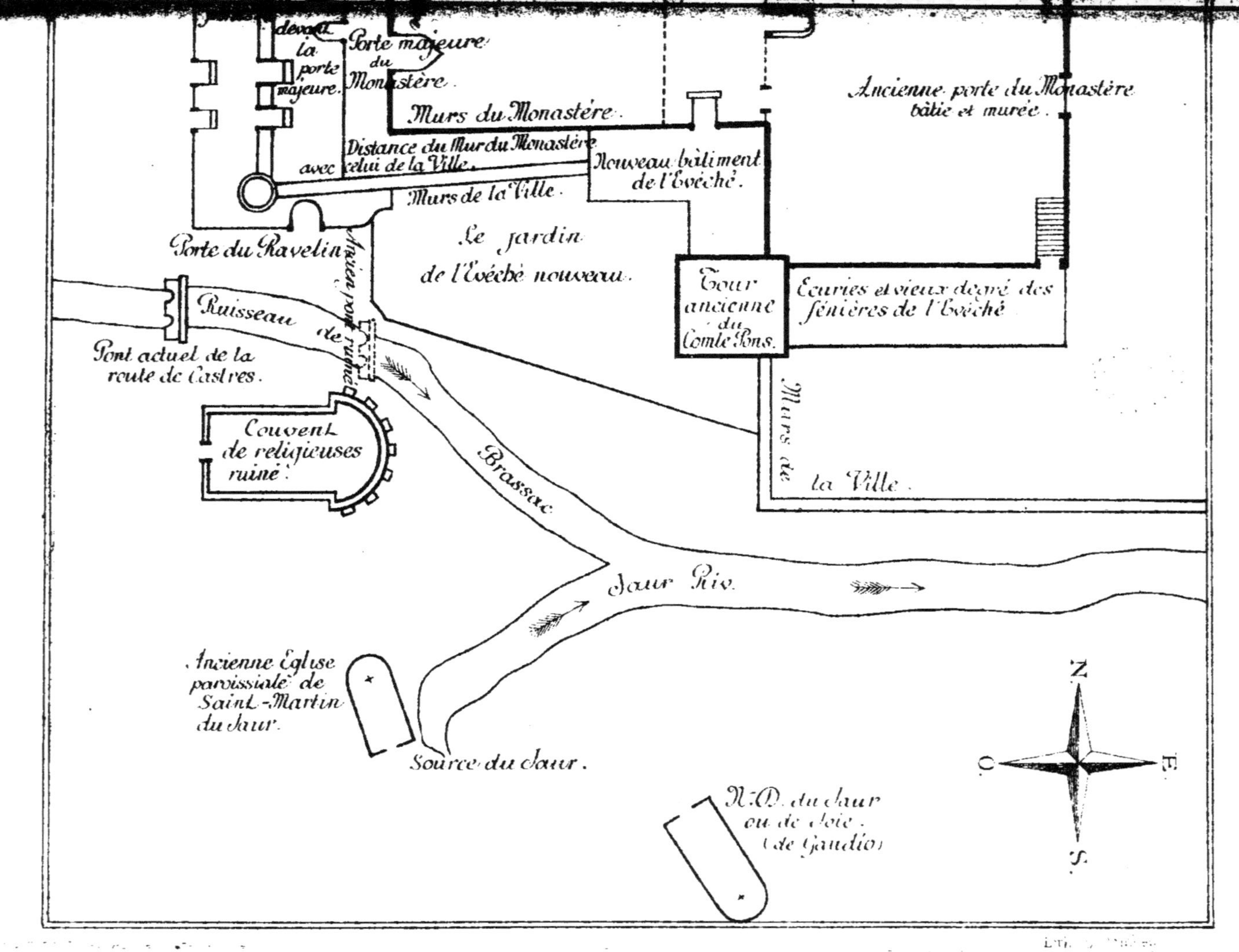

devant la porte majeure.
Porte majeure du Monastère.
Murs du Monastère.
Ancienne porte du Monastère bâtie et murée.
Distance du Mur du Monastère avec celui de la Ville.
Nouveau bâtiment de l'Evêché.
Murs de la Ville.
Porte du Ravelin.
Le jardin de l'Evêché nouveau.
Tour ancienne du Comte Pons.
Ecuries et vieux degré des fénières de l'Evêché.
Ancien pont ruiné.
Ruisseau de
Pont actuel de la route de Castres.
Murs de la Ville.
Couvent de religieuses ruiné.
Brassac
Saur Riv.
Ancienne Eglise parvissiale de Saint-Martin du Saur.
Source du Saur.
N.D. du Saur ou de Joie (de Gaudio)
N O E S

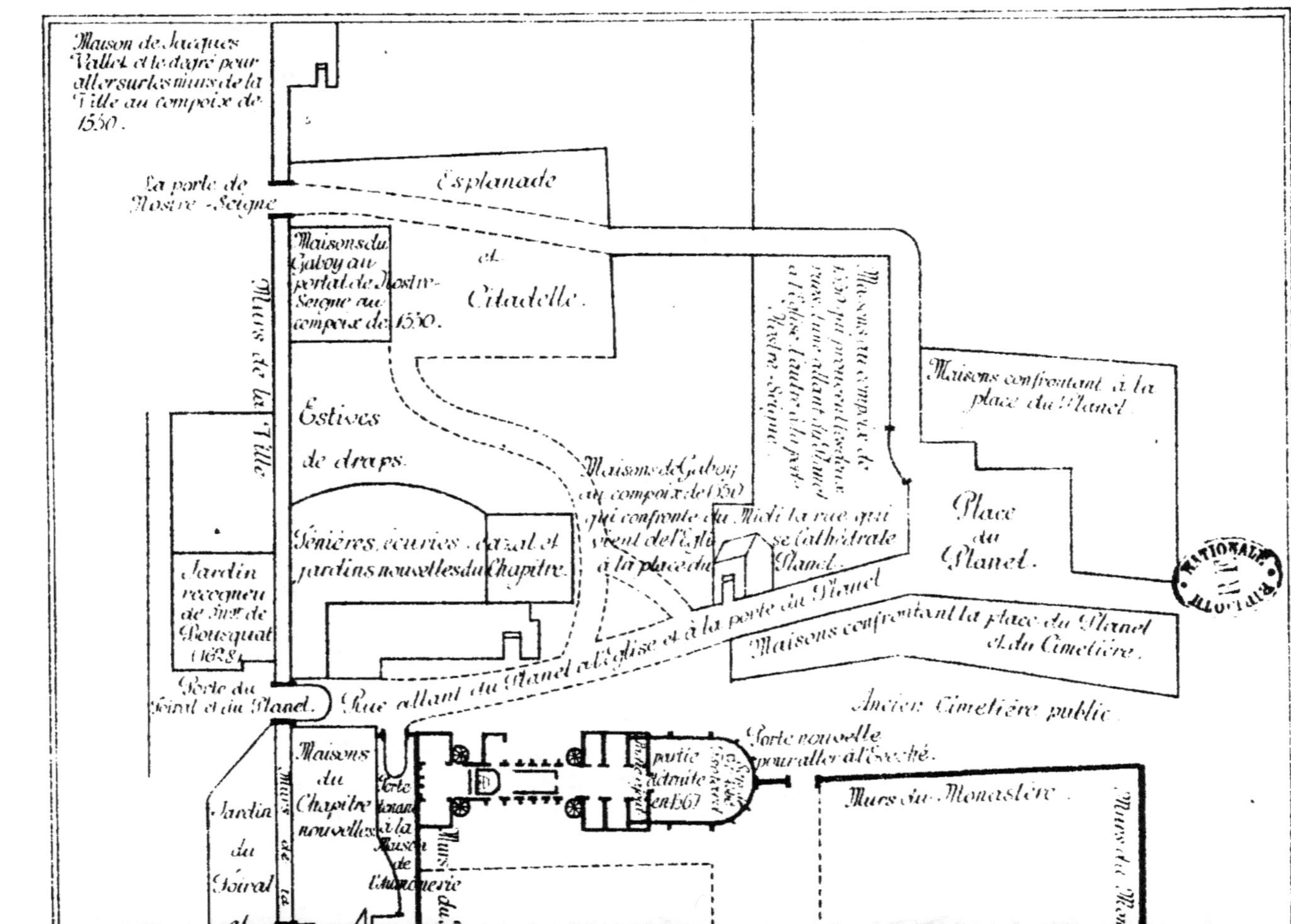

Maison de Jacques Vallet et le degré pour aller sur les murs de la Ville au compoix de 1550.
La porte de Nostre-Seigne
Esplanade
Maisons du Gaboy au portal de Nostre-Seigne au compoix de 1550.
et Citadelle.
Murs de la Ville
Estives de draps.
Maisons de Gaboy au compoix de 1550 qui confronte du Midi la rue qui vient de l'Eglise Cathédrale à la place du Planet.
Maisons du compoix de 1550 qui proncent l'esclave une allant du Planet à l'église l'autre à la porte Nostre-Seigne
Maisons confrontant à la place du Planet.
Sénières, écuries, cazal et jardins nouvelles du Chapitre.
Jardin recquen de Sr de Bousquat 1628.
Place du Planet.
Maisons confrontant la place du Planet et du Cimetière.
Porte du Goiral et du Planet.
Rue allant du Planet et l'Eglise et à la porte du Planet
Ancien Cimetière public
Porte nouvelle pour aller à l'Evêché.
Maisons du Chapitre tenant nouvelles à la Maison de l'Aumônerie
partie détruite en 1567
Murs du Monastère
Jardin du Goiral et

TABLE GÉNÉRALE

APPENDICES

—

Saint-Pons-de-Thomières

Pages

ERRATA

Au lieu de
lisez

Au lieu de	lisez
Page 3. Note (1), 2ᵉ et 3ᵉ lignes: mediium,	medium
P. 5, 9ᵉ ligne : acqueduc,	aqueduc
P. 13, note (1) : martyrisé à Cimiez et non à Nice,	martyrisé à Nice et non à Cimiez, et qu'il soit ici question de Saint Bassus et non de Saint Pons.
P. 17, l. 12 : supprimer — et.	
P. 18, l. 7 : ou ont été,	ou qu'ils ont été
P. 22, l. 7 : été,	jeté
P. 39, l. 11 : Bréviaire et au,	Bréviaire, au Missel et au
P. 77, note, l. 2 : même,	mais
P. 111, l. 2 : temps court,	temps si court.
P. 112, l. 14 : Nisand.	Wisand.
P. 113, l. 24 : l'intégrité,	l'intégrité et l'authenticité
P. 114, note (2) : *Assidiense*,	*Aussidiense.*
P. 115, l. 2 : Dagobert.	Daghert.
l. 6 : Historiens du Languedoc,	Historiens de Languedoc.
P. 124, l. 12 : ce qui	(ce qui
l. 14 : Gareinde	Garcinde),
P. 127, l. 17 : Lonza,	Donza.
P. 128, l. 18: (*de Initio*), ajoutez	Canton de Lunas
l. avant-dernière: les vignes,	ses vignes
P. 136, l. 11 : Soaret,	Loaret.
P. 142, dernière l. : celle-ci,	celui-ci
P. 144, l. 6 et 7 : il lui venait,	il venait au comte Pierre

Au lieu de	*lisez*
Note, ligne 3, Raymond Gaucelui,	Raymond et Gaucelin
P. 145, l. 9 : cousins,	cousin
P. 150, l. 10 : qu'on me reprocherait,	que je me reprocherais
P. 155, l. 17 : nartes.	nartex.
P. 166, l. 11 : supprimer (1).	
l. 15 (2),	(1)
l. 23 : d'aumelas	d'Aumelas (2)
P. 167, l. 3 : premier,	second
P. 174, l. 24 : mûrer.	mûrer et de rouvrir la porte romane